財務会計の現代的基盤
―FASB『討議資料』・概念的フレームワークの中心観を基軸に―

市 川 紀 子 著

東京 森山書店 発行

はしがき

　近年の経済状況の激変とともに，わが国の会計制度もまた大きな変化を遂げてきている。会計基準が急速に変化し，その計算体系は取得原価主義会計から時価会計へ移行してきたといわれており，また取得原価主義会計に一部時価評価を取り入れたともいわれている。

　しかしここで留意しなければならないのは，いずれの方法が良いのか，悪いのかということの検討のみが目的とされるべきではないということである。評価方法という一側面のみを抽出し検討するのではなく，それを規定する根本となる考え方を検討してはじめて，計算体系の移行の原因を解明することが可能となろう。そして，それだけにとどまらず，今後ますます変動していくであろう経済環境への対応を考えていく際にも，こうした検討を積み重ねていくことが，論理的な矛盾を引き起こす危険性を減少させるであろうし，また適確な対応措置をとることを可能とすると考えられる。なにより会計理論は一定の理論体系の下に構築されているのであるから，早急な会計的解答を求めるあまり，その体系の繋がりを省みずに一部分だけを見つめ，その結果，論理矛盾を引き起こすことだけは避けなければならない。著者はその論理矛盾の解決の糸口が「中心観」にあると考えている。

　本書は著者が千葉大学に提出した博士論文をもとに，加筆・修正を行ったものである。ただし本書の第7章の一部は『駿河台経済論集』第18巻第2号に掲載された論文を加筆・修正し収録した。

　これまで受けてきた多くの先生方の御指導と激励がなければ本書を完成するには至らなかったであろう。なによりもまず，前青山学院大学大学院井上良二先生には，駿河台大学・千葉大学御在職時，著者の大学院の指導教官として研究面において多くの御教示を賜っただけでなく，本当に不肖の弟子である著者に対して，精神面においても常に前向きの姿勢を忘れないよう鼓舞して下さった。また研究者としてだけでなく一人の人間として必要な数多くのことをお教え頂いた。ここに心より感謝申し上げる次第である。著者が大学院在学中に初

めて井上良二先生の御講義を受けたときのことを今でも昨日のように思い出すことができる。先生が御講義中に黒板に書かれた内容も，その御話も鮮明に記憶に残っている。なぜ克明に覚えているかといえば，それは著者が会計学の研究をしていきたいと強く感じた初めての場であったからであり，現在の著者の研究の原点ともなった瞬間であったからである。

井上良二先生なくして，現在の著者の存在はありえない。繰り返しになるが深く感謝の意を申し上げるとともに，今後も引き続き御指導と御鞭撻をお願いする次第である。

千葉大学法経学部善積康夫先生，また千葉大学法経学部大塚成男先生には，博士論文審査委員として大変貴重な御教示を頂いたこと，心より感謝申し上げたい。大学院の御講義では多くのことを御指導頂いた。今後も引き続き御指導と御鞭撻をお願いする次第である。

著者が生まれ育った埼玉県飯能市にある駿河台大学大学院修士課程を修了してから，本年度でちょうど十年目となる。母校である駿河台大学なくしては，本書は日の目を見ることはなかったであろう。また，本書は2009年度駿河台大学出版助成費を得て出版されている。ここに駿河台大学の教職員の皆様をはじめ，関係者の方々に深く感謝を申し上げたい。

本書がこのように出版できるようになるためには，森山書店の皆様方の一方ならぬご協力があったこと，ここに心より御礼申し上げる次第である。とりわけ社長の菅田直文氏，また出版部長の土屋貞敏氏には深く感謝申し上げたい。

末筆ながら私事になって大変恐縮であるが，長年にわたり著者の研究生活を精神面・経済面において支えてくれた父母の市川洋太郎と貴子，兄夫婦の市川淳と由三子，そして夫，菊田秀雄に対する感謝の意を述べることを，お許し頂きたい。

2010年1月

市川　紀子

目　　次

第1章　本書の目的 …………………………………………………1
　第1節　問題の所在 …………………………………………………1
　第2節　本書の構成 …………………………………………………3

第2章　『討議資料』の中心観とその原型 ……………………9
　第1節　『討議資料』の中心観 ……………………………………9
　　(1)　『討議資料』の2つの中心観 ……………………………12
　　　①　資産負債中心観の考え方 ……………………………12
　　　②　収益費用中心観の考え方 ……………………………17
　　　③　資産負債中心観と収益費用中心観の相違点 ………18
　　(2)　『討議資料』の財務諸表要素の認識と測定 …………21
　　(3)　『討議資料』の中心観 ……………………………………22
　第2節　中心観の原型 ………………………………………………22
　　(1)　会社財務諸表会計及び報告諸基準 (1957年) …………26
　　　①　会社報告諸表会計原則試案 (1936年) ………………27
　　　②　会社財務諸表会計原則 (1941年) ……………………30
　　　③　会社財務諸表会計諸概念及び諸基準 (1948年) ……33
　　　④　会社財務諸表会計及び報告諸基準 (1957年) ………36
　　(2)　企業会計原則試案 (1962年) ……………………………43
　　(3)　中心観の原型 ………………………………………………49

第3章　概念的フレームワーク ……………………………………59
　第1節　概念的フレームワークを検討する前に …………………59
　第2節　概念的フレームワーク ……………………………………61

第 4 章　『討議資料』と概念的フレームワーク……73
　第 1 節　評価と配分の問題……73
　第 2 節　『討議資料』と概念的フレームワーク……76

第 5 章　『討議資料』に対する意見……83
　第 1 節　『討議資料』に対する意見……83
　第 2 節　収益費用中心観の Letter of Comment……130
　　(1)　会計関連専門機関……130
　　　①　監 査 法 人 等……130
　　　②　AAA……144
　　　③　銀 行 関 係……146
　　(2)　一 般 企 業 等……151
　第 3 節　資産負債中心観の Letter of Comment……156
　第 4 節　Letter of Comment にみる見解……166
　　　　　―概念的フレームワークとの関連も含めて―

第 6 章　わが国の財産法と損益法……179
　第 1 節　わが国の財産法と損益法を論じる前に……179
　第 2 節　財産法と損益法の関係に関する岩田巖教授の理論……181
　第 3 節　財産法と損益法の関係に関する武田隆二教授の理論……188
　第 4 節　財産法と損益法の関係に関する結論……191

第 7 章　中心観を基軸とした計算体系の検討……195
　第 1 節　あるべき中心観　―中心観の視点から選択される計算体系―……195
　第 2 節　中心観に関連する理論……207
　　　　　―財務報告と結びついての計算構造―
　第 3 節　中心観を基軸とした計算体系の検討……214

第 8 章　本書の総括……221

参考文献 (227)
　　Ⅰ　外国語文献 (227)
　　Ⅱ　日本語文献 (240)
索　　引 (253)

第1章 本書の目的

第1節 問題の所在

　いわゆる会計ビッグバンを契機として，連結会計，金融商品の時価評価，減損会計，企業年金会計（退職給付会計），キャッシュ・フロー計算書の導入等といった様々な会計制度の改革に企業は直面してきた。近年における経済状況の変化とともに，わが国の会計制度は大きく変容してきたといえる。その計算体系[1]は取得原価主義会計から時価会計へ移行してきたともいわれており[2]，また，取得原価主義会計に一部時価評価を取り入れたものともいわれている。時価という評価方法が脚光を浴び，書店には「新会計基準」や「会計改革」と名のついた書物を多数見かけるようになって久しいが，どれも新基準導入に関わる問題について詳細に書かれており，社会一般においても会計に対する関心が高まっていることが窺える。しかし，そこにおいては新基準導入後における全体的な整合性を考えた理論基盤の構築が，新基準導入のスピードに追いついていないという印象を受ける。早急な会計的解答を求めるあまり，導入後の理論的整合性を省みずに，新規に導入される部分領域内での合理性にのみ注目することは，その結果として，計算体系を全体としてみるとき，論理矛盾を引き起こしているのではないか。取得原価主義会計に時価という評価方法が導入されたことにより論理矛盾が生じたのではなかろうか。

　新基準導入後の全体的な理論的整合性が充分に検討されないまま，さらにまた新たな基準が次々と導入されている。脆弱な理論基盤の上にたてられた基準は，地盤のゆるい土地にたてられた家と同じであり，軽度の地震であっても崩壊しかねない危険性を孕んでいる。本書は，このような理論基盤に対する危惧の念から生まれたものであるといってよい。

第1章 本書の目的

それでは一体どのような観点から理論基盤について検討していけばよいのだろうか。著者は財務会計論の理論基盤の最も適切な観点として中心観を取り上げたいと考える。なぜ中心観を取り上げるかといえば，中心観は利益計算方法が矛盾なく一つの計算体系として統合されているものであり，このように統合された計算の体系は，想定され得る計算目的を達成しうるように一体化されているからである。すなわち中心観は財務会計全体の関係を基礎づける役割を担っていることとなり，中心観は利益概念と利益計算方法をまとめあげている一つの概念となるのである。

制度会計における収益費用中心観から資産負債中心観への転換の実質的なきっかけとなったものは，1976年12月2日に公表された米国のFASB（Financial Accounting Standards Board），*An Analysis of Issues related to Conceptual Framework for Accounting and Reporting : Elements of Financial Statements and Their Measurement*, FASB Discussion Memorandum, FASB, December 1976. （以下，『討議資料』と記す）であるといわれている[3]。『討議資料』では，資産負債中心観と収益費用中心観を「利益測定観」(view of earnings measurement) という言葉を使用して説明しており[4]，利益観のみの概念を前提としていないことが分かる。さらに著者は「revenue and expense view」「asset and liability view」は利益計算方法も念頭においており，そこに想定される計算目的は一体化され，利益概念と利益計算方法をまとめあげている1つの統合された概念と考えるため，それらをまとめた意味合いを含むのに最適な当該訳語として「中心観」[5]を使用していきたいと考える。よって本書では「revenue and expense view」を収益費用中心観，「asset and liability view」を資産負債中心観としている[6]。

ここで再度強調しておきたいことは，著者はたんに利益観にとどまらず（期間損益計算のみに焦点をあてた概念として使用される中心観ではない），ひとつの統合された概念として中心観を捉えている点である。

本書はこのような中心観を基軸として，さらに『討議資料』及び同じくFASBによって公表された概念的フレームワーク[7]における分析を手掛かりとして，米国の計算体系の特質を取り上げる。それは同時に中心観にまつわる問題と混迷を取り上げることとなるであろうし，それによって，会計理論形成

の基盤となる本来の中心観を導き出すことにもなろう。すなわち『討議資料』及び概念的フレームワークによって展開されている計算体系本来の特質は何か（時価会計とは何か）ということが著者の問題意識の重要な一つとなる。換言すれば，それは取得原価主義会計の延長としての時価会計であるのか，時価主義会計の一つとしての時価会計であるのか，取得原価主義会計とも時価主義会計とも異なる，それらとは別個の独立した会計であるのかが問題意識となるのである。そして，それを解明する鍵が，それぞれの会計においてとられている中心観とはどのようなものか，時価会計の独自性を認めるならば，それは時価主義会計の下での中心観，取得原価主義会計の下での中心観と，どのように異なるのかといった，より細分化された問題意識をさらにまた生じさせうるのである。以上の諸点を解明しようとするのが本書の目的である。以下ではこれらの問題意識をどのように展開し，問題解決を図るかについて，その概略を明らかにしておこう。

第2節　本書の構成

　本書は中心観を基軸としながら『討議資料』及び概念的フレームワークにみられる米国の計算体系の特質を明らかにする。それはひいては中心観の本来の在り方というものを導く結果となるだろう。具体的な分析は以下の構成によって行うこととなり，それは大きくわけて4つの構成になる。

　第一に『討議資料』の意義及び内容を検討する。その過程のなかで，資産負債中心観の原型とも考えられる概念を導き出す。『討議資料』は，公聴会に先立ち文書によって回答者が意見を述べるための基礎として作成されたものであり，その性質上，多くの会計専門家あるいは，会計機関等に向けて意見を求めるといった働きかけをしている。すなわち『討議資料』とは，資産負債中心観・収益費用中心観に適合すると考えられる諸定義を，回答者に対して列挙したものであり，それに対して回答者はそれぞれ自らの考え方に合致する定義をFASBに示すことになる。『討議資料』における中心観や財務諸表要素の定義等を中心として検討することで，いわゆる原初的な意味での資産負債中心観というものがみえてくるだろう。結論を先取りすれば『討議資料』は理論モデル

としては不十分であったことが窺える。どのような点が理論モデルとして不十分であったのか，その点については第2章で検討を行っている（『討議資料』がどのような中心観に焦点をあてていたのか検討していく）。また，『討議資料』の本来の性格は将来において議論を行うための出発点を築くための問題提起の書であって，問題提起の前提としてその時点までに存在した各種の見解をとりまとめる作業が行われているのであり，『討議資料』以前におけるそれらの見解の内容をたどって行く作業を行うことも必要となる。なぜならば，論点整理はあくまでも本来の考え方を圧縮したものに過ぎず，その真価はその考え方の全貌を明確に把握することによってのみ知ることができるからである。著者は，このような考え方に関して，AAA（American Accounting Association）が公表した一連の会計原則の中にあらわれた変容を中心に検討を行っていく。ともあれ，資産負債中心観の原型をたどるにあたって，資産負債中心観のまさに中心をなす，資産の本質がどのような概念として規定されているかを明確に把握し，さらに資産を基礎概念とする定義の体系等の変化に着目しつつ，『討議資料』以前に存在したそれぞれの考え方に照らして，『討議資料』を解釈し，問題点を指摘していく。それが第2章の役割である。

　第二に『討議資料』公表後の影響として，その後のFASBの基準を検討していくこととなる。それが第3章の役割となる。概念的フレームワーク，すなわち一連のSFACから読み取れる資産負債中心観を検討し，さらに『討議資料』と概念的フレームワークとの間に差異があるのであれば，その比較検討を行う必要がある。結論を先取りすれば，『討議資料』の影響を受けながらも，概念的フレームワークと『討議資料』との間には差異が生じている。第3章では概念的フレームワークの内容を検討することで，『討議資料』の中心観の概念が，概念的フレームワークにどの程度の影響を与えているのか，概念的フレームワークが独自性を有している点はどこか，ということを明らかにしていく。FASBは財務会計及び財務報告の基準を基礎づける概念的枠組を形成することを目的として，1974年以降，概念的フレームワーク・プロジェクトに取り組み，そしてかかる検討の成果としてSFAC第1号〜第6号を1978年から1985年にかけて公表してきた。さらに2000年2月にはSFAC第7号を公表している。結論としては，概念的フレームワークにおいて財務諸表の諸要素を検討す

ることにより，その概念的整備を行い，利益測定を資産負債中心観の視点から捉えていることが分かる。そしてこのような背景から，FASB において首尾一貫した概念の体系としてのフレームワークが望まれていたことが理解できる。

よって第3章の結論を受けて第4章では『討議資料』と概念的フレームワークを比較検討することとなる。しかし，仮に概念的フレームワークに何らかの矛盾が生じており，その結果として『討議資料』の中心観との間に差異を生じているのであれば，その矛盾点はどのようなものなのかを検討していかなければならない。そうした検討結果から，『討議資料』における純粋な意味での資産負債中心観が，概念的フレームワークにおいて実践的な意味での資産負債中心観に変化していることが明らかになるのであるが，その具体的な形態がいかなるものなのかを導き出す必要がさらに生じてこよう。そしてそれは，それぞれの中心観がもつ評価，計算体系，測定属性等を明確にしていくという結果を導くこととなる。以上が第4章での検討内容である。

第三に，『討議資料』発表から概念的フレームワークにかけて差異を生じているのであれば，当然にその原因を探らなければならない。どのようなことが原因で変容が生じたのか。このような変容の背景には，何らかの社会的な問題・要請[8]があったはずである。著者はそれが FASB, *Position papers submitted in respect of Discussion Memorandum, Conceptual Framework for Financial Accounting and Reporting : Elements of Financial Statements and Their Measurement, dated December 2*, 1976, PART1, FASB Public Record, FASB, 1977.（以下，Public Record と記す）の存在にあると考える。なぜなら『討議資料』が検討している資産負債中心観・収益費用中心観に適合する諸定義をこれらの回答者に対して列挙し，それに対する回答者の意見，すなわち意見表明書簡（以下，Letter of Comment と記す）を集めたものが，Public Record だからである。『討議資料』は，特定の見解を示したものではなく，様々な意見の概略の集大成とも言うべきものであるから，『討議資料』に対する意見集として，Public Record に掲載されている 294 通，約 2500 頁にも及ぶ Letter of Comment を検討していくことで，当初の『討議資料』がどのように活かされ，あるいは制約され，それを受けてどのように概念的フレームワークに影響を与えていったのかを探ることができる。『討議資料』は意見聴取の過程において，実に様々な方面に

対して意見を求めており，その結果，Public Record は，一般企業をはじめ，銀行，監査法人，AAA 等，各種機関からの意見によって構成されている。その回答形式は回答者によって様々である。回答者がどのような中心観を採用しているのか，また測定属性として何を選択しているのか，回答者が利益に対してどのような姿勢を示しているのかを一つ一つ詳細に検討していく必要がある。そうした検討から『討議資料』に対して，どのような社会的要請（社会的要請は必ずしも理論的整合性を備えているとはいえないが）が存在していたのかを探ることができるからである。そしてその要請が，概念的フレームワークにいかなる影響をあたえていったのかを導き出すことができよう。この検討を第5章で行う。

　第四は，第5章での検討結果により，Public Record が概念的フレームワークに影響を与えてきたことが明らかになるが，もし，そこで財務会計の体系の中で矛盾が生じるならば，要請実現のための調整過程に，何らかの問題が生じたはずであろう。詳言すれば，米国の現代の制度会計が Letter of Comment の影響によって形成された概念的フレームワークを基盤として成立していると考えるならば，この概念的フレームワークに何らかの問題が生じ，矛盾を生み出したと考えられる。この概念的フレームワークが資産負債中心観によって導かれているならば，この資産負債中心観に問題があったといわざるを得ない。すなわち『討議資料』から概念的フレームワークにかけて資産負債中心観に変化があったならば，当然に Public Record によるインパクトが起因していると考えられる。その事実を認めたうえで，概念的フレームワークにおける資産負債中心観は意味のある体系であるのかの検討が必要となり，そのためには資産負債中心観というものを捉え直す必要が生じる。『討議資料』の資産負債中心観と概念的フレームワークの資産負債中心観に違いがあるならば，その区別は『討議資料』によっても概念的フレームワークによっても不可能である。そこで，著者はその点についてわが国の利益計算方法の視点を取り入れ検討を試みる。なぜならば米国においては，わが国において利益計算方法と呼ばれているもの—すなわち財産法，損益法—という用語に対応する言葉が存在せず，それ自体が論争になることもなかったからである。よってここでは，損益法と財産法を組み合わせていくことにより資産負債中心観を精緻化し，それぞれの資産

第2節 本書の構成

負債中心観を捉えていく作業を行うこととなる。そのためには，資産負債中心観＝財産法，収益費用中心観＝損益法という単線的な結合関係として捉えるのでは意味がなく，損益法と財産法の統合形態で考えなければならない。それを検討していくのが第6章である。よって第6章では，財産法や損益法は単なる利益計算方法というものに過ぎないということを証明することになる。これらの利益計算方法を彩色するためには別個の概念装置が必要という結論を導き出すために，わが国における利益計算方法について，岩田巖教授と武田隆二教授の考え方を用いて検討する。そこでは利益計算方法という形式はまったく「無色」のものであり，資産・負債の解釈によっては，財産法は静態論にも動態論にも結びつきが可能であるため，財産法にしても損益法にしてもおのおのが1つの単なる利益計算方法に過ぎず，それ以外の何ものでもない。すなわち，中心観に利益計算方法の考え方を導入しなければならないのである。

このような利益計算方法の特色が明らかとなったとしても，わが国では今なお，中心観と利益計算方法を混同している状況が続いている。資産負債中心観＝財産法，収益費用中心観＝損益法という単線的な結合関係ではないことは，第6章の利益計算方法についての検討結果から理解できる。本書ではこのような単線結合を批判して（資産負債中心観≠財産法，収益費用中心観≠損益法），それにかわる統合形態の必要性を述べる。第7章では，『討議資料』から概念的フレームワークにかけて生じた，中心観の変容について，わが国の利益計算方法の視点を取り入れることで，あるべき中心観というもの，すなわち著者の考える統合形態を導出する。中心観を基軸とした計算体系の検討を行うことで，会計理論形成の基盤となる本来の中心観を生じさせ，同時にそれは，それぞれの計算体系においてとられる中心観を導き出すことになるだろう。これらの分析の主眼は，Public Record の分析によって中心観の変化がどのように描き出され，その描き出されたものが具体的にどのような計算体系として理論的に確立していくのかを探求していくことにあるといえる。

注

(1) 個々別々のものを統一した組織体としてとらえ，そのものを構成する各部分を系統的に統一した全体と考えられるので，本書では計算体系という語を用いる。
(2) 井上良二『新版財務会計論』税務経理協会，2008年参照。
(3) 収益費用中心観から資産負債中心観への転換のきっかけとして『討議資料』を提示する主な著書・論文として，津守常弘「アメリカ会計原則設定史の歴史的教訓」『JICPAジャーナル』第3巻第1号，1991年1月，戸田龍介「米国における資産負債中心主義の検討—財務諸表の有機的結合を中心として—」『経済論究』第81号，九州大学大学院経済学会，1991年11月，藤井秀樹『現代企業会計論』森山書店，1997年，徳賀芳弘「資産負債中心観」『企業会計』第53巻第1号，2001年1月参照。
(4) FASB, *An Analysis of Issues related to Conceptual Framework for Accounting and Reporting: Elements of Financial Statements and Their Measurement,* FASB Discussion Memorandum, FASB, December 1976, para. 33. （津守常弘監訳『FASB財務会計の概念フレームワーク』中央経済社，1997年，53頁。）
(5) 「中心観」を使用している論文として，次のものが主としてあげられる。徳賀芳弘「資産負債中心観」『企業会計』第53巻第1号，2001年1月。
(6) 「revenue and expense view」「asset and liability view」の訳語例としては，「asset and liability view」を「資産負債アプローチ」と呼び，「revenue and expense view」を「収益費用アプローチ」と訳するものを目にすることが多い。しかし「view」はある特定の見方・考え方であると思われ，接近的（approach）な意味は薄いと考える。なお，当該訳語に関しては，この他，資産負債観（資産・負債観）及び収益費用観（収益・費用観）等があるが，これらの当否については，藤井秀樹『現代企業会計論』森山書店，1997年，53-54頁を参照。
(7) 米国における概念的フレームワークは，通常，FASBで公表された一連のSFAC (Statements of Financial Accounting Concepts) を意味する。本書では，SFAC全体を指して概念的フレームワークを使用する。なお，SFAS (Statements of Financial Accounting Standards) が財務会計及び財務報告に関する具体的または個別的な会計基準及び開示基準であるのに対し，SFACはSFASを形成する際の基礎となる基本目的，諸概念等を確立することを目的としている。
(8) 大塚成男「ディスカッションⅤa」斎藤静樹編著『会計基準の基礎概念』中央経済社，2002年，179-180頁参照。

第2章　『討議資料』の中心観とその原型

第1節　『討議資料』の中心観

　『討議資料』は，公聴会に先立ち文書によって回答者が意見を述べるための基礎として作成されたものであり，その性質上，多くの会計専門家あるいは，会計機関等に向け意見を求める働きかけをしている。すなわち『討議資料』が本節で検討する資産負債中心観・収益費用中心観に適合する諸定義を回答者に対して列挙したのである。回答者の意見についての詳細は次節以降検討するが，回答者はそれぞれ自らの考え方に合致する定義をFASBに対して示すことになった。

　米国における『討議資料』よりさらに前，1930年代初頭から展開された会計原則運動以前においては，貸借対照表を中心とし，ドイツ流の考え方でいえば，静態論的な考え方が中心であった。ドイツにおいては1890年代頃から貸借対照表論について盛んに議論が展開された。1861年に制定された普通ドイツ商法典がその議論の発端であるとされている[1]。その数多くある議論のなかでも，最も基本的なものとしてあげられるのが，Schmalenbach. Eのいわゆる静態論と動態論の二つの理論である[2]。財産計算に重きをおき，これを中心的な目的とするのが静態論であり，損益計算を中心として貸借対照表をその手段とするのが動態論であるといわれている[3]。

　しかし，AAAによって1936年に『会社報告諸表会計原則試案』[4]（以下，1936年試案と記す），W. A. Paton and A. C. Littletonによって1940年に『会社会計基準序説』[5]が公表され，またAAAによって1941年に公表された『会社財務諸表会計原則』[6]（以下，1941年原則と記す）において，いわゆる計算体系として取得原価主義会計を基本とする考え方，ドイツ流の言い方によれば動態論的

な考え方の確立がなされたと考えられる。並行して，1939年から1959年にかけてAICPA（AIA）[7]による『会計研究公報』[8]によっても同様の会計観が提示された。この年代に発表された上記の諸文献においては，動態論的な理論体系の中で利益概念を規定している。収益・費用概念が，資産・負債概念の上位概念として取り扱われていた時代といってよい[9]。そしてこの頃から，わが国の研究の重点もドイツ的な考え方から，米国的な考え方へと移行している[10]。

今日の会計観についての詳細は次節以降において述べることとするが，現在は米国に限らず，わが国においても再び静態論的な考え方が展開されていると考えられる。

もとよりわが国は，1962年の商法改正以前においては，財産目録の作成として，棚卸法に基づく貸借対照表の作成を想定していた。そこには，棚卸法・財産法という系列があったが，当該改正により，それが誘導法・損益法の系列に変化していく[11]。またわが国の企業会計原則のもつ計算目的（旧証券取引法に基づく財務計算の目的）におけるその体系は取得原価主義会計であったが，しかし，その基礎も経済的環境の変化により，分配可能利益の計算から業績表示利益の表示が重要視されてきている。厳密にいえばドイツ流の静態論ではないが，わが国でも静態論的な考え方が再び展開されていると考えられる。

このような利益概念の変化の実質的なきっかけになったのが，本節で検討する米国の1976年の『討議資料』であり，これは資産負債中心観の考え方を明確に示したものであった。もっとも『討議資料』は本来独自の考え方を主張するものではなく，すでに考えられている各種の考え方，採用されている各種の会計原則および手続きを整理して討議の材料とするための資料である。したがって，そこに含まれる内容は，それ以前に展開されていた理論，採用されていた会計方法であると考えられる。中心観を巡る『討議資料』も例外ではなく，それ以前に存在した多くの先行研究の成果を要約・整理したものであるといえる。

『討議資料』が概念的フレームワーク・プロジェクトの実質的な出発点をなす以前においては，公的に承認された財務会計の概念的枠組みは実質的には明示されてこなかった。『討議資料』で示されたFASBの見解と問題提起を要約

したもののなかには,「財務会計および財務報告の概念的枠組がこれまで権威ある過程で明示されてこなかったということを知って驚く人が多い。多くの団体,委員会および個人が,それぞれ独自の概念的枠組のモデルまたは枠組の一部分を公表してきたが,そのままの形で普遍的に受け入れられ,実務上依拠されるようになったものは一つもない。」[12]と述べている部分がある。このようなことからFASBにおいて首尾一貫した概念の体系としてのフレームワークが望まれていたことが分かる。なお『討議資料』は以下の構成となっている。

問題点およびその他の検討事項
 第 1 章　討議資料と営利企業の財務諸表の目的に関する試論との関係
 第Ⅰ部　財務諸表の構成要素
 第 2 章　財務諸表の構成要素を定義づけるための基礎
 第 3 章　資産
 第 4 章　負債および出資者持分または資本
 第 5 章　利益,収益,費用,利得および損失
 第 6 章　資本維持または原価回収
 第Ⅱ部　質的特徴
 第 7 章　有用な財務情報の質
 第Ⅲ部　財務諸表構成要素の測定
 第 8 章　測定単位と測定属性
 第 9 章　主たる資産クラスの属性
 第10章　主たる負債クラスの属性
  付録A：利益の表示
  付録B：財務諸表の例式

　第Ⅰ部は,「財務諸表の要素(資産,負債,収益,費用など)の具体的な定義を論ずるうえで前もって必要な問題の検討から始まっている。それは,すなわち,これらの要素のうち最も基本的なものがあるとすれば,それはどれであり,したがって他の要素の定義のあり方を規定するのはどれか,という問題」[13]を扱っており,すなわち財務諸表の要素の定義及び維持すべき資本に

かかわるものを示している。

　第Ⅱ部は,「有用な財務情報の特質——すなわち質的特性（著者注：質的特徴）を取り扱っている。これらの特性は, 財務諸表の有用性について判定を下す能力をもち, かつその判定にあたって用いられるべき基準である。この第Ⅱ部で, 特別な関心事となるのは, すでに広く認められている特質がいかにして有効な規準（criteria）または基準（standards）になりうるか」[14], ということであり, すなわち財務情報の質的特徴（たとえば目的適合性, 客観性, 比較可能性等）を論じている。

　第Ⅲ部は,「財務会計および財務報告において財務諸表の要素のどのような属性が測定されるべきか, というもの」[15]であり, 財務諸表において最も目的適合性と信頼性のある情報を提供するために測定されるべき財務諸表の要素の属性（たとえば歴史的原価, 取替原価, 売却原価など）を取り扱っている。

　以下では, FASBの考えるべき会計目的と概念的フレームワークの内容の解明にあたり, 煩雑の感がないわけではないが, 正確な会計観の抽出のために煩をいとわずに逐一引用しながら検討を加える。

(1) 『討議資料』の2つの中心観

　FASBは『討議資料』の中で資産負債中心観, 収益費用中心観等を取り上げ, それぞれについて詳細に検討を行うと共に, それを受ける形で中心観に基づく財務諸表構成要素すなわち資産, 負債, 資本, 利益, 収益, 費用, 利得, 損失の定義を展開している。ここでは『討議資料』における各中心観がどのような特色をもっていたのかを探るために, 中心観の内容を詳細に検討していくこととする。なお本書の『討議資料』の邦訳にあたっては, 津守常弘教授監訳『FASB財務会計の概念フレームワーク』を引用している。

① 資産負債中心観の考え方

　資産負債中心観の利益の定義は「1期間における営利企業の正味資源の増分の測定値」[16]とするものであり, すなわち利益を「資産・負債の増減額にもとづいて定義する」[17]ものである。収益は「当該期間における資産の増加および負債の減少にもとづいて」定義され, 費用は「当該期間における資産の減

少および負債の増加にもとづいて」[18]定義される。

資産負債中心観における鍵概念として、資産は企業の経済的資源の財務的表現であり、負債は将来他の実体（個人を含む）に資源を引き渡す義務の財務的表現[19]であるとしている。資産負債中心観の基本的な測定プロセスは「資産・負債の属性およびそれらの変動を測定する」[20]ことである。その際その他の財務諸表の構成要素（所有者持分または資本、利益、収益、費用、利得、損失）はすべて、「資産・負債の属性の測定値相互間の差額、あるいは当該各測定値の変動額として測定される」[21]と述べている。

すなわち、この『討議資料』における資産負債中心観の特質は、企業の経済的資源への注目であるといえる。資産負債中心観は元来、利益に関する見方であるとされるが、この中心観の下では、利益は一期間の正味の経済資源の増分の測定値であるとしている。正味の経済資源とするのは、正味の経済資源の財務的表現を資産とし、経済的資源のマイナスを負債とすることから、利益は正味の経済的資源の財務的表現に関係することになる。企業にかかわる経済的資源のすべてが財務的に表現されているとすれば、資本は所有者持分（純資産）といわれるものに等しいと言わざるを得ない。ストックの状態で表現すれば、資本取引に伴う増減を別とすれば、一定期間経過後の、この所有者持分（純資産）としての正味の経済的資源の増加分が利益であり、減少分が損失であると定義されていることになる。換言すれば、利益および損失は資産・負債の増減額に関連していることになる。ストックとしての増減額はフローの結果として生ずる。この正味経済的資源の財務的表現を増減というフローで捉えたものが収益であり、費用である。正味経済的資源は資産及び負債によって規定されるのであるから、収益の定義は、当該期間の資産の増加または負債の減少に基づいて行われ、費用の定義は、当該期間の資産の減少または負債の増加に基づいて行われている。すなわち、利益の構成要素である収益や費用においては、資産または負債の定義が先行し、その増減変化として定義が行われることが特徴とされることになる。こうして、資産負債中心観においては経済的資源の重視およびその財務的表現としての資産が財務諸表構成要素中の中枢的な存在となるのである。換言すれば、資産概念から負債概念、さらには、収益・費用への概念規定の流れを想定するとき、会計の認識対象に関しての出発点は、経済的

資源にあることになる。経済的資源でないかぎり，資産としての認識は行われないからである。また，負債もこの経済的資源の将来的な減少であるとされるから，経済的資源によってその認識が制約されることになる。よって，経済的資源の重視は認識・測定対象を規定する作用をしていることになる。では『討議資料』において最重要視されている経済的資源の意味は，どのようなものと考えられているのであろうか。

　資産負債中心観においては，資産は「直接的または間接的に純キャッシュ・インフローをもたらすと期待される潜在的な将来の便益を表す」[22]と定義され，負債は「企業が将来他の実体に経済的資源を移転すべき責務」[23]と定義されている。資産は正味の経済的資源の財務的表現であるから，経済的資源はキャッシュ・フローをもたらすと期待される潜在的な将来的便益を体現する存在であると考えているといわなければならないであろう。こうして，負債は経済的資源という存在物のマイナス（引き渡し）の義務の財務的表現とされることになる。

　『討議資料』による資産負債中心観の特徴は，会計の認識対象を経済的資源に限定するという点と資産概念を収益・費用概念，さらには負債概念よりも先行させる点にあるといわなければならない。しかし，ここで注意しなければならないことは，「articulation」の問題である。

　『討議資料』で提示されている「articulation」は，一般的には「連携」と呼ばれているが，「接合」[24]と呼ばれる場合もある。永野則雄教授は「articulation」について，「財務諸表間あるいはその要素間の結びつきを扱っている」[25]とし，言語学における「分節（つながった全体に幾つかのくぎりをいれること，またそのくぎり）」[26]とは，要素の間の関連性のことであり，財務諸表の分け目が「articulation」であるとし，「接合」としている。その点に関する議論の重要性は認めるとしても本書の趣旨に直接関連しているものではないので「articulation」を一般的な呼称である連携と呼ぶこととする。

　『討議資料』では「財務会計および財務報告のための概念フレームワークの基礎として，資産負債アプローチ，収益費用アプローチ，非連携アプローチのうちいずれが採用されるべきか。」[27]と問題を提起し，非連携を除く資産負債中心観，収益費用中心観の前提となるものが財務諸表の連携となる。では『討

議資料』では連携はどのように定義されているのであろうか。連携とは「共通の勘定および測定値を基礎にした利益報告書（およびその他の財務諸表）と財政状態表（貸借対照表）の相互関係をいう。連携した財務諸表においては，利益は正味資産の増加をもたらし，また逆に，正味資産のある種の増加は利益として表れる。」[28]と記述されている。非連携の財務諸表に関しては「財務諸表の連携が不必要であり，あるいはまた，それが良好な測定を阻害していると考えている人びとがいる。非連携の財務諸表に関する文献は連携した財務諸表に関する文献と比べると，きわめて数が少ないので，非連携の財務諸表を承認し，あるいはこれを支持する人びとのアプローチは，あまり広く知られていない。本討議資料の目的の1つは，当該アプローチに立つ人びとに対して当該アプローチに関する説明を添えた回答を寄せるよう，うながすことにある。」[29]と述べている。この文言から分かるように非連携を支持する人びとに説明の機会を積極的に与えてはいるが，『討議資料』では非連携に対して必ずしも肯定的な態度を取ってはいない。

永野則雄教授によれば，連携の支持論拠は以下の4点にまとめることができる[30]。

① 二重のチェック機能があること。
② 企業の経済活動の本質を正確にあらわしているということ。
③ 柔軟性があること。
④ 財務諸表を相互に支えるものであり，余分な財務諸表を意味するものではないこと。

永野則雄教授の指摘は，いずれも資本という概念を組み込むことによって成立した複式簿記を念頭においた支持論拠であると考えられる。全一体として有機的な関係の体系を持つ複式簿記では，複式簿記によって同一事象を異なる側面で記録する。したがって，仕訳帳においてその貸借各合計額は一致し，仕訳帳から転記される総勘定元帳においても各勘定の貸借合計額は一致する。それゆえに，総勘定元帳に基づいて作成される試算表の貸借各合計額も一致することになる。損益計算書と貸借対照表はこの試算表の一部を用いて作成されるかぎり，その貸借差額は貸借逆になって一致することになる。これが二重チェック機能であると考えられるからである。よって，永野則雄教授のいう支持論拠

は，複式簿記によって具現化されているものといわなければならない。

佐藤倫正教授によれば「注意すべきことは，非連携といっても，これは，表示上の非連携であって，複式簿記的には時価主義貸借対照表と原価主義損益計算書を連携させることは不可能ではないと思われることである」[31]としている。簿記処理の結果と表示とは別の問題であることを考えるならば，全体計算という点で，この主張は正しいものといわなければならない。

『討議資料』をみる限りにおいては，FASBの見解は「連携された財務諸表」に主眼をおいており，資産負債中心観，収益費用中心観の前提となるものが財務諸表の連携であることを示している。ここで注意しなければならないのは，連携によって示される意味内容である。『討議資料』に関連して，永野則雄教授によれば，連携は「財務諸表間あるいはその要素間の結びつき」[32]と考えられている。また，財務諸表間の連携のみならず財務諸表の要素間の関連も連携に含まれる。よって損益計算書における計算と貸借対照表における計算との間での連携が成立していることを示している。そしてその連携は，利益をめぐるものであると考えられる。井上良二教授の連携の定義においても，たとえば会計というシステムにおいて損益計算書での計算システムと貸借対照表での計算システムとの間の関連は連携のうちに含まれるとしている[33]。

『討議資料』に示される考え方は損益計算書と貸借対照表との連携を認めている。2つの財務諸表は根本的に関連しており，同一の基礎的データに依拠していることを前提として，「収益を認識することは資産の増加ないし負債の減少を認識することと同様であり，費用を認識することは資産の減少ないし負債の増加を認識することと同義である。利益は，資産・負債の変動に関連づけてのみ測定可能である。」[34]としている[35]。

永野則雄教授においては，連携は財務諸表を相互に支えるものであり，余分な財務諸表を意味するものではないこととしておらず，連携には「柔軟性（現代企業の複雑さへの対応）」(傍点著者)があるとも述べられていることから，「連携」という意味の中には計算システムとして貸借対照表と損益計算書のみに限定しているとは限らない。ここで最も注意しなければならないのは，FASBにおいては，包括的利益を計算する過程で稼得利益が問題にされているという事実である[36]。FASBは，純利益（稼得利益）を含む包括的利益のす

べての構成要素の合計金額をさして，包括的利益という用語を使用しているからである。ここに特殊な連携が組み込まれていることになるのであり，損益計算書と貸借対照表の連携を可能にするために両者の間に第三の計算書，例えば包括的利益計算書を存在させることになるのである。詳細は後述するが，本節ではその点について指摘しておく。

② 収益費用中心観の考え方

収益費用中心観の利益の定義は「1期間の収益と費用との差額に基づいて定義する」[37]というものであり，すなわち利益が「儲けをえてアウトプットを獲得し販売するためにインプットを活用する企業の効率の測定値である」[38]としている。よって「収益・費用の概念は，資産・負債の概念よりも正確に定義することが可能であり，したがって，当該各概念に基づき，適切な会計のあり方をよりいっそう明瞭に指し示すことができる」[39]としている。

収益費用中心観における鍵概念は収益と費用であり，すなわち「企業の収益獲得活動からのアウトプットと当該活動へのインプットとの財務的表現」[40]である。収益・費用は「関連する現金の収入・支出が生じた期間にではなく，アウトプットとインプットが生じた期間に認識される。ある論者たちは，企業の収益獲得能力を測定することがその目的であると主張する」[41]と述べている。また収益費用中心観の基本的な測定プロセスは，「収益・費用の測定，ならびに一期間における努力（費用）と成果（収益）とを関連づけるための収益・費用認識の時点決定」[42]としており，なおかつ利益測定を「収益と費用との対応プロセス」[43]と説明する。

このように収益費用中心観では，利益が，収益と費用との差額に基づいて定義されている。資産負債中心観が資産と負債であったのに対して，ここでの鍵概念は，収益と費用であることが分かる。さらに「収益・費用が支配的概念となるので，資産・負債の測定は，一般に，利益測定プロセスの必要性によって規定される。したがって，収益費用アプローチに基づく貸借対照表には，企業の経済的資源を表さない項目，あるいは他の実体に資源を引き渡す義務を表さない項目が，資産・負債またはその他の構成要素として記載されることがある」[44]と述べており，収益と費用を対応させるために必要なものとして貸借

対照表上に計上される見越・繰延項目を想定していることが分かる。『討議資料』における収益費用中心観は，当期の費用・収益に次期以降分が含まれる場合は当期から除き繰り延べ，また当期において既に発生しているが実際は支払い・受取りがなされていない費用・収益に当期分が含まれる場合はこれを当期のものとして見越し（すべての費用と収益は支出・収入に基づいて計上し，その発生した期間に正しく割り当てられるよう処理しなければならない。ただし未実現収益は原則として当期の損益計算に計上してはならない），収益は主に実現主義で認識され，費用は，それへの対応によって認識されるといえる。

③ 資産負債中心観と収益費用中心観の相違点

資産負債中心観・収益費用中心観の考え方，およびその状況については①・②において述べてきたが，次に『討議資料』における実質的な相違・実質的でない相違に分けて両中心観について検討していく。

a. 実質的な相違

資産負債中心観は「資産・負債の定義，特性，測定に依存し，利益を一義的には資産・負債のある種の変動の正味の結果とみなす。〈…(略)…〉資産負債アプローチの企業活動の目的はその富を増大させることであり，企業が所有する事物の変動は，1期間における当該企業の活動に関する最良の，しばしば唯一の確実な証拠になる」[45]と考えている。

それに対して収益費用中心観は「収益・費用の定義，特性，測定に依存し，資産・負債の変動を一義的には収益・費用の結果とみなす。収益費用アプローチの支持者は，利益測定の目的は企業ないしその経営者の業績を測定することであると主張する。すなわち，利益測定は，事物ではなく行為を対象としており，したがって，一義的には企業が何を行ったかを対象としているのであって，企業が何を所有しているかはたんに副次的に利益測定の対象となるにすぎない。」[46]としている。その結果，収益費用中心観は，資産負債中心観が歓迎しない繰延項目及び繰延収益・引当金を取り入れ，これらの項目は将来期間の利益測定において償却され，あるいは繰り入れられることが予定されているという理由から収益費用中心観ではこれらの項目を資産・負債に含めていることになる[47]。ただし資産負債中心観がすべての繰延項目等を否定しているわけ

ではない。それが権利・義務と結びつく場合には，経済的資源（前払保険料や前払賃借料のような項目）およびその経済的資源の引渡義務（前受賃貸料や前受予約代金のような項目）を示すことになるから[48]，貸借対照表への計上が行われなければならないことになる。

　資産負債中心観では利益を一期間における営利企業の正味資源の増分の測定値であるとし，資産・負債の増減額に基づいて定義している（純資産の変化である）。収益費用中心観では，利益が収益と費用との差額に基づいて定義されている。収益費用中心観の主張者は「経済的資源・義務の属性の測定値の変動に利益を限定するならば，しばしば収益と費用の不適切な対応が生じ，期間利益の測定を歪めることになる」[49]と資産負債中心観を批判するが，これに対して資産負債中心観の主張者は「経済的資源およびその引き渡し義務の変動によってのみ利益を厳密に定義づけることが可能なのであるから，期間利益の測定においてその他の収益・費用の算入を容認することは，利益測定を，期間利益の歪曲とは何かという問題に関する個人的判断にゆだねるものである」[50]と逆に収益費用中心観を批判する。

　これらのことから分かるように資産負債中心観と収益費用中心観の主な相違点は貸借対照表項目の範囲が異なるということであり，両中心観の違いは次の2点である。

① 　資産負債中心観のもとでは，貸借対照表項目の範囲が経済的資源またはその引渡義務の財務的表現としての資産・負債に限定されるが，収益費用中心観のもとでは，当該範囲から計算擬制的項目までに拡大される。

② 　資産負債中心観の場合は，正味資産の増分が利益とみなされるのにたいして，収益費用中心観では企業業績の測定値としての収益・費用差額が利益とみなされている。

b. 形式的な相違（実質的でない相違）

　資産負債中心観のもとでは，利益報告書よりも財政状態表のほうが有用であるとみなされ，資産・負債は現在価値で評価されるべきであるのに対し，収益費用中心観のもとでは，財政状態表よりも利益報告書の方が有用とみなされ，利益は，販売によって実現された収益と，費消された歴史的原価とを対応させることによって決定されるべきとしている[51]。だが『討議資料』では，この

ような記述は実は支持者よりも、むしろ反対者によって利用されており、単純化された区別はそれらのもつ差異をかえって不明瞭にするとも指摘している[52]。

　資産負債中心観と収益費用中心観は、利益測定が財務会計および財務諸表の焦点であるという点で意見は一致しており、利益計算書と財政状態表が連携しているならば、一期間における利益の測定と資産・負債の増減の測定は同一の測定の異なる側面にすぎないとしている[53]。収益の認識は正味資産の増加に帰着し、費用の認識は正味資産の減少に帰着し（利益測定に作用しないものは除く）、すなわち正味資産の増加を認識するということは収益を認識するということであり、正味資産の減少を認識するということは費用を認識するということであるとしている[54]。また「1つの利益が、企業の業績または効率の尺度であると同時に、企業の富の増加の尺度でもありうるのである。」[55]と述べつつ、それは「同一の事象を収益および正味資産の増加として認識し、費用および正味資産の減少として認識」[56]であるとしている。

　特定の中心観と特定の測定基準の結びつきに関しては「各アプローチとある特定の測定基準とを結び付ける自動的な連結環は存在しない。いずれのアプローチも、財務諸表の構成要素のいくつかの異なった属性の測定と両立する」[57]としている。換言すれば、「収益費用アプローチは収益と歴史的費消原価との対応に限定されるものではないのであって、現在取替原価を販売収益と対応させることは可能である。現在市場価格での測定を擁護する代表的論者の何人かは資産負債アプローチの支持者であり、現行の取引基準会計を擁護する代表的論者の何人かは収益費用アプローチの支持者であるが、そうした組合せは不可避的なものではない。」[58]ということである。

　実質的でない相違についての主な内容は以上のとおりである。これをまとめれば次の2点となる。

① 利益測定が財務会計および財務諸表の焦点である点は両中心観とも一致しており、一期間における利益の測定と資産・負債の増減の測定は同一の測定の異なる側面にすぎない。
② 特定の会計観と特定の複数の測定基準との結びつきも存在しない。

(2)『討議資料』の財務諸表要素の認識と測定

　『討議資料』では資産・負債の認識問題について，定義と認識規準の分離が必要であることを示唆しているのみで，具体的な明示はされていない。

　『討議資料』では，さまざまな種類の項目ならびに異なった環境要因のために，きわめて多様な認識規準が存在するので，構成要素の定義に認識規準を含めることは，複雑かつ不安定なものにしてしまうという懸念をいだき[59]，その原因を2つあげている。一つ目は「すべての構成要素の認識のためのすべての重要なルールおよび慣行を同時に考慮に入れることは，とうてい不可能」[60]であるというものであり，二つ目は「認識ルールないし認識慣行が変化するたびに，また，新しい認識問題をともなう新しい経営実務が出現するたびに，定義は変化していくことになるであろうから」[61]と述べている。

　よって『討議資料』では定義と認識規準の分離に対して積極的な立場をとっていることがわかる。このような定義と認識規準の分離のメリットについては「ある特定の経済的資源は，〈…略…〉『未実現』であるという理由で，あるいはまた，目的適合的な属性が信頼をおけるほどには測定可能ではないという理由で，あるいは，それが他のいくつかの特定のテストを満たすにはいたっていないという理由で，財政状態表に記載されないかもしれない。こうした定義は，財務諸表に記載されるべき項目を1つひとつ明記しようとする定義よりも，ずっと機能的である。」[62]と述べている。

　すなわち『討議資料』で展開されている定義は諸種の認識ルールないし認識慣行ならびに測定上考慮すべき諸種の事項を補完し，補完されることになる[63]。したがって，構成要素の認識問題は定義問題と合理的に分離しうるのみならず，測定に対する定義と認識の目的適合性は，採用される特定の測定スキームに大きく依存することになる[64]。

　『討議資料』は，資産・負債の測定問題については，中心観の選択と測定属性の問題を分離し，測定属性を選択問題として考えている[65]。よって各中心観と特定の測定基準とを結びつける自動的な連結環は存在せず，いずれの中心観も財務諸表の構成要素のいくつかの異なった属性の測定と両立する。収益費用中心観は収益と歴史的費消原価との対応に限定されるものではなく，現在取

替原価を販売収益と対応させることは可能であるとしているのである。

(3) 『討議資料』の中心観

このようなことから，『討議資料』の資産負債中心観のもとでは，貸借対照表項目の範囲が経済的資源またはその引渡義務の財務的表現としての資産・負債に限定されるが，これに対して収益費用中心観のもとでは，当該範囲から計算擬制的項目までに拡大されることになる点に注意しなければならない。先にも述べたが，資産負債中心観と収益費用中心観は貸借対照表項目の範囲がまるで違うのである。これは資産負債中心観においては，ある期間に生じた一切の事象をその期間に含めることになるということである。資産と負債の評価を先に決定してから，それをもとに利益を計算する資産負債中心観においては，本来，対応と配分の概念は全く必要ないのである。排除されるといってもよい。それが『討議資料』のいう資産負債中心観の本質である。

『討議資料』の資産負債中心観は，評価を先に決めてそこから利益を計算する中心観である。基本的に繰延項目及び繰延収益・引当金を歓迎する立場を取らず，これらの項目は将来期間の利益測定において償却され，あるいは繰り入れられることが予定されてはいない。収益費用中心観はそれらが予定されており，対応/配分の概念が生じている。繰り返すが，そこにおいては基本的に，対応/配分の概念は排除されなければならない。ある期間に生じた，または変化した一切の事象の変化をその期間に含めることが『討議資料』の資産負債中心観の特色なのであり，こうして純粋な意味での資産負債中心観の測定属性は評価を必要としない原価ではなく，評価を必要とする時価ということになるのである。

第2節　中心観の原型

前節においても明らかにしたように資産負債中心観が問題とされるようになったのは1976年のFASBの『討議資料』である。しかし『討議資料』の本来の性格は将来的な議論を行うための出発点を形成するための問題提起の書であるため，問題提起の前提としてその時点までに存在した各種の見解をとりまと

める作業が当然に行われているはずである。その存在が問題提起という形式で採用されているからである。このように考えられるとすれば,『討議資料』の公表以前に存在した会計観等に異説が存在したことを意味している。

　AAA の「外部財務報告の概念および基準委員会 (Committee on Concepts and Standards for External Financial)」は 1977 年に『会計理論および理論承認 (Statement on Accounting Theory and Theory Acceptance)』[66] (以下, SATTA と記す) を公表している。

　SATTA によれば, 理論的な接近法を古典的 (「真実利益」および帰納的) モデル (classical ("true income" and inductive) models), 意思決定―有用性 (decision usefulness), および情報経済学 (information economics) に分類している[67]。古典的接近法には帰納学派と演繹学派が存在し, 帰納論者 (主として実用主義者) には H. R. Hatfield, S. Gilman, W. A. Paton and A. C. Littleton, Y. Ijiri らがいる。

　SATTA は H. R. Hatfield, S. Gilman について, 実務及び方針勧告を比較・対照し, 権威あるさまざまな源泉のなかの類似点と相違点に注目し, 実務及び文献における非論理性と矛盾を論評したと評価しているが, 現存する実務について首尾一貫した理論を形成しようとはしなかったとも批判している[68]。これに限らず, SATTA では帰納論者の全体的特徴をいくつか述べている。まず現在システムの行動のなかにひそんでいる目標を引き出す方法をとっているが[69],「規範モデルにおける目標仮定や政策論で鼓舞される目標は現存システムの帰納的研究にもとづかないでいるので, もっぱら個人的信念や選好にもとづいて述べられていることが多い」[70] と述べている。このようなことから結局は「実社会で採用されないままになっている」[71] と指摘する。よって SATTA は帰納的理論を現存する会計実務の主要な構成要素を理論的に説明し, 時には正当化しようとさえするものと記している[72]。

　演繹論的理論については, SATTA は W. A. Paton (時代により主張に変遷がみられる), J. B. Canning, H. W. Sweeney, K. MacNeal, S. S. Alexander, E. O. Edwards and P. W. Bell, M. Moonitz, R. T. Sprouse and M. Moonitz らの名前をあげている[73]。SATTA では, 演繹学派のなかでも W. A. Paton, H. W. Sweeney, K. MacNeal, E. O. Edwards and P. W. Bell, M. Moonitz, R. T. Sprouse and M. Moonitz は「提唱者」であり, 新しい理論もしくは接近法のすぐれて

いることを主張した論者であり改革者であったと指摘している[74]。J. B. Canning, S. S. Alexander は，提唱者というよりも単なる分析家であり解説者であったに過ぎないとしている[75]。

こうして，『討議資料』との関係でいえば，演繹論者として W. A. Paton, H. W. Sweeney, K. MacNeal, E. O. Edwards and P. W. Bell, R. T. Sprouse and M. Moonitz を考えることができる。

さらに，SATTA は演繹的理論家の特徴をいくつか述べている（ただし S. S. Alexander を除く）。まず演繹論者は「ただひとつの評価基準をもちいて測定した利益がどの利用者の必要をも満たすのが理想的である」としているため「真実利益」（true income）の提唱者と呼ばれたことを述べている[76]。また演繹論者は「経済行動の観察にもとづいてこれまで歴史的記録および保守的計算に専念してきた会計をカレント・コストもしくはカレント・バリューを表すように，再構築しなければならないと，提案した」[77] としている。さらに演繹論者は「所得」（income）と「富」（wealth）という用語を経済学から借用し会計的意味合いでこれらを使用しようと試み[78]，自らの方針勧告をあらゆる階層の利用者に対してそれから得られる情報が十分役に立つかのように，普遍的に妥当する提案としていることを述べている[79]。なお損益計算書分析を志向する論者として W. A. Paton[80], H. W. Sweeney を，比較貸借対照表分析を志向する論者として M. Moonitz, R. T. Sprouse and M. Moonitz をあげており，特に後者を志向する者は会計を貸借対照表の連続としてみる傾向があると述べている[81]。

SATTA による理論の整理，特に，古典的接近法の二つの考え方，すなわち，帰納学派と演繹学派が，本書で問題にしている収益費用中心観と資産負債中心観とに対応するかどうかに関しては異論もありえようが，帰納学派の前提となる現実の実践が，収益費用中心観の下で行われていたと考えることができるならば，帰納学派を収益費用中心観と同一視することに大きな問題はないであろう。現行実務の中での会計現象の構成要素とその結合関係の抽象化・一般化により形成された原則によって現行実務を説明し，場合によっては正当化しようとするものが，収益費用中心観の下での会計理論を組成していると考えられるからである。

第2節 中心観の原型

そうであれば，逆に，実践の問題と切り離されて討論されてきた演繹学派，特に，貸借対照表を重視する立場の特徴として SATTA において掲げられている項目，たとえば，所得と富の概念の使用，現在価値評価の利用等を勘案することは，演繹学派は資産負債中心観と関連性を有するということができよう。このような理解によれば，『討議資料』との関係で注目すべきものは演繹論者の内でも，第一義的に，損益計算書ではなく貸借対照表に関心を持つ論者でなければならない。なぜならば，演繹論者との対立の図式を描くとすれば，帰納論者は第一義的に損益計算書に関心を持つと特徴づける必要があるからである。そう考えることによって，帰納論者は収益費用中心観と，演繹論者は資産負債中心観と関係を持つことを明らかにすることができるからである。

以上の点をふまえれば，帰納論者を代表する見解は，W. A. Paton and A. C. Littleton（共著刊行時点）であり，それと対立する考え方の代表者は R. T. Sprouse and M. Moonitz ということになる。仮にこのように考えることができるならば，米国における収益費用中心観と資産負債中心観との対立は，W. A. Paton and A. C. Littleton の理論と R. T. Sprouse and M. Moonitz の理論との対立であると見ることが可能であろう。

貸借対照表を志向する R. T. Sprouse and M. Moonitz による文献といえば 1962 年公表の『企業会計原則試案 (A Tentative Set of Broad Accounting Principles for Business)』[82]（以下，1962 年試案と記す）があげられるが，1962 年試案は M. Moonitz による『基本的会計公準論』(The Basic Postulate of Accounting)[83] の姉妹書であり，AICPA (American Institute of Certified Public Accountants) が課題とした基本的会計公準と総合的会計原則に関する研究の集大成である。1962 年試案の著者である R. T. Sprouse and M. Moonitz は，1962 年試案を作成するにあたってこれをハンドブックや手続便覧のようなものに変えてしまわないようにしたいと述べており[84]，研究遂行への強い姿勢が窺える。なお 1962 年試案は R. T. Sprouse と M. Moonitz の共著であるが，原案を作成したのは R. T. Sprouse である[85]。

井尻雄士教授によれば，FASB は，会計基準を独立した基準の寄せ集めとしてではなく，大きなフレームワークのなかで首尾一貫した一つの基準として位置づけようと努力し，そこに会計理論の必要性を認識していたのであり，ま

た，「会計理論を作る学者の側から考えてみますと，そののぞんでいるところはあくまで理論的に一貫したフレームワークや基準であります。機会があれば実務をその方面へ少しずつ動かしていきたいと願うのであります。財務会計基準審議会の設立前はスタンフォード大学の教授をしておりましたロバート・スプラウス氏などその努力をされている典型的な例であります。1973年（昭和48年）審議会発足以来その委員になり，かつその副委員長として活躍されております。かれが1962年（昭和37年）に出したスプラウス＝ムーニッツの『原則試案』で述べられている理論を機会のある毎に実行されておられることが，基準を読みながら感じることがよくあります」[86]と論じている。前述のSATTAを前提とした「学派」の違いはあるものの，このようなことから理論的に一貫したフレームワークを願う考え方は両者に共通しているように思われる。ともあれ，FASBが資産負債中心観を採用しているといわれている現状に鑑み，『討議資料』が資産負債中心観の原型をこの1962年試案に求めた可能性を否定できない。

　以上から，本節では，演繹論者の代表ともいうべきR. T. Sprouse and M. Moonitzが作成した1962年試案が，どのような概念を宿しているのかも，課題のひとつとして検討していきたい。また1976年に公表された『討議資料』が問題提起の書であるのならば，1962年試案は，どのような影響を『討議資料』に与えたのであろうか。本章の冒頭で述べたように，それまで存在した様々な見解をまとめた『討議資料』以前の理論について検討しておく必要があろう。1962年試案の他にも，『討議資料』公表以前に多くの会計原則に関する書物が発表されている。まず主として，『会社財務諸表会計および報告諸基準(Accounting and Reporting Standards for Corporate Financial Statements-1957 Revision)』（以下，1957年基準と記す。この基準および補足意見書の作成にあたっては，R. T. Sprouse and M. Moonitzが大きく関わっている。）[87]，次に1962年試案を検討し，そして1962年試案の影響を受けたであろうと考えられる1976年の『討議資料』を再度検討する。

(1) 会社財務諸表会計及び報告諸基準 (1957年)

　1957年基準を検討すると同時に，ここでは1957年基準が登場した経緯もあ

わせて論じる(1957年基準は序論の前に，1957年基準が公表された歴史的な経緯の説明を行っている)。

AAAは1936年試案[88]を公表し，これに続くかたちで，1941年原則[89]という改訂版を公表した。さらに1948年に『会計財務諸表会計諸概念及び諸基準 (Accounting Concepts and Standards Underlying Corporate Financial Statements-1948 Revision)』[90] (以下，1948年基準と記す) という2回目の改訂版を公表した。その後，1949年には，1948年改訂版に関する委員会が「財務報告に関連ある諸特殊問題の検討を目的」[91]として設置され，「8編のサプレメンタリイ・ステイトメントがこの委員会によって公表」[92]された。公表された誌面は，*Accounting Review*である[93]。

その後，「1955年に，1948年のステイトメントの改訂という課題が同じ委員会に課された」[94]としており，その報告結果が，1957年基準となる。

1957年基準は，結論から述べれば，その内容はそれまでのAAAの考え方と基本を異にするものである。それまでのAAAが，資産の金額的測定について重点を置いていた，すなわち原価への信頼というものであったのに対して，1957年基準においてはその信頼というものが揺らいでいるのである。

1936年試案と1941年原則の間に周知のとおりW. A. Paton and A. C. Littletonの『会社会計基準序説』[95]が1940年に公表されていたことも重要である。1936年試案は，貸借対照表から損益計算書へと重点が移り[96]，さらに『会社会計基準序説』で，米国的な意味での動態論の確立がなされたからである[97]。この流れを考慮にいれ，1957年基準以前の，改定版にかかわるAAAの会計原則を前提としたうえで1957年基準について検討していく。

① 会社報告諸表会計原則試案 (1936年)

1936年試案は「会社の期間財務諸表は，常に，単一の，齊整せられた会計理論体系に合致すべきであること，これ等の諸表の目的は，企業の所有する経済的諸財の活用と，その結果生じた債権者および出資者の持分の変動ならびにその現状とを，財務的に表現することにあるということが，基本的に仮定されている。かくして，会計活動は本質的に評価の過程ではなく，実際の原価及び収益の当期及び次期以降の諸会計期間への配分である。」[98]と述べられている。

ここでの考え方は，第一に，会計が評価の過程ではなく配分の過程であることを主張しているという点で意義深いものがある。中心観に関する議論において，対応/配分 vs. 評価という問題設定が行われることが多いが，それがこの文書によるこの表現から発していると思われるからである。会計は評価の過程ではなく，配分の過程であるという考え方は，取得時のみならず，取得時以後においても，貸借対照表価額は評価によって決定されないことを意味している。資産の期末貸借対照表価額は評価によって決定されるのではなく，当該資産の取得原価を費用として配分し，その配分後の償却未済原価を期末の貸借対照表価額とするということを意味する。こうして，評価ではなく，配分であるとする考え方は，実は，いわゆる取得原価主義会計という計算体系に関する理論を示唆する用語であるといわなければならない。

しかも注意すべきことは，「会計諸原則の目的は，それぞれの会計期間に対してその期間の営業成果に影響を与える諸項目を完全に示すばかりでなく，厳密にはその期間に照応せしめられないが会計記録中での認識がその期間に行われたような利得乃至損失に対してどの様な修正を行ってきたか，ということまでをも示す様な会社損益の報告書を作り上げることである」[99]と述べられている点であり，いわゆる繰延資産や繰延負債についての考え方を示唆しているのである。これは利益計算における対応/配分概念の重要性を指摘しているだけでなく，その結果としての期間利益計算擬制的な資産および負債を，この取得原価主義会計の体系の中に組み込む論理が展開されていると思われる。こうした，取得原価主義会計を基本とする1936年試案の構成は，主に次のようなものになっている。

　　原価と価値（Costs and Values）
　　利益の測定（Measurement of Income）
　　資本及び剰余金（Capital and Surplus）

「原価と価値」に関しては，取得原価のうちのどの部分の価値が費消され，消滅したか，また，どの部分の価値が次期以降の営業活動に見合う部分かを決定することが重要であるとすることからも明らかなように，価値が独立してその意味を持つのではなく，取得原価の範囲内で価値の配分が考えられており，

配分の基準としての費消価値と残存価値を用いるということを指摘しているものと考えられる。したがって，そこでは価格水準の変動のような価値の変化を会計に取り入れることを想定していないと考える。

こうして，取得原価主義会計の基礎をなす資産価格の決定は，当時の実務界および理論の世界で一般的に用いられていたはずであるため，価値あるいは評価という用語が全く用いられていないわけではないが，取得原価の枠内で考えられる価値に制約されていることになる。すなわち，明確な取得原価の主張である。

では，価値ではなく取得原価を重要視するのはなぜであろうか。それが「利益の測定」によって明らかにされているといえる。1936年試案のpara. 8に示されているように，「或る特定の期間の損益計算書は正当な会計的認識を経たすべての収益とその期間中に費用として落とされたすべての原価とを，その期間の営業活動の結果であろうとなかろうとに関係なく，ことごとく示すべきある」[100]とする。これは包括主義の損益計算書を意味するばかりでなく，収益費用対応の原則を表現したものと解釈できる。

しかし，収益に関連して実現主義が明確に提示されているわけではない。とはいえ，上述の「期間中に費用として落とされたすべての原価」では取得原価あるいは取得原価に基づいて配分された原価部分であることに注意しなければならない。資産の測定に関して，未実現利益の計上を認めない原価主義が採用されている以上，収益の認識に関しても未実現利益の計上は認められていなかったものと考えることができるであろう。

こうして，1936年試案で重視される期間損益計算は実現主義に基づく収益と取得原価に基づく費用との対応によって行われるべきことが考えられていたといわざるを得ないであろう。すなわち損益計算書の重視と取得原価主義会計の下での期間損益計算が想定されていたのである。ここでの利益は収益・費用差額であるとされる点に注意しなければならない。さらに，対応/配分を中心とする損益計算重視の結果，費用・収益の見越，繰延の必要性が認識され，その中での資産及び負債が考えられたといえないであろうか。そのように解釈できるとすれば，1936年試案が資本の項目は持つが，資産及び負債に関しての項目を欠いていることが容易に理解されることになる。換言すれば，1936年

試案は，すでに『討議資料』の検討を通じて明らかにした収益費用中心観を有していることが明白になったということである。

しかし，1936年試案は，収益費用中心観に基づく取得原価主義会計の体系を示したものであると解釈できるとはいえ，必ずしも精錬されたものではない。というのは，1936年試案は利益の概念も，収益・費用の概念も明らかにされていないからである。費用に関していえば，価値費消と未費消の配分によって明らかになる価値費消の原価配分としての意味しか与えられていない。よって，費消原価を費用と考えるのであろうとの想定は可能であるとしても，それが明確に示されているわけではない。『討議資料』のいう収益費用中心観であれば，当然，収益費用概念が資産負債概念に先立って明確にされているべきである。ただし，再言すれば，この1936年試案は収益費用中心観に基づくものであることを否定することはできないであろう。

② 会社財務諸表会計原則（1941年）

1941年原則では，1936年試案にはなかった「収益」の項目が新たに設けられている。それに対して資産の項目は見当たらない。1936年試案における「原価と価値」は「原価」に取って代わられ，しかも，そのうちには資産のみならず，負債をも包含している。この点はW. A. Paton and A. C. Littletonの『会社会計基準序説』の影響を彷彿とさせるものがある。さらに，収益に関しては一項目を設け，収益の実現の認識に焦点をあてて明らかにしている。収益に関しては「現金または現金等価物を基礎とする企業の生産物，財にもせよ役務にもせよ，の実現しうる価値によって測定される。広義には，収益が生産過程の進行につれて発生すると云うこともできようが，会計記録の中では，財又は役務の顧客への引渡しとそれと同時に起こる現金乃至現金等価物の獲得とによって裏書された場合にのみ認識せられるのが常である。」[101]と述べられている。

ここでは認識及び測定に焦点を合わせてはいるが，そこから収益の何たるかを知ることができる。収益は，企業の生産物の実現しうる価値によって測定されるとする。測定の手段は「生産物の価値」であり，測定されるものは，それと交換に企業に入ってくる現金等の貨幣性資産の価値であると考えることがで

きよう。企業にとっては投下した資金（原価）から得られた回収額が収益である。それに対して，費用は，投下した資金（原価）のうちの費消額であると解される。費消原価こそが費用であり，未費消原価は資産であり，未回収（未償還）原価は負債であると捉えられていることとなる。よってここでは原価の期間配分が行われていることになる。

　利益に関しても，「利益は実現された収益を原価原則にもとづいて，原価の消費分或は費消分に対応せしめることによって測定される。これらの収益および原価はすべて損益計算書中に表示されるべきである。このような場合にのみ会社の損益計算書がその会社の利益の数年間に亙る歴史全体を洩れなく示し得るのである」[102]と述べており，実現された収益にこれと対応する費用を対応せしめることで利益が測定されるとしている。このことは，当期の費用・収益に次期以降分が含まれる場合は当期から除き繰り延べ，当期において既に発生しているが実際は支払い・受取りがなされていない費用・収益に当期分が含まれる場合は当期のものとして見越すことを意味していると推定できる。

　こうして，収益と費用の対応のうえで生じる余剰を利益とし，期間損益に算入されない項目は計算擬制的な資産及び負債とされる。これはまぎれもなく，収益費用中心観に従うものであり，そこでの利益は収益費用中心観で検討されていた利益概念であると考えられる。

　またここで注目したいのは，1940年『会社会計基準序説』[103]が1941年原則に影響を与えたという点である。収益の項目が1941年原則において新たに掲げられたことは先述したが，それは1940年の『会社会計基準序説』においてすでに議論されていたものであり，そこでは収益について「企業の生産物を，顧客から受取った新しい資産の額で測定したものである。利益は収益を示す資産がこれに照応する費用の総額をこえるときに発生する。収益は，営業の全過程によって，経営努力の全体によって，稼得（earn）される。収益は生産物が現金または他の有効な資産に転化されることによって実現（realize）される。」[104]と述べられている。実現された収益にこれと対応する費用を対応せしめることで利益が測定されるという点において，1941年原則の収益の考え方と同様である。また，原価概念の資産以外への適用等も同様である。なお，1940年『会社会計基準序説』は，主に次のような構成になっている。

会計諸基準（Standards）
基礎概念（Concepts）
原価（Cost）
収益（Revenue）
利益（Income）
剰余金（Surplus）
解釈（Interpretation）

それに対して，1941年原則の構成は主に次のようになっている。

序言（Prefatory Note）
基本的仮定（The Basic Assumption）
　　原価（Cost）
　　収益（Revenue）
　　利益（Income）
　　資本（Capital）

上記からも明白なように，1940年『会社会計基準序説』の構成と1941年原則の構成は類似しており，また財務諸表項目の定義についても影響を受けていることが分かる。

そうであるならば，SATTAという帰納学派を構成する『会社会計基準序説』が収益費用中心観を採用している限り，そして，この考え方を1941原則が採用しているとすれば，このことは，1941年原則も収益費用中心観を採用していると推定するための今ひとつの根拠を提供するものである。しかも，利益概念，収益費用概念の明示化により収益費用中心観の観点の精緻化が，1941年原則において果たされているとみることができる。

以上により，1941年原則は，利益を収益・費用差額として捉え，したがって，利益計算の基本原則を収益費用対応の原則に求め，その下に配分原則をしたがえる体系を採用していることが明らかとなった。このため，資産は原価と関係づけられ，費消原価としての費用が把握された後の残りの部分，すなわち未費消の原価と解されることになる。さらに，収益は実現主義によって認識さ

れる。そのため，資産の測定は原価に基づいて行われることになるのである。

③ 会社財務諸表会計諸概念及び諸基準（1948年）

1948年基準の主な構成は，次のとおりである。

序文（Prefatory Note）
資産（Assets）
利益（Income）
   ┌ 収益（Revenue）
   └ 費用（Expense）
負債及び株主持分（Liabilities and Stockholders' Interest）
   ┌ 負債（Liabilities）
   └ 株主持分（Stockholders' Interest）
財務諸表（Financial Statements）
結語（Concluding Comment）

このような構成からも分かるように，1948年基準は1941年原則の構成，すなわち，それまでのAAAが示してきた構成内容とは大幅に異なっていることは否めない。構成という点で1941年原則との注目すべき変更点は，資産の項目を設けたこと，負債の項目を設けたこと（もともとは原価項目に存在した），利益の項目を従来のような損益計算書の形式的側面の規定ではなく実質的なものとし，収益と費用に分割して規定したことである。

これにより，費用は原価項目の中で規定されていたのだが，期間配分にかかわるものは，この費用の項目で規定されるようになった。それに伴い，財務諸表の形式面での規定は，表示方法として財務諸表という項目を設けている。

収益に関しては，「(a) 企業の製品または役務の販売に於て受領した資産，または清算された負債の額，(b) 取引資産以外の資産の販売又は交換から生じた利得，及び，(c) 負債を有利に決済することから生じた利得，に対する総称的な用語である。収益は受贈物からは生じない。収益は，資産が移転され，役務が行使され，あるいは企業の財がもう一方の当事者によって利用され，それと同時に，資産の取得，あるいは，債務の減少を伴う場合に認識され

る」[105]としており，認識に関しては，財貨・用役の引き渡しと対価としての資産の受け入れまたは負債の減少という厳密な意味での実現主義を提唱していることは明らかである。

　費用に関しては，「資産原価あるいはその一部分で，利益の測定に当って，収益から控除されるべき金額である。これらの控除分はその期間に於ける現金の支出，資産原価の全額またはその一部の費消，あるいは負債の発生を通じて生ずる。費用は，営業上の原価―収益を生み出す活動との関連を跡づけ得る差引分―と，損失―このような関連を有しない控除額―とから構成される。」[106]と述べられている。このように，以前のAAAが公表していた収益と費用の考え方とは若干の違いがみられる。従来の収益と費用の考え方はもっと狭義のものであり，それは営業固有のものに限定されていたのだが，1948年基準では，営業固有以外のものでも収益・費用の範囲に入るようになっている。損失という概念が登場し，損失が費用に含められていることなどは，そのあらわれであろう。

　収益・費用概念の拡大と利得損失概念の明確化は何を意味するのであろうか。利益を収益・費用の差額として捉えると同時に，その差額を純資産の増加分として捉えるのが1948年基準の一つの特徴である。利益を純資産の純増加分と捉えるときには，利益の中に対応概念を忠実に反映する収益・費用のみならず，利得・損失が含まれないわけにはいかない。これが1948年基準の特徴をなしているといえる。収益費用中心観では，利益は収益と費用との差額であり，対応概念に制約を与える利得・損失を含む純資産の純増加分であるとする必要はなかったはずである。W. A. Paton and A. C. Littletonが，『会社会計基準序説』の「企業実体」に関する記述のなかで，収益・費用の説明を企業資産の変化によって行うべきであって，所有者または株主の持分の増減をもってすべきではないとしていたことを思い起こすべきであろう。

　しかし，1948年基準では，利益を純資産の純増加分と規定したために，対応概念との間に摩擦を生ずると考えられる項目が登場したのである。それが収益・費用と区別された利得・損失であるが，他方で，資産および負債に関しても問題を生ずることが考えられる。というのは，対応概念の下で資産とされていたもの，負債とされていたものが，対応概念の退潮とともにその存在意義を

著しく後退させたと考えられるからである。資産の項における未費消原価としての性格は、経済的諸財の財産上の権利としての記述に取って代わられており、負債が原価の中で記述されていた負債（未返却原価）から、負債の独立項目と請求権としての性格の強調へと姿を変えているのは偶然ではないと考えられる。収益費用中心観の後退と資産負債中心観の台頭を思わせる変化であるといえないであろうか。少なくとも、1941年原則の収益費用中心観をより精緻化したものとして捉えることには問題があるといえよう。

しかし、先述の指摘は、資産負債中心観への萌芽的な気配は存在するとしても完全な移行を意味するものではない。先述のように、新しい項目として出現した資産については「資産即ち企業の経済的諸財は、有形無形の財産上の権利である。最も共通的な意味において有用だと考えられる財務諸表は、ある企業の資産の起源および処分を、その資産の取得時に確定され記録された原価によって報告する」[107]と述べており、『討議資料』で示されている資産負債中心観の資産の定義とは異なるものである。財産上の権利というだけにとどまり、法的権利の枠から、逸脱するものではないからである。そのほかにも資産の項目のなかで、「原価のうち未だ配分の終わらない原価よりも高い額で企業の資産を示して、原価主義から背離してはならない」[108]、「会計上の原価主義に固執する以上、現存する資産の原価が費用に配分されるについて隠微乃至不当な配分が存在してはならない」[109]などの文言が明示されている。そこにはあくまで原価主義を前提とした体系を維持しようという意思がみられ、『討議資料』の収益費用中心観において考えられていた、すべての費用と収益は支出・収入に基づいて計上し、その発生した期間に正しく割り当てられるような処理を否定していない。ただし、次期以降に内応する原価以外の資産価値が裏づけられ、次期以降に内応する原価額より高い場合には企業の経済的状況を解釈するのに必要だとして、脚註や補足諸表などに表示するべきだということを述べ[110]、価格変動について言及している場面がある。

『討議資料』における資産負債中心観の特質は、企業の経済的資源への注目であり、その下では、利益は一期間の正味の経済資源の増分の測定値であるとしていたわけであるから、企業にかかわる経済的資源のすべてが財務的に表現されている。価格変動の報告という点において1948年基準は資産負債中心観

的な発言をしたものと解する。「原価主義に固執する以上」という文言からもみられるように，原価主義が必要というよりはむしろ，維持しなければならないという状態に変化している点にも注目したい。

④ 会社財務諸表会計及び報告諸基準 (1957年)

1957年基準は，会計の主要な役割を企業活動の理解に不可欠な情報の収集および伝達にあるとする。投資者は投資上の意思決定を行い，経営者を評価するに当たって公表財務諸表を利用する。このような役割を達成するために1957年基準は主に次のように構成されている。

序論（Introduction）
基礎概念（Underlying Concepts）
　　企業実体（Business Entity）
　　企業の継続性（Enterprise Continuity）
　　金額的測定（Money Measurement）
　　実現（Realization）
資産（Assets）
　　認識（Recognition）
　　測定（Measurement）
利益の測定（Income Determination）
　　収益（Revenue）
　　費消済原価（Expired Costs）
　　法人所得税（Income Tax）
持分（Equities）
表示の基準（Standards of Disclosure）
　　表示の程度（Extent of Disclosure）
　　表示の手法（Means of Disclosure）
　　比較可能性（Comparability）
1957年改定版に対する少数派反対意見（Dissents to The 1957 Revision）

1957年基準は以上のように，形式的な意味での構成という点においては，

1948年基準から目立った変化はみられない。しかし異なるところとして，利益の測定において費用ではなく，費消済原価という用語が用いられるようになったことや，法人所得税という項目が設けられたことなどがあげられる。基礎概念として，企業実体・企業の継続性・金額的測定・実現という項目が設けられたこと，そして，その基礎概念において実現の範囲が拡大されたことや，表示の基準がより詳細になったこと，また資産のなかで認識，測定という二つの項目が新しく出現している点もあげられる。さらに，補足意見書（supplementary statement）第1号及び第2号[111]を視野に入れるならば，資産評価に関連して大幅な変更が導入されたことがあげられるであろう。

　1957年基準において，資産は，「特定の会計的実体の中で企業の諸目的に充用されている経済的諸財である。資産は予想される業務活動に利用しうるあるいは役立ちうる，用役潜在分の総計額である。ある種の資産については，その意義は企業実体の諸目的と独特な意味で結びついている場合があり，そして，企業の継続性を前提としている。」[112]と定義されている。そして認識・測定の項目を設けたことについては，「資産の取得はいろいろな様式を通じて行われる。資産の形態もきわめて多種多様である。また，その企業にたいする効用の程度および種類もいろいろと異なる。これらの事実によって，資産の認識，分類および測定のための基準も多種多様となる」[113]という理由があげられている。補足意見書第1号及び第2号以前においては，資産は用役潜在性であるという観点から，概念上は，資産が生み出す用役の流れの将来の市場価格を確率と利子率によって現在価値まで割り引くべきことになる。しかし，そのような価値は抽象的で実際の測定が困難であるということから，実際的な諸方法に後退することになる。

　しかし，1957年基準の7年後に補足意見書第1号及び第2号が公表された。その第1号は，概念及び基準委員会—長期資産—により作成された「土地，建物，設備の会計」である。第2号は，概念および基準委員会—棚卸資産測定—に寄り作成された「棚卸資産測定への諸アプローチに関する議論」である。

　補足意見書第1号は，財務諸表の目的を，投資者が企業に関しての定性的な判断を行う際の手助けとなることであるとする。そこで，このような投資者の判断を容易にするために次のような項目が財務諸表の重要な属性として含まれ

なければならないとする。それは (a) 当該期間の利益測定と報告は将来利益の予測の基礎を提供すべきである。(b) 貸借対照表は資産の組成と資本構成とを開示すべきである。(a) に関しては予測過程を容易にするため，報告される当期利益は①通常の営業活動の結果，②資産の災害損失および資産の発見，③保有利得および損失を含むべきであるとしている[114]。補足意見書第1号で問題となる減価償却費は①の通常の営業過程の結果に関連するものである。ここでは現在的な収益に対して現在的な原価費消が対応されることによって利益が計算されることになる。

これに対して，補足意見書第1号に関連する③の保有利得および損失は減価償却以外の価値変化から生ずるものである。価値変化はさらに，一般物価変動によるものと特定資産価値の変化によるものとに分類されなければならない。一般物価変動による修正は資産すべてに関するものであるから，補足意見書第1号では，後者の特定物価の変化の問題を考慮している。この特定物価の変動による利得および損失を明らかにすることによって予測目的に役立つ現在的な利益の測定と報告が改善することになる[115]。

しかし，保有利得および損失を開示するということは，会計に取得原価以外の評価基準が導入されるということを意味する。補足意見書第1号は，資産の概念に関して1957年基準を踏襲する。したがって，資産は企業目的に向けられた経済的資源であり，予期された企業活動に利用可能なあるいは便益を与える用役潜在力であるとすることになる。ここでの用役潜在力の意味が問題であるが，用役潜在力の経済的価値を将来のキャッシュ・フローの割引価値[116]とすることから，後述のFASBの『討議資料』の資産負債中心観による場合の定義および概念的フレームワークにおける定義と一致するものと考えることができる。

しかし，注意しなければならないことは，この将来のキャッシュ・フローを適格に把握することは困難であることはいうまでもないということである。このため，補足意見書第1号では購入価格が用役潜在力の価値を表現しているものと考える。取得時以後においては，同一あるいは同等の用役を獲得する現在原価が評価基準であるべきである。本来的には，割引現在価値の把握は理想であるが，それが測定できない場合を考慮して，同一あるいは同等の用役を確保

するための現在原価を参照することで近似値と考えることができるとしているといえよう。現在原価が存在しない場合には，特定物価指数による歴史的原価の修正によることもできるとする。このように測定上の問題はあるが，通常の営業活動に基づく利益の決定において現在原価による減価償却に対する概念的必要は否定できないとするのである。なぜならば，通常の営業からの利益は投資家が投資意思決定をする場合に重要であるからである[117]。

　減価償却の計算において，現在原価にこだわるのは，通常の営業活動からの利益は，災害損失や資産の発見等がない場合，営業活動能力の水準を低下させることなく配当することのできる金額を現在的ドルで表されるべきだからである。ここでは原価（現在原価）回収を考えていることになる。注意すべきことは，保有利得および損失ではなく，通常の営業活動からの利益であるために，利益の実現未実現の観点は考慮されていないことである。したがって，原価（現在原価）の回復は，この意味では実体資本維持の観点が採用されているといって良いであろう。保有利得および損失が実現利益として配当可能な利益に算入されるとき，資本維持の観点からいえば，名目資本維持に変化するのである。

　棚卸資産のように回転が速い場合にあっては，払出が行われた商品に払出時点の現在原価を付し，取得原価と現在原価の差額を保有利得および損失としても，それら保有利得および損失は，売上原価と相殺されてしまうために影響はない。問題は，期末に残存する棚卸資産の原価（現在原価）による評価によって生ずる保有利得および損失である。しかし，その金額は，減価償却資産に生ずる保有利得・損失に比較して著しく少額なものであろう。この補足意見書第1号のような，長期性の資産の場合には，それが資本維持計算に及ぼす影響は大きい。保有利得および損失の金額に比較して，減価償却として費用化されることによって相殺される金額が少ないからである。

　ともあれ，補足意見書第1号によるかぎり，取得日以後においては，減価償却は現在原価に基づき，期間配分されることが想定されている。もちろん，用役の費消の正確な形態は決定できない。したがって伝統的な公式がもっとも現実的で客観的な減価償却の測定値を提供するものとされる[118]。

　報告される利益の第三の構成要素であった保有利得および損失は，技術的あ

るいは需要の変化を反映する特定価格変化から生じるもの，一般物価水準の変動から生じるものとから成り立っている。この保有利得および損失は，期首の時点での当該資産の取替原価から，その取替原価に基づいて計算された減価償却累計額を差し引いたものと，期末の状態での取替原価と期末の取替原価で測定された期首の減価償却累計額を差し引いたものとの差額として計算される。こうして，「期間の純利益総額は当該期間中に資本主との資本取引がないものとして期首の株主持分金額を縮減させることなく企業外部に分配可能な最高額」[119]となる。この純利益の総額の中には，ここでの保有利得および損失が算入されていることに注意しなければならない。したがって，この補足意見書第1号においては，保有利得および損失は，純利益の増減額としての性格を付与されていることになる。確かに，保有利得および損失は，純利益の総額を構成するのであるが，たとえば，保有利得は，営業活動能力の縮減なしに分配可能であるというわけではない。このために，伝統的な会計計算では保有利得の利益としての認識を実現まで先送りしてきたのであった。だが，1957年基準においては，すでに述べたように，実現の概念が変わり，客観性と確実性が確保されるならば，認識されなければならない。それゆえに，実際に交換取引があろうとなかろうと認識されなければならないのである。これを補足意見書第1号は「これは発生主義会計の論理的な拡張である」[120]と捉えている。こうして，「委員会は，当該金額が重要であり，入手可能な現在原価の測定値が十分に客観的である場合には常に，土地，建物，設備の評価の基準として，現在原価が選択適用されるべきであることを勧告する」[121]としている。

このように補足意見書第1号の特徴は，利益観に関しては，収益・費用差額概念ではなく，純資産差額概念（1957年基準よりも補足意見書第1号で一層明確になっている），長期性資産の評価に関しては，実現概念の拡張と関連しながら割引現在価値を背後に予定する現在原価評価に求められるであろう。ちなみに，ここでは，委員のうち R. L. Dixon は部分的な反対意見を述べているが，委員である R. T. Sprouse は反対意見を述べていない。

補足意見書第2号は，通常の補足意見書と異なり，議論の形式で作成されている。当委員会が統一見解を決定できなかったことによると考えられる。意見の分裂は，財務諸表の形態にある。多数意見は不確定な情報要求に応えるた

めに追加的な費用を負担して複数の財務諸表を作成するよりも，現在の情報要求に答える単一の一般目的財務諸表の改善に集中すべきであるというものである。少数意見は，単一の財務諸表よりも多元的財務諸表を選好するというものである。しかし，注意しなければならないことは，多数意見においても，少数意見においても，財務諸表での棚卸資産の表示は取得原価と時価との双方によって行うという意味では意見の一致を得ているということである。二つの評価基準を用いることによって，1957年基準での，(a) 当該期間中に顧客に引き渡された財貨・用役の原価を現在の価格 (current terms) によって報告すること，(b) 期末に棚卸資産として示されている原価を現在の価格によって報告すること，(c) 価格変動から生ずる利得および損失を識別することという条件を充足することができると考えている[122]。

ここでの時価とは，取替原価である。補足意見書第2号では，1957年基準における資産の定義にしたがい，資産は用役潜在性であり，その具体的な内容は期待される将来のキャッシュ・インフローの流列の現在価値であるとするため[123]，評価基準としては正味実現可能価額が理想的な評価基準であるとする。正味実現可能価額は期待収益（将来のキャッシュ・インフローの流列）から完成および販売のための費用を差し引いた額である。しかし，期待される収益，期待される費用，取得販売への利益の配分といった主観的な見積りのために一般に非実践的であり，一般的な利用を勧告できないとしている。こうして，正味実現可能価額から正常利益を差し引いた額の近似値である取替原価が採用されるというのである[124]。

こうして補足意見書第2号においても，1957年基準にしたがい，損益を純資産の増減と考えたうえで資産を用役潜在性とし，その具体的な内容を将来のキャッシュ・インフローとする。そしてこれは，本来，割引現在価値によって想定されるべきであるが，近似値としての取替原価が採用されるとするのである。

以上により，1957年基準（補足意見書第1号・第2号を含む）においては，資産負債中心観が採用され，計算体系としては時価主義会計が想定されていたものと推論することができる。なお，補足意見書第2号では，その報告の必要性はともに認識するが，保有利得及び損失が「実現」したか否かに関して意見の対

立が生じている。しかし、それらは資本取引（資本修正）と解されるのではなく、損益取引（利益）として考えられていることに注意が必要である。

ところで『討議資料』は資産・負債の認識問題について、定義と認識規準の分離が必要であることを示唆していた。それは『討議資料』では、さまざまな種類の項目ならびに異なった環境要因のために、きわめて多様な認識規準が存在するので、構成要素の定義に認識規準を含めることは、複雑かつ不安定なものにしてしまうという懸念を抱いたためであると考えられる[125]。この点における『討議資料』の考え方は、認識・測定という言葉が出現したこと、その捉え方から、1957年基準から直接影響を受けたものであると考える。

また1957年基準は、債権者の権利分あるいは持分（負債）は、「これまでの諸活動あるいは出来事から生じたその企業実体にたいする請求権で、通常は、その解決に会社の財の支出を必要とする」[126]ものであると述べ、株主の権利分あるいは持分は「会社の資産にたいする残余請求権」[127]としている。また企業実現純益については、「業務単位としての企業の能率を数字的に表示するもので、(a) 収益を対応する費消済原価と比較して求めた過不足差額、と、(b) 資産の売却、交換その他の転換から企業にもたらされたその他の利得または損失、とから生じる、純資産変動額である」[128]と述べている。

本節全体を通して注意しなければならないのは、1957年基準が、資産の本質を用役潜在性（service potentials）と述べていることであり、資産の本質を元にして、議論を進めていくところである。1948年基準における資産は、まだ「有形無形の財産上の権利」という定義に過ぎず、法的権利という側面しかもっていなかったはずである。さらに同基準では、取得原価に対する信頼という意味でわずかな揺れはみられたものの、資産を用役潜在性と言い切る部分までは持ち合わせていなかった。それに対して、1957年基準では、特定の資産の用役潜在分が、販売によって移転され、利用によって使用しつくされ、あるいは旧式化もしくは破損によって費消されるのにせよ、企業にとって不要な場合にはその資産の取得原価は、取得後の出来事によって修正されたものではあるが、会計諸記録から除却し、処分時の最終的利得または損失を認識計上すべきとし、価格変動の修正について、価格変動に関する修正を認めることを明確に述べており[129]、明らかに原価主義に対する信用が欠落し始めているのが分か

る。このように 1957 年基準では，基礎概念として「企業実体」を考え，そこでの企業を経済的諸財及び役務ならびに一群の人々の集合体と捉えることにより，中心的な概念を経済的諸財及び役務におくことになっている。そのために，資産が重視され，その定義，認識，測定が論じられ，その後に利益の算定が問題にされることになる。この結果，収益・費用と負債・資産との原価を通じての関係づけは断ち切られ，1948 年まで継承されていた位置づけである原価から離れ，持分として資本と同列に扱われ，資産は未費消原価ということを離れ，用役潜在性とされることになる。このように，資産負債中心観への接近が認められるものの，測定に関し，概念的には将来用役の割引現在価値の考え方が主張されるが，実践上の問題を中心として取得原価が未だ中心とされるという過渡的な状況にある。これが変化するのは，一連の補足意見書による時価の導入であったのである[130]。

1936 年試案，1940 年『会社会計基準序説』，1941 年原則はいわゆる計算体系として取得原価主義会計を基本とする考え方として，収益費用中心観の原型と考えなければならない。1948 年基準は収益費用中心観の原型から資産負債中心観の原型への移行期であり，1957 年基準は，『討議資料』の資産負債中心観の定義・負債持分・利益とほぼ同義であることから，資産負債中心観の原型として位置づけられる。

(2) 企業会計原則試案 (1962 年)

1962 年試案は 7 つの章にわかれる。主な構成は以下の通りである。

第 1 章
　序論 (Introduction)
第 2 章
　総合的会計原則と歴史的な制約 (Broad Principles and Historical Limitations)
　利益と企業活動 (Profit and Business Activity)
第 3 章
　資産の性格 (Nature of Assets)
　資産の定義 (Definition of Assets)
　資産の形態 (Asset Forms)

第4章
　　資産の測定（Measurement of Assets）
第5章
　　負債の所有者持分の性格（The Nature of Liabilities and Owners' Equity）
第6章
　　利益の性格（Nature of Profit）
第7章
　　要約（SUMMARY）

　1962年試案は，利害関係者からの委託に対する責任を全うするために会計が重要であること及び経営者の業績の評価のために会計報告書が重要であることを認識したうえで，会計が経済的資源の管理に直接的に関与していることを考えている。企業を経営資源の集合体としてみるかどうかは別として，経済的資源を中心的な存在としてみることは，少なくとも，W. A. Paton and A. C. Littleton とは別の世界にいることは明らかであろう。W. A. Paton and A. C. Littleton は会計的な側面でいえば，資産は資源というよりもむしろ原価で表現される問題であり，用役潜在性の存在が述べられてはいるものの[131]，原価の凝着のなかではむしろ違和感があった。

　ところが，R. T. Sprouse and M. Moonitz においては以下で述べるように，原価，費消原価，未費消原価といった概念は意図的に避けられている。たとえば，W. A. Paton and A. C. Littleton では，原価を中心として，費用と資産とが結びつけられ，それが損益計算書と貸借対照表との関係を形成していたが，R. T. Sprouse and M. Moonitz においては損益計算書と貸借対照表との関係が断ち切られているというのではない。損益計算書あるいは貸借対照表いずれかを強調し，他を実質的に排除しようとする会計の試みが期待はずれの結果をもたらすと認めなければならないということを，経験も抽象的な分析も明白に語っている[132]。損益計算書と貸借対照表は一方が主で他方が従であるという関係にはないというのが，R. T. Sprouse and M. Moonitz の主張であると考えられる。しかし，そうであるからといって，財務諸表の各要素がまったく独立に定義できるというわけではない。先に述べたように，中心的な存在は経済的資源であり，会計はこの経済的資源の存在とその変動とを測定できるように形成されな

ければならないと考えるのである。こうして，利益は経済的資源との関係で，企業の「純資源（net resources）の増加関数」と捉えられ，利益の構成要素（収益，費用，利得及び損失）の測定は資産及び負債の領域の測定に依存することになる[133]。

では，収益・費用・利得・損失の定義がそれに依存するとされる資産はどのようなものであろうか。先の1962年試案の構成から分かるように，資産に関する問題については，第3章，第4章というように2つの章を割いて説明を行っており，R. T. Sprouse and M. Moonitz らにおける資産問題に対する関心の強さが窺えると同時に，1962年試案は利益概念を中心にすえて資産と負債の検討が行われていると考えられ，よって1957年基準をさらに詳細にしたものといえることになる。1962年試案においては，資産については期待される将来の経済的便益（future economic benefits）で，これに対する権利が当期もしくは過年度の取引の結果，企業実体によって取得されたものを表すと定義されている。ここで注意しなければならないことは，資産はあくまでも未費消原価ではなく，資源（経済財）としての存在をもっていると考えられているということである。したがって，企業の資産は企業実体に帰属し，貨幣によって表現できることが条件になっている。ここで経済財であるということは，当該便益が希少価値をもち，現在あるいは将来において何らかの交換価値をもっているということを意味するものとされる[134]。現在あるいは将来の交換価値との関係が考えられていることは重要である。というのは，資産が提供できる経済的な用役は多種多様で，ある種の資産は現金あるいは貨幣請求権の形をもち，その有用性は価値の貯蔵庫あるいは交換手段性にあるが，他の資産，たとえば工場設備等は，遮蔽やメカニカルな役立ちという形での経済的用役をもっていると考えているからである。後者は，基本的には使用価値をもっている資産であり，交換価値をもつものではない。しかし，上記のように，資産が経済財であるということの意味として，便益の希少性と交換価値性の保有をあえて付言しているのである。資産は将来のキャッシュ・インフローの流列の現在価値を意味するとした1957年基準の場合と異なっている。これには何らかの意味があるに違いない。すなわちR. T. Sprouse and M. Moonitz の考え方は，概念的フレームワークの段階では消滅していることに注目しなければならない。資産のもつ

経済的便益の具体的な内容は、決して個々の資産がもつ経済的用役としての有用性ではなく、どちらかといえば将来キャッシュ・インフローとしての意味が採用される。

それはなぜであろうか。結論を先取りしていえば、概念的フレームワーク以後では、資産の測定の基準は時価と取得原価とに分かれる。遮蔽力とか揚力といった経済的用役の観点から資産を分類し、その分類が測定基準と一義的に結合するということは難しいが、キャッシュ・インフローと捉えながら、そのキャッシュ・インフローを直接的と間接的とに分類することは容易であり、また、その分類と測定基準とを結びつけることもまた容易であると考えられるのである。直接的なキャッシュ・インフローは交換価値、間接的なキャッシュ・インフローは使用価値と結びつくから、前者は交換価値である時価、後者は使用価値である取得原価に結びつくのである。

貨幣性の資産は別として、資産をこのように将来キャッシュ・インフローと結びつけない R. T. Sprouse and M. Moonitz の場合、資産の評価に関して、どのような考え方をとるのであろうか。貨幣および貨幣請求権の場合には、将来の現金収入の割引額であることはいうまでもないが、市場性ある有価証券には、現在の市場価格、その他の資産については、当該資産の経済的用役の評価額と考えているものといえよう。棚卸資産は売却による最終の売却価額が明確であり、処分費用が容易に予測できる場合には正味実現可能価額を採用すべきであるとする。棚卸資産が交換価値をもち、それが正味実現可能価額で表現されているからである。取得原価主義会計においても正味実現可能価額が用いられることがある。しかし、それは例外的な措置である。R. T. Sprouse and M. Moonitz の場合には、正味実現可能価額は例外的なものではなく、原則的なものとして位置づけられている。歴史的原価は現在の効用あるいは将来の便益のいずれをも反映しないものであるから、満足な基準とは程遠いものであるとする点に注意すべきであろう。正味実現可能価額が用いられない場合には、次善の策として、現在の交換価格である取替原価が採用されるべきであるという。取替原価を採用することによって、販売活動による実現利益と保有活動による利得・損失が分別されるからである[135]。いずれにしても、棚卸資産に関して、時価が望ましいものとして提唱されていることは確かである。

使用を目的とする資産に関しては，次のように考えられている。すなわち，設備等に対する投資は，物的な対象物に対する投資である。資産は経済的資源であるとしたが，この物的な対象物そのものが物的な存在であるから会計上の資産であるといっているのではない。物的な対象物がもっている経済的便益が資産の実体である。物的な対象物は単に会計上の資産である経済的便益の荷担体であるにすぎない。この意味で，資産全体が統一的に把握できることになる。すべての資産が経済的便益をもっており，それを貨幣価値をもって測定することになるからである。使用を目的とする資産の経済的便益は，直接的には，建物であれば遮蔽力，運搬具であれば運搬力，クレーンであれば揚力のような用役である。しかし，これらは将来の交換価値を生み出すために用いられることに注意すべきである。この種の資産の測定値はその資産がもつ将来提供される用役の価値を表すものでなければならない。すなわち将来の市場価値である。これを把握することは困難であるが，理念的には，時価が用いられるべきことが R. T. Sprouse and M. Moonitz の基本的な考え方であるということができよう[136]。負債に関しては「資産を譲渡すべき，あるいは用役を提供すべき債務であり，過年度もしくは当期の諸取引から生じかつ将来において決済を要する債務である」[137]と定義される。

　収益に関しては「財貨の生産もしくは引渡しならびに用役の提供に起因する企業の純資産の増加である」[138]とし，この「純資産」とは資産が負債を超える額を意味し，その額は所有者持分[139]の額と等しくなっており，収益は，資産の増加あるいは負債の減少もしくはなんらかの形で両者の結合によって生ずるものとして説明されている[140]。

　しかし，このことは収益が資産・負債の増減であって，純資産との関連がないと述べているのではない。当初の定義にあるように，収益は純資産の増加であるが，測定の問題としては，純資産計算の構成項目である資産および負債の増減として測定されるということである。この点で，W. A. Paton and A. C. Littleton の場合とは明らかに相違するのである。それは収益の認識に関わる実現の捉え方においても明確に異なる。R. T. Sprouse and M. Moonitz は，G. O. May を引きながら，利益が販売の時点だけでなく，企業活動の全過程を通じて生ずること，実現は収益測定の便法として統計的に一般化したものに過ぎな

いことを示しているからである⁽¹⁴¹⁾。

　費用は,「収益の創造に際しての経済的用役の使用, もしくは政府当局による課税の結果生ずる純資産の減少」⁽¹⁴²⁾であるとする。ここでの費用は財貨の生産とその引渡しならびに用役の提供と結びつく資産の減少額もしくは負債の増加額によって測定されるものと 1962 年試案は述べている⁽¹⁴³⁾。すなわち費用は未費消原価ではなく, 獲得した経済的便益の費消として測定されるが, それは純資産の減少として捉えられていることに注意しなければならない。

　これに対して投下資本の追加もしくは収益以外の原因による純資産の増加は, 利得であり, 投下資本の減少もしくは費用以外の原因による純資産の減少が, 損失であるとしている⁽¹⁴⁴⁾。1962 年試案は留保利益 (利益剰余金 (retained earnings, earned surplus)) については営業活動から生じかつ投下資本に振替られていない部分とし, ある一会計期間の純利益 (稼得利益, 所得 (net profit, earnings, income)) もしくは純損失 (net loss) は, 物価水準の変動もしくは追出資から生ずる投下資本の変動ならびに所有者への分配以外による, 所有者持分の増加 (減少) であるとしている⁽¹⁴⁵⁾。このような定義をもつ 1962 年試案が理想としているのは「すべての資産 (および負債) が認識され, またこれに関して客観的に把握できるすべての変動が認識される」⁽¹⁴⁶⁾ことである。1962 年試案はこれらの変動にくわえて物価水準の変動, 取得原価の動き, その他の原因による変動もすべて客観的に把握できる証拠がある限り認識されるべきであるとしている⁽¹⁴⁷⁾。1962 年試案では企業の資産及び負債を中心に検討を行っており, 収益と費用及び利得と損失は, 資産と負債に関連するものとして検討されている⁽¹⁴⁸⁾。そして 1962 年試案は「利益概念が焦点となっており, これに導かれて比較的短い期間の経営成績を測定するための妥当な基準(ベイシス)を見つけるために資産と負債の検討が行われている」⁽¹⁴⁹⁾と明言している。これらからすでに分かるように 1962 年試案は資産を前提として財務諸表要素の定義体系を位置づける論理構成をとっている。

　以上のことから 1962 年試案は 1957 年基準より, さらに資産負債中心観的な考え方が強まっていると考えてよい。そこでは資産と負債の評価が絶対的位置を占め, それに依存する形で利益を計算する方法が想定されているからである。対応/配分の概念というものが不必要であると認識されている点も注意し

なければならない⁽¹⁵⁰⁾。

(3) 中心観の原型

　1962年試案をはじめとする資産負債中心観の原型というべき理論研究の諸成果が登場し，このような先行原則の成果を取り入れ吟味した集大成の結果が『討議資料』という形をとって公表された。よって『討議資料』において突然に中心観の概念があらわれたわけではない。用語など若干の違いはあるものの，本章で取り上げてきた資産負債中心観の原型として考えられる基準などは資産の本質を経済的便益あるいは用役潜在性という概念によって定義づけされている。すなわち，このように定義づけされた資産から，財務諸表要素の定義の体系を基礎づけていくという構成の体系は，1957年基準，1962年試案，1976年『討議資料』の共通事項であることが分かる⁽¹⁵¹⁾。

　さしあたり本節では，資産を基礎概念とする定義の体系というものがこのような系譜をたどってきた事実に注目して，図表1としてまとめておく。そして，それは中心観を構成する要素として重要であることを指摘しておく。

図表1　資産を基礎概念とする定義の系譜

	会社財務諸表会計及び報告諸概念(1957年)補足意見書第1号・第2号(1964年)		企業会計原則試案(1962年)	『討議資料』の資産負債中心観(1976年)
財務諸表要素の概念（資産・負債など）と評価に関して	【1957年基準】資産は特定の会計的実体の中で企業の諸目的に充用されている経済的諸財である。資産は予想される業務活動に利用しうるあるいは役立ちうる，用役潜在分の総計額である。負債は債権者の権利分あるいは負債は，これまでの諸活動あるいは出来事から生じたその企業実体に対する請求権で，通常は，その解決に会社の財の支出を必要とする。	【補足意見書】資産は用役潜在性であり，その具体的な内容は期待される将来のキャッシュ・インフローの流列の現在価値であるとする。なお用役潜在力の経済的価値を将来のキャッシュ・フローの割引価値としている。計算体系としては時価主義会計。	資産は期待される将来の経済的便益で，これに対する権利が当期もしくは過年度の取引の結果，企業実体によって取得されたものを表す。負債とは資産を譲渡すべき，あるいは用役を提供すべき債務であり，過年度もしくは当期の諸取引から生じかつ将来において決済を要する債務。計算体系は時価主義会計。	企業の資産は，個別企業にとっての潜在的便益をあらわす経済的資源であり，潜在的便益とはいずれ，企業に発生しうる直接的あるいは間接的な正味キャッシュ・フローのことである。負債は将来他のエンティティに経済的資源を移転する企業の義務。
正味資産および持分／利益など	正味資産および持分は株主の権利分あるいは持分は会社の資産に対する残余請求権。利益は（企業実現純益）は，業務単位としての企業の能率を数字的に表示するもので，(a)収益と対応する費消済原価と比較して求めた過不足金額と，(b)資産の売却，交換その他の転換から企業にもたらされたその他の利得または損失，とから生じる純資産変動額である。	期間の純利益総額は当該期間中に資本主との資本取引がないものとして期首の株主持分金額を縮減させることなく企業外部に分配可能な最高額である。保有利得および損失は，純利益の増減額としての性格を付与される。純資産差額概念。	正味資産および持分は企業の資産に対する残余請求権。利益とは，物価水準の変動もしくは追出資から生ずる投下資本の変動ならびに所有者への分配以外による，所有者持分の増加（減少）であるとしている。	資産−負債＝正味資産（所有者持分あるいは資本）。1期間における営利企業の正味資源の増分の測定をするものである。ただし，資本拠出，資本引出，過年度損益修正をのぞく。

注

(1) 飯野利夫『資金的貸借対照表への軌跡』国元書房，1979 年，5 頁。
(2) Schmalenbach. E., *Dynamische Bilanz*, Leipzig : Gloeckner, 1931.（土岐政蔵訳『動的貸借対照表論』1959 年，森山書店。）
(3) 岩田巌『利潤計算原理』同文舘出版，1987 年，172 頁。
(4) AAA, "A Tentative Statement of Accounting Principles Affecting Corporate Reports," *The Accounting Review*, Vol. 11, No. 2, June 1936.（中島省吾訳編『増訂 A. A. A 会計原則—原文・解説・訳文および訳注—』中央経済社，1984 年。）
(5) Paton, W. A. and A. C. Littleton, *An Introduction Corporate Accounting Standards*, AAA, 1940.（中島省吾訳『会社会計基準序説』森山書店，1958 年。）
(6) AAA, "Accounting Principles Underlying Corporate Financial Statements," AAA, *The Accounting Review*, Vol. 16, No. 2, June 1941.（中島訳編，前掲書，1984 年。）
(7) アメリカ公認会計士協会すなわち AICPA（American Institute of Certified Public Accountants）の前身が，1887 年に創設されたアメリカ会計士協会すなわち AIA（American Institute of Accountants）である。1957 年に AIA から AICPA に名称が改められている。
(8) AICPA, *Accounting Research and Terminology Bulletins*, AICPA, 1953.（渡辺進・上村久雄共訳『アメリカ公認会計士協会，会計研究広報・会計用語広報』神戸大学経済経営研究所，1959 年。）
(9) FASB, *Scope and Implications of the Conceptual Framework Project*, FASB, 1976, p. 2.（原陽一訳「概念的枠組研究計画の範囲とその意義」森川八洲男監訳『現代アメリカ会計の基礎概念— FASB 財務会計概念報告書—』白桃書房，1988 年，5 頁。）なお，1973 年以降（1973 〜 1991），どのような討議資料が公開されてきたのかについては，本註の末尾に載せた図表 2 を参照して頂きたい。
(10) 以下のものを参照して頂きたい。飯野利夫，前掲書，1979 年。AAA, Committee to Prepare a Statement of Basic Accounting Theory, *A Statement of Basic Accounting Theory*, AAA, 1966.（飯野利夫訳『アメリカ会計学会・基礎的会計理論』国元書房，1980 年。）
(11) 井上良二『財務会計論』税務経理協会，2003 年，25‐37 頁。
(12) FASB, 1976, *op. cit*., p. 2.（原訳，前掲書，1988 年，5 頁。）
(13) *Ibid*., p. 12.（同上書，20‐21 頁。）　　(14) *Ibid*., p. 15.（同上書，25 頁。）
(15) *Ibid*., p. 16.（同上書，26 頁。）
(16) FASB, *An Analysis of Issues related to Conceptual Framework for Accounting and Reporting : Elements of Financial Statements and Their Measurement*, FASB Discussion Memorandum, FASB, December 1976, para. 34.（津守常弘監訳『FASB 財務会計の概念フレームワーク』中央経済社，1997 年，53 頁。）
(17) *Ibid*., para. 34.（同上書，53 頁。）　　(18) *Ibid*., para. 34.（同上書，53 頁。）
(19) *Ibid*., para. 34.（同上書，53 頁。）　　(20) *Ibid*., para. 34.（同上書，53 頁。）
(21) *Ibid*., para. 34.（同上書，53 頁。）　　(22) *Ibid*., para. 91.（同上書，79 頁。）
(23) *Ibid*., para. 149.（同上書，117 頁。）

(24) 永野則雄「会計的認識におけるアーティクレーションの問題 (1)」『経営志林』第27巻第1号, 法政大学経営学会, 1990年4月, 131頁。
(25) 永野則雄「会計的認識におけるアーティクレーションの問題 (2)」『経営志林』第27巻第2号, 法政大学経営学会, 1990年5月, 79頁。
(26) 同上書, 80頁。
(27) FASB, 1976, *op. cit.*, para. 25. (津守監訳, 前掲書, 1997年, 50頁。)
(28) *Ibid.*, para. 72. (同上書, 69頁。)　　(29) *Ibid.*, para. 71. (同上書, 69頁。)
(30) 永野, 前掲稿 (第1号), 1990年4月, 135-136頁。
(31) 佐藤倫正「会計観の変遷と日本の選択」中村忠先生還暦記念論文編集委員会編『財務会計と制度会計』白桃書房, 1994年, 15頁。
(32) 井上良二教授は連携について「アーティキュレーションは〈…(略)…〉, システム論における上位, 下位および同位システムの結合関係, およびそれらの各々のシステムの内部での構成要素間の結合関係をいうものと考えられる。〈…(略)…〉財務会計論において結合関係〈…(略)…〉, それは損益計算書と貸借対象表によって表現される現象間に存在する結合関係を理論に投影することによって認識された結合関係なのである」(井上良二「アーティキュレーション論」『会計の理論的枠組に関する総合的研究』日本会計研究学会スタディ・グループ報告書, 1997年9月, 27頁。)ということを述べている。
(33) 同上稿, 27頁。永野則雄教授との相違点は, 損益計算書での計算システムと貸借対照表での計算システムとの間に上下関係あるいは主従関係がある場合においても「連携」が存在することを明示的に指摘している点であろう。と同時に, 会計システムの中には,「連携」を持たない計算システムも存在することを予定していると考えられる。また, 仮に, 計算システムを損益計算書及び貸借対照表と例示しているが,「連携」をそれだけに限定しているわけではないであろう。
(34) FASB, 1976, *op. cit.*, para. 35. (津守監訳, 前掲書, 1997年, 54頁。)
(35) 資産負債中心観においては, 資産概念が収益費用概念に先行する関係が示されていながら, 換言すれば, 財務諸表要素間の主従関係は明示されるが, 利益計算システムとしての「連携」に関して, 損益計算書および貸借対照表両者の計算システムの間の位置関係, したがって, 上下あるいは主従関係は一切問題とされていない点に十分な注意が必要である。
(36) FASB, *Recognition and Measurement in Financial Statements of Business Enterprises*, SFAC No. 5, FASB, December 1984, para. 34. (平松一夫・広瀬義州 訳『FASB 財務会計の諸概念』中央経済社, 1994年, 226頁。)
(37) FASB, 1976, *op. cit.*, para. 38. (津守監訳, 前掲書, 1997年, 55頁。)
(38) *Ibid.*, para. 38. (同上書, 55頁。)　　(39) *Ibid.*, para. 38. (同上書, 55頁。)
(40) *Ibid.*, para. 38. (同上書, 55頁。)　　(41) *Ibid.*, para. 38. (同上書, 55頁。)
(42) *Ibid.*, para. 39. (同上書, 55頁。)　　(43) *Ibid.*, para. 39. (同上書, 55頁。)
(44) *Ibid.*, para. 42. (同上書, 56頁。)　　(45) *Ibid.*, para. 48. (同上書, 59-60頁。)
(46) *Ibid.*, para. 48. (同上書, 59-60頁。)　　(47) *Ibid.*, para. 51. (同上書, 60-61頁。)
(48) *Ibid.*, para. 52. (同上書, 61頁。)　　(49) *Ibid.*, para. 56. (同上書, 63頁。)
(50) *Ibid.*, para. 56. (同上書, 63頁。)　　(51) *Ibid.*, para. 44. (同上書, 57-58頁。)

(52) *Ibid.*, para. 44.（同上書，57-58 頁。）　(53) *Ibid.*, para. 45.（同上書，58 頁。）
(54) *Ibid.*, para. 45.（同上書，58 頁。）　(55) *Ibid.*, para. 46.（同上書，58 頁。）
(56) *Ibid.*, para. 46.（同上書，58 頁。）　(57) *Ibid.*, para. 47.（同上書，58-59 頁。）
(58) *Ibid.*, para. 47.（同上書，58-59 頁。）(59) *Ibid.*, para. 14（同上書，41-42 頁。）
(60) *Ibid.*, para. 14（同上書，41-42 頁。）(61) *Ibid.*, para. 14（同上書，41-42 頁。）
(62) *Ibid.*, para. 15（同上書，42 頁。）
(63) See, *Ibid.*, para. 15（同上書，42 頁参照。）
(64) See, *Ibid.*, para. 19（同上書，43 頁参照。）
(65) See, *Ibid.*, para. 47.（同上書，58-59 頁参照。）
(66) AAA, Committee on Concepts and Standards for External Financial Reporting, *Statement on Accounting Theory and Theory Acceptance*, AAA, 1977.（染谷恭次郎訳『会計理論及び理論承認』国元書房，1980 年。）
(67) *Ibid.*, p. 5.（同上書，9 頁。）　　(68) *Ibid.*, p. 9.（同上書，19 頁。）
(69) *Ibid.*, p. 10.（同上書，21 頁。）　(70) *Ibid.*, p. 10.（同上書，21 頁。）
(71) *Ibid.*, p. 10.（同上書，21-22 頁。）(72) *Ibid.*, p. 10.（同上書，22 頁。）
(73) *Ibid.*, pp. 5-6.（同上書，10-11 頁。）(74) *Ibid.*, pp. 5-6.（同上書，10-11 頁。）
(75) *Ibid.*, pp. 5-6.（同上書，10-11 頁。）J. B. Canning, S. S. Alexander については，会計人がしていること及びしようとしていることを分析し評価し，会計人に経済モデルを説明しようとしているが，会計人の実用主義的な世界にその経済モデルを適用しようとする努力で終わっていると批判している。
(76) *Ibid.*, p. 6.（同上書，14 頁。）　　(77) *Ibid.*, p. 6.（同上書，14 頁。）
(78) *Ibid.*, pp. 6-7.（同上書，14 頁。）
(79) *Ibid.*, p. 8.（同上書，16-17 頁。）ただし，これについては，あるモデルから得られた情報にもとづいて行われた意思決定の結果として，社会のどこかほかのところでなされた資源配分決定に対して起こり得る影響については何も言及されていないと批判している。
(80) 井上良二「ペイトン会計学における持続と変化—特に資産評価基準の変遷をめぐって—（上）・（下）」『商学論纂』第 11 巻第 4・6 号，中央大学商学論纂研究会，1969 年 3 月・1970 年 3 月参照。著者は W. A. Paton の理論的変遷に関する解釈については，井上良二教授の見解を支持するものである。年代とともに W. A. Paton の考え方は変遷をみせている。井上良二教授によれば W. A. Paton の理論の変遷における第 1 期（1917-1922 年）は，時価主義会計（勘定が表示すべきものは一般価値ではなくして特定価値であるとしており，企業の勘定は，その投下資本を形成する特定資産の実際価値をできるかぎり表示すべきであるとしている。また，取替原価が会計目的のための資産評価の基準を形成すべきであるとする），第 2 期（1922 年-1945 年）は取得原価主義会計（1922 年-1929 年を前期，1930 年-1945 年を後期と区分し，前期が部分的に原価基準を資産評価の基準とし，後期においてはすべての資産評価に対して原価基準をあてはめている時期であると考えられる），第 3 期（1946 年以降）は時価主義会計（時の経過につれて，記録在高が所有されている資産の現在の大きさを示しもしなければ，未費消原価の正確な表示としても役立たない混合物であるということを意味するとしている。また，会計における問題には原価数字がいかに取り扱われ，原

価数字が変化する状況という観点から，いつ，どのように改定されるべきかの問題があるかということも述べており，環境適応のために，原価数字を改定することを予定したものを提示している）の時期としている。
(81) AAA, 1977, *op. cit.*, p. 8.（染谷，前掲書，1980 年，18 頁。）
(82) Sprouse, R. T. and M. Moonitz, *A Tentative Set of Broad Accounting Principles for Business Enterprises*, AICPA Accounting Research Study No. 3, AICPA, 1962.（佐藤孝一・新井清光共訳『アメリカ公認会計士協会・会計公準と会計原則』中央経済社，1962 年。）
(83) Moonitz, M., The Basic Postulate of Accounting, AICPA Accounting Research Study No. 1, AICPA, 1961.（佐藤・新井共訳，前掲書，1962 年。）
(84) Sprouse, R. T. and M. Moonitz *op. cit.*, preface.（同上書，107-108 頁。）
(85) *Ibid.*, preface.（同上書，105 頁。）
(86) 井尻雄士「アメリカ会計の発展事情」『會計』第 125 巻第 1 号，1984 年 1 月，123 頁。井尻雄士『三式簿記の研究』中央経済社，1984 年，167 頁。
(87) AAA, Committee on Accounting Concepts and Standards, "Accounting and Reporting Standards for Corporate Financial Statements-1957 Revision," *The Accounting Review*, Vol. 32, No. 4, October 1957.（中島訳編，前掲書，1984 年。）
(88) AAA, "A Tentative Statement of Accounting Principles Affecting Corporate Reports," *The Accounting Review*, Vol. 11, No. 2, June 1936.（中島訳編，前掲書，1984 年。）
(89) AAA, "Accounting Principles Underlying Corporate Financial Statements," AAA, *The Accounting Review*, Vol. 16, No. 2, June 1941.（中島訳編，前掲書，1984 年。）
(90) AAA, Executive Committee, "Accounting Concepts and Standards Underlying Corporate Financial Statements-1948 Revision," AAA, *The Accounting Review*, Vol. 23, No. 4, October 1948.（中島訳編，前掲書，1984 年。）
(91) AAA, 1957, *op. cit.*, p. 52.（中島訳編，前掲書，1984 年，190-191 頁。）
(92) *Ibid.*, p. 52.（同上書，190 頁。）
(93) *Ibid.*, p. 52.（同上書，190 頁。）8 編は以下のとおりである。
①「リザーブと留保利益」(1951 年 4 月号)，②「価格水準の変動と財務諸表」(1951 年 10 月号) ③「流動資産と流動負債」(1952 年 10 月号)，④「会計原則と課税所得」(1954 年 4 月号)，⑤「会計上の修正」(1954 年 4 月号)，⑥「棚卸資産評価と価格水準の変動」(1954 年 4 月号)，⑦「連結財務諸表」(1955 年 4 月号)，⑧「公表財務報告諸表の表示基準」(1955 年 7 月号)。
(94) *Ibid.*, p. 52.（同上書，190 頁。）
(95) Paton, W. A. and A. C. Littleton, *An Introduction Corporate Accounting Standards*, AAA, 1940.（中島訳編，前掲書，1958 年。）
(96) AAA, 1936, *op. cit.*, pp. 3-7.（中島訳編，前掲書，1984 年，87-103 頁。）
(97) 本書は中心観の役割を検討するものであるため，取得原価主義会計に関わる会計史の展開については簡単にふれるに留まる。『会社会計基準序説』については，中島訳編，前掲書，1958 年があげられる。
(98) AAA, 1936, *op. cit.*, p. 4.（中島，前掲書，1984 年，89 頁。）
(99) *Ibid.*, pp. 3-7.（同上書，87-103 頁。）(100) *Ibid.*, p. 5.（同上書，92 頁。）

(101) *Ibid.*, p. 10. （同上書，109 頁。）　　　(102) *Ibid.*, p. 11. （同上書，111 頁。）
(103) Paton, W. A. and A. C. Littleton, *op. cit.*, 1940. （中島訳編，前掲書，1958 年。）
(104) *Ibid.*, p. 6. （同上書，79 頁。）
(105) AAA, 1948, *op. cit.*, p. 16. （中島訳編，前掲書，1984 年，123‐124 頁。）
(106) *Ibid.*, p. 16. （同上書，123‐124 頁。）　　(107) *Ibid.*, p. 15. （同上書，122 頁。）
(108) *Ibid.*, p. 16. （同上書，123 頁。）　　　　(109) *Ibid.*, p. 16. （同上書，123‐124 頁。）
(110) *Ibid.*, p. 18. （同上書，128 頁。）
(111) AAA, Committee on Concepts and Standards Long-Lived Assets, "Accounting for Land, Buildings, and Equipment," Supplementary Statement No. 1, AAA, *The Accounting Review*, Vol. 39, No. 3, July 1964, pp. 693‐699.
AAA, Committee on Concepts and Standards Inventory Measurement, "A Discussion of Various Approaches to Inventory Measurement," Supplementary Statement No. 2, AAA, *The Accounting Review*, Vol. 39, No. 3, July 1964, pp. 700‐714.
(112) AAA, 1957, *op. cit.*, p. 54. （中島訳編，前掲書，1984 年，194‐195 頁。）
(113) *Ibid.*, p. 54. （同上書，194‐195 頁。）
(114) AAA, 1964 （No. 1），*op. cit.*, p. 693.　　(115) *Ibid.*, p. 693.
(116) *Ibid.*, p. 694.　　(117) *Ibid.*, p. 694.　　(118) *Ibid.*, pp. 696‐697.
(119) *Ibid.*, p. 697.　　(120) *Ibid.*, p. 698.　　(121) *Ibid.*, p. 698.
(122) AAA, 1964 （No. 2），*op. cit.*, pp. 700‐714.
(123) *Ibid.*, p. 703.　　　　(124) *Ibid.*, p. 708.
(125) FASB, 1976, *op. cit.*, paras. 14‐15. （津守監訳，前掲書，1997 年，41‐42 頁。）その原因は①すべての構成要素の認識のためのすべての重要なルールおよび慣行を同時に考慮に入れることはとうてい不可能，②認識ルールないし認識慣行が変化するたびに，新しい認識問題をともなう経営実務が出現するたびに，定義は変化していくことになるから，というものであった。）
(126) AAA, 1957, *op. cit.*, p. 58. （中島訳編，前掲書，1984 年，201 頁。）
(127) *Ibid.*, p. 58. （同上書，201 頁。）　　　(128) *Ibid.*, p. 56. （同上書，198 頁。）
(129) *Ibid.*, p. 56. （同上書，197‐198 頁。）
(130) See, AAA, 1964 （No. 1），*op. cit.*, pp. 693‐699.
See, AAA, 1964 （No. 2），*op. cit.*, pp. 700‐714.
See, AAA, "Report of The Committee on Accounting System Instruction," AAA, *The Accounting Review*, Vol. 39, No. 3, July, 1964.
See, AAA, "Report of The Committee on Courses and Curricula General," AAA, *The Accounting Review*, Vol. 39, No. 3, July, 1964.
(131) See, Paton, W. A. and A. C. Littleton, 1940, *op. cit.* pp. 24‐96. （中島訳編，前掲書，1984 年，41‐162 頁参照。）
(132) Sprouse R. T. and M. Moonitz, *op. cit.* （佐藤・新井共訳，前掲書，1962 年。）ただし，本書では，『討議資料』，概念的フレームワークとの訳語の統一等のために，訳文を用いていない場合がある。その場合には引用において訳文を示していない。
(133) See, *ibid.*, pp. 10‐11.　　(134) See, *ibid.*, p. 20.　　(135) See, *ibid.*, pp. 28‐30.
(136) See, *ibid.*, pp. 32‐33.　　　　　　　　(137) *Ibid.*, p. 37. （同上書，156 頁。）

(138) *Ibid.*, p. 46.（同上書，167 頁。）
(139) 所有者持分（Owners' equity）は，企業資産に対する残余持分の金額によって表される。また投下資本は，会社への資産の委託もしくは留保利益の振替えから生じ，かつ，法律によって認められる場合を除き，将来の引き出しや減少が行われない株主持分の一部である。
(140) Sprouse R. T. and M. Moonitz, *op. cit.*, p. 46.（佐藤・新井共訳，前掲書，1962 年，167 頁。）
(141) See, *ibid.*, pp. 13-14.（同上書，123-129 頁参照。）
(142) *Ibid.*, p. 49.（同上書，171 頁。） (143) *Ibid.*, p. 49.（同上書，171 頁。）
(144) *Ibid.*, p. 9.（同上書，121 頁。） (145) *IIbid.*, p. 9.（同上書，121 頁。）
(146) *Ibid.*, p. 53.（同上書，176 頁。） (147) *Ibid.*, p. 53.（同上書，176 頁。）
(148) *Ibid.*, p. 53.（同上書，176 頁。） (149) *Ibid.*, p. 53.（同上書，176 頁。）
(150) 1962 年試案は R. T. Sprouse と M. Moonitz の共著であるが（原案は R. T. Sprouse が執筆。注（22）参照。），R. T. Sprouse が単独で書いた論稿として，「貸借対照表─会計理論の最も根源的要素を具体的に表現したもの」（The Balance Sheet-Embodiment of the Most Fundamental Elements of Accounting Theory）(Sprouse, R. T., "The Blance Sheet-Embodiment of the Most Fundamental Elements of Accounting Theory," in Zeff and Keller（eds.）, *Financial Accounting Theory I, : Issues and Controversies*, 2nd ed., 1973.）があげられる。この R. T. Sprouse の論稿は，① The sheet of balances view，② The static funds statement view，③ The financial position view という 3 つの貸借対照表の見方が示されており，①は貸借対照表を実際の勘定の残高の要約表だけの存在とみるものであると批判し，対応手続の副産物にすぎないとしている（*Ibid.*, pp. 165-168.）。②は貸借対照表を資金計算書とみるものであるが，営業開始により資金計算書の意味がなくなると批判している（*Ibid.*, pp. 168-171.）。③は貸借対照表を財政状態を示す表とみるものであるとし，その貸借対照表観は会計理論の最も根源的な要素を具体的に表現し同時に利用者に有用な情報を提供するものであるものであり，情報利用者は貸借対照表をみてリスクを判断することができるので重要であるとしている（*Ibid.*, pp. 171-173.）。これらのことから分かるように R. T. Sprouse が推奨しているのは③である。R. T. Sprouse は，③の貸借対照表観についてはさらに資産・負債・所有者持分・利益などの財務諸表要素の定義を行っており，資産の概念は「将来期待される経済的便益であり，対する権利は，ある過去の取引結果としてその企業実体によって取得されたもの」と定義される（*Ibid.*, p. 172.）。負債の概念は「企業実体の資産を引き渡すことまたサービスを成し遂げる義務であり，その義務は過去の取引から生じたものであり，将来において決済を必要とするものである」(*Ibid.*, p. 172.）と定義している。所有者持分または純資産の概念は「企業実体の資産に対する残余権益」(*Ibid.*, p. 172.）と定義される。利益は「一期間の純資産の増加額（所有主による追加的出資または分配をいれない）」(*Ibid.*, p. 172.）と定義される。これらのことからわかる様に，R. T. Sprouse のこの論文で示されている財務諸表要素の定義は若干の用語の違いはあるものの，1962 年試案と同じである。
(151) なお 1966 年に公表された ASOBAT（AAA, Committee to Prepare a Statement of Basic Accounting Theory, *A Statement of Basic Accounting Theory*, AAA, 1966.（飯野利

夫訳『アメリカ会計学会・基礎的会計理論』国元書房，1980年。））からはじまり，1973年のトゥルーブラッド報告（AICPA, Study Group on the Objectives of Financial Statement, *Objectives of Financial Statements*, AICPA, 1973.（川口順一訳『アメリカ公認会計士協会・財務諸表の目的』同文舘出版，1976年。）），SFAC第1号・第2号という歴史的展開のなかで意思決定有用性アプローチが継承されていき，なおかつ，その影響力を拡大する文献として，APB（Accounting Principles Board）statement No. 4 (APB, *Basic Concepts and Accounting Principals Underlying Finacial Statements of Business Enterprises*, Statement of the APB No. 4, AICPA, October 1970.（川口順一訳『アメリカ公認会計士協会・企業会計原則』同文舘出版，1973年。））を指摘する論者もいる（藤井秀樹『現代企業会計論』1997年，森山書店，67‐71頁，83頁。）。1966年のASOBATは会計情報基準（Accounting Standards）として，目的適合性（relevance）・検証可能性（verifiability）・不偏性（freedom from bias）・量的表現可能性（quantifiability）を提示し，意思決定有用性アプローチをはじめて公的に発表した文献（AAA, 1966, *op. cit.*, pp.7‐19.）であるし，トゥルーブラッド報告は，報告の質的特徴（qualitative characteristics of reporting）として，目的適合性（relevance）・重要性（materiality）・実質優先性（substance over form）・信頼性（reliability）・不偏性（freedom from bias）・比較可能性（comparability）・一貫性（consistency）・理解可能性（understandability）を示している（AICPA, 1973, *op. cit.*, pp.65‐73.）。そして周知のとおり，SFACは第2号（1980年）において会計情報の質的特徴（FASB, *Qualitative Characteristics of Accounting Information*, SFAC No. 2, FASB, May 1980, p. 44.）を示しているわけであり，これらの文献の影響を受けていると考えられる。このようにASOBATや，トゥルーブラッド報告は会計情報の評価規準に強く焦点をあてている。APB statement No. 4も同様な側面はあるものの，資産を基礎概念とする定義の体系を強調している側面もまた持っているという点において，筆者は注目している。

図表2　Discussion Memorandum（1973 〜 1991）

title	date
Accounting for Research and Development Similar Costs	1973. 12. 28
Financial Reporting for Segments of a Business Enterprise	1974. 05. 22
Accounting for Leases	1974. 07. 02
Consideration of Report of the Study Group on the Objectives of Financial Statements	1974. 07. 06
Criteria for Determining Materiality	1975. 03. 21
Accounting and Reporting for Employee Benefit Plans	1975. 10. 06
Accounting by Debtors and Creditors When Debt Is Restructured	1976. 05. 11
Accounting for Business Combinations and Purchased Intangibles	1976. 08. 19
Tentative Conclusions on Objective of Financial Statements of Business Enterprises.	1976. 12. 02
Conceptual Flamework for Financial Accounting and Reporting : Elements of Financial Statements and Their Measurement	1976. 12. 02
Scope and Implications of the Conceptual Flamework Project	1976. 12. 02
Financial Accounting and Reporting in Extractive Industries	1976. 12. 23
Accounting for Interest Costs	1977. 12. 16
Interim Financial Accounting and Reporting	1978. 05. 25
Conceptual Flamework for Financial Accounting and Reporting : Objectives of Financial Reporting by Nonbusiness Organizations	1978. 06. 15
Reporting Earnings	1979. 07. 31
Effect of Rate Regulation on Accounting for Regulated Enterprises	1979. 12. 31
Reporting Funds Flows, Liquidity, and Financial Flexibility	1980. 12. 15
Employes' Accounting for Pensions and Other Postemployment Benefits	1981. 02. 19
Employes' Accounting for Pensions and Other Postemployment Benefits（additional issues）	1983. 04. 19
Accounting for Income Taxes	1983. 08. 29
Disinguishing between Liability and Equity Instruments and Accounting for Instruments with Characteristics of Both	1990. 08. 21
Accounting for the Impairment of Long-Lived Assets and Identifiable Intangibles	1990. 12. 07
Present Value-bases Measurements in Accounting	1990. 12. 07
Consolidation Policy and Procedures	1991. 09. 10
Recognition and Measurement of Financial Instruments	1991. 11. 18
New Basis Accounting	1991. 12. 18

第3章　概念的フレームワーク

第1節　概念的フレームワークを検討する前に

　資産負債中心観または収益費用中心観の考え方は『討議資料』において突然にあらわれたわけではなく，1962年試案をはじめとする資産負債中心観の原型というべき理論研究の諸成果がまず登場し，その集大成が『討議資料』という形で表現されてきたことを前章において検討した。『討議資料』においては，財務諸表要素の定義問題が，財務諸表要素の認識問題及び測定属性の選択問題と切り離された形で論じられており，財務諸表要素の定義・認識・測定には選択と組み合わせの関係があるのみで，選択と組み合わせを導くのは会計測定値の目的適合性と信頼性であり，会計測定値の情報としての有用性である。しかし資産負債中心観を会計実務にどのように反映させていくのかは，その論理構成からははっきりしないため，その結果，認識・測定構造を不明瞭にしている。ともあれ，資産負債中心観の原型を検討していくにあたって，『討議資料』においては全て資産の本質を経済的便益という概念によって定義づけされていることが分かり，このように定義づけされた資産から，財務諸表要素の定義の体系を基礎づけていくという構成の体系が理解できる。さらに一切の事象の変化をその期間に含めることが『討議資料』の資産負債中心観の特色なのであり，こうして純粋な意味での資産負債中心観の測定属性は，評価を必要としない原価ではなく，評価を必要とする時価ということになるのである。それでは，このような『討議資料』の中心観はその後のFASBの公表物，すなわち概念的フレームワークにどのような影響を与えていったのであろうか。

　周知のようにFASBは最重要課題として概念的フレームワーク・プロジェクトに取り組み，そしてかかる検討の結果として，SFAC第1号～第6号を1978

年から1985年にかけて公表してきた（2000年2月にはSFAC第7号を公表している）。概念的フレームワークに対する評価に対しては様々な意見があるが，*Journal of Accountancy* や *Accounting Horizons* においては，会計基準の設定においてその機能を十分に発揮しているとは言いがたいという見解がみられるのも事実である。

例えば概念的フレームワークに対して，P. B. W. Miller は *Journal of Accountancy* 上で，概念的フレームワークに対する「神話」（誤った信念に近いニュアンス）として，概念的フレームワークは位置づけされているが，概念的フレームワークはSFASの問題を考慮に入れていないこと，概念的フレームワークは会計規定の現状だけを攻略しようとしていること，FASB自体が概念的フレームワーク・プロジェクトに全てを委ねきっていることなどを述べている[1]。よって，P. B. W. Miller は，それらの報告されている基準は一貫していないとの批判をしており，再度，SFACの価値を見極める必要があるかもしれないということを指摘する。また P. B. W. Miller は，SFAC第3号（改訂版はSFAC第6号）[2] の "Definitions of Elements" のなかにおける "Characteristics of Assets" において示されている "probable future economic benefits" というフレーズについて，その意味を巡って討論があったことを述べている[3]。その討論自体が，SFACで述べられている各フレーズが様々な解釈が可能であるということ，すなわち一意的な理解を妨げる曖昧なものを含むものが多いことを示すものに他ならない（それは，当然その解釈いかんによりSFAS設立過程に影響を与えることになると解釈できるだろう）。そうであるならば，なぜそうなってしまったのかの原因を探る必要がある（その点については次章以降，検討する）。

このような概念的フレームワークの曖昧な記述について指摘する見解は他にも存在する。D. Solomons も SFAC第3号（SFAC第6号）にふれ，SFAC第3号（SFAC第6号）における，財務諸表の "Definitions of Elements"[4] の意味内容において，様々な意見が寄せられている（訴えられている）ことを指摘する。また，L. A. Daley and T. Tranter は一連の概念的フレームワーク・プロジェクト，及びその成果であるSFACにおいて，その意味内容が一貫していない (inconsistent) 部分があり，再び価値を見極める (re-evaluated) 必要を提示してい

る。それは、SFAS作成過程において、多くの影響を与えていることを明言している[5]。これらの論者がSFACについて評価している共通点は、SFACが会計規制に関わる点で、一意的な解釈を避ける文言が盛り込まれているという点であり（それがSFAS設立過程において影響を与えている）、その点について多くの論者から意見が寄せられ、あるいは、討論されているという点である[6]。

しかし、このように批判される現状とは別に、今日までにおいて根本的な修正は行われていないし、提起されていないように思われる。ただ概念的フレームワークの内容に何らかの問題が生じているのであれば、その問題点はどのようなものなのかを検討していかなければならない。さらに概念的フレームワークが『討議資料』から影響を受けているのであれば、なぜ影響されたのかについてもやはり言及していく必要があろう。本章では、より分かりやすく概念的フレームワークを論じるために、必要に応じて『討議資料』の内容と照らし合わせながら、概念的フレームワークの内容について検討する。結論を先取りすれば、概念的フレームワークにおいて論じている財務諸表要素における定義、認識、測定や、それに関わる利益概念（稼得利益、包括的利益）に関する内容にこそ問題があり、概念的フレームワークに独自性が生じていると著者は考える。

第2節　概念的フレームワーク

SFAC第6号[7]においては財務諸表構成要素の定義がなされている。定義の順番は、資産→負債→持分または純資産→包括的利益→収益→費用→利得→損失である。これは矢印の順に前者が後者を規定していくという関係にある。財務諸表構成要素として最初に定義される資産は「過去の取引または事象の結果として、ある特定の実体により取得または支配されている、発生の可能性の高い将来の経済的便益」[8]と示されている。またすべての資産の共通の特徴は、「用役潜在能力」[9]、「将来の経済的便益」[10]であると述べている。このような能力・便益は、営利企業への正味キャッシュ・インフローをもたらすとする[11]。続いて負債は「過去の取引または事象の結果として、特定の実体が、他の実体に対して、将来、資産を譲渡しまたは用役を提供しなければな

らない現在の債務から生じる,発生の可能性の高い将来の経済的便益の犠牲」[12]であるとしている。さらに概念的フレームワークは具体的な資産の特徴として,(a) 単独でまたは他の資産と結びついて直接的または間接的に将来の正味キャッシュ・インフローに貢献する能力を有する,発生の可能性の高い将来の便益であること,(b) 特定の実体がその経済的便益を獲得することができ,その便益に他の実体が接近するのを支配することができること,(c) その便益に対する実体の権利または支配を付与する取引その他の事象がすでに発生しているという3つの概念をあげている[13]。

負債の具体的な特徴としては,(a) 特定の事象の発生または請求に従って,ある特定の期日または確定しうる期日に,発生の可能性の高い将来の資産の譲渡または使用による弁済を伴うような,一以上の他の実体に対する現在の義務または責任を具体化していること,(b) その義務または責任は,将来の犠牲を避ける自由裁量の余地をほとんど残さないか全く残さずに,ある特定実体に債務を負わせること,(c) その実体に債務を負わせる取引その他の事象はすでに生起しているという3つの特徴をあげている[14]。

これらの概念的フレームワークの定義は『討議資料』の資産負債中心観と財務諸表要素の定義と同じであることが分かる。『討議資料』の資産・負債の定義については,資産負債中心観の下での定義と収益費用中心観の下での定義とが存在した。資産負債中心観の資産の定義は経済的資源の財務的表現であり,なおかつ特定の企業に影響をおよぼす過去の取引または事象の結果として,当該企業に直接または間接に純キャッシュ・インフローをもたらすと考えられる現金および将来の経済的便益であったはずである[15]。また資産負債中心観の負債の定義は,ある企業に影響を及ぼす過去の取引または事象の結果として,将来他の実体に経済的資源を譲渡するという当該企業の責務の財務的表現である[16]。このような資産負債中心観の資産の定義は将来の経済的便益であり,負債は将来の経済的便益の犠牲であるわけだから,概念的フレームワークの財務諸表要素の定義を見る限り,『討議資料』の資産負債中心観の考え方を踏襲しているといってよい。すなわち概念的フレームワークにおいては資産負債中心観が採用されていたのである。それぞれの定義の比較をまとめれば,図表1のとおりである。

第2節　概念的フレームワーク　63

図表1　『討議資料』とSFACの比較

	『討議資料』の資産負債中心観	SFACの資産負債中心観
資　産	企業の資産は、個別企業にとっての潜在的便益をあらわす経済的資源であり、潜在的便益とはいずれ、企業に発生しうる直接的あるいは間接的な正味キャッシュ・フローのことである	過去の取引または事象の結果として、ある特定の実体により取得または支配されている、発生の可能性の高い将来の経済的便益である
負　債	将来他のエンティティに経済的資源を移転する企業の義務	過去の取引または事象の結果として、特定の実体が、他の実体に対して、将来、資産を譲渡または用役を提供しなければならない現在の債務から生じる、発生の高い将来の経済的便益の犠牲
純資産（正味資産および持分）	資産－負債＝正味資産（所有者持分あるいは資本）	負債を控除した後に残るある実体の資産に対する残余請求権
利　益	1期間における営利企業の正味資源の増分の測定値とするものである。ただし、資本拠出、資本引出、過年度損益修正をのぞく	出資者以外の源泉からの取引その他の事象および環境要因から生じる1期間における営利企業の持分の変動（出資者による投資および出資者への分配から生じるもの以外の、1期間における持分の変動を含む）

　認識という点では概念的フレームワークはどのような概念を示しているのであろうか。公表されたSFACのうち、認識問題に直接ふれているのは、SFAC第5号[17]である。SFAC第5号は認識について「ある項目を資産、負債、収益、費用またはこれらに類するものとして、企業の財務諸表に正式に記録するかまたは記録するプロセスである」[18]と述べている。これに続けて「ある項目を文字と数値の両者を用いて表現し、かつ、その項目の数値が、財務諸表の合計数値の一部に含められる」[19]ということを明確にし、そして資産または負債について「その取得もしくは発生の記録のみならず、結果的に財務諸表から除かれることになる諸変動をはじめとして、その後の記録もかかる認識に含められる。」[20]としている。

　これらを換言すれば、第一次的認識（取得もしくは発生の記録）及びすでに

認識が完了している項目の，その後の変動の認識，またはその認識が完了している項目を財務諸表から除去することも含められていることになる[21]。また，「一般に，資産，負債，収益，費用その他の財務諸表項目および（目的適合性と信頼性の最良の組み合わせをもつ）これらの測定値に関して最も有用な情報は，財務諸表において認識されなければならない」[22]と述べており，これらのことから，概念的フレームワークの認識の概念は，資産の域をも超えて，会計上のすべての項目にまで拡大していることがわかる。そしてかかる認識規準の構造として，すなわち認識を行うにあたって必要な認識規準はSFAC第2号における財務情報の質的特徴から導き出され[23]，また財務報告上の諸問題を解決する場合に，SFAC第3号（SFAC第6号）における財務諸表の構成要素の定義を機能させるのに役立つものとしている[24]。基本的認識規準としては，コスト・ベネフィットの制約および重要性の識閾という条件はあるものの，項目および当該項目に関する情報が認識されるためには，4つの基本的認識規準が必要であるとしている[25]。その認識規準がそろったときに認識されなければならないとし，その規準は以下のとおりである[26]。

① 定義（Definitions）―当該項目が財務諸表の構成要素の定義を満足すること。
② 測定可能性（Measurability）―当該項目が十分な信頼性をもって測定でき，かつ目的に適合する属性を有すること。
③ 目的適合性（Relevance）―当該項目に関する情報が情報利用者の意思決定に影響を及ぼしうること。
④ 信頼性（Reliability）―当該情報が表現上忠実であり，検証可能かつ中立であること。

①～④の規準は，「コスト・ベネフィットという一般的制約条件があることを前提としている。すなわち，ある特定の項目を認識することによってもたらされると期待されるベネフィットは，情報を提供し，使用するのに要すると認められるコストを上回るものでなければならない」[27]とするものである。この一般的制約条件はSFAC第2号における会計的特性の階層構造図の特徴と制約の部分で示唆されているものである[28]。

つまり会計情報を有用ならしめる特性の階層構造図のなかでは，ベネフィッ

第2節　概念的フレームワーク　65

ト＞コストという一般的制約条件は，会計情報の利用者のすぐ下に位置づけられており，なおかつ理解可能性，そして意思決定の有用性としての目的適合性，信頼性を制約するものである[29]。

このような概念的フレームワークの認識に対して，『討議資料』においては資産・負債の認識問題についての定義と認識規準の分離が必要であることが示唆されているのみで，具体的な認識規準やその認識過程については明示されていなかった。『討議資料』はすべての認識ルールないし認識慣行を包摂した財務諸表の構成要素の定義を行うことはできないと断言している。その理由はさまざまな種類の項目や異なった環境要因のために，多様な認識規準が存在するからとしているからである[30]。さらに『討議資料』は，こうした定義は，財務諸表に記載されるべき項目を詳細に明記しようとする定義よりも，ずっと機能的であると述べている[31]。結局，『討議資料』は認識ルール・認識慣行などに関する諸問題は，財務諸表の構成要素の測定についていくつかの暫定的結論が得られた後により効果的に検討されるべきであるとして，認識問題についてはそれ以上触れていない[32]。

これに対して，概念的フレームワークは具体的な4つの認識規準をあげている。事象が認識規準を満足させるときに，認識されなければならないから，4つの認識規準は，明確な形で規準化されているのである。しかし同時に，ここでの「認識」の概念は，会計のすべての項目にまで拡張してしまっていることになり，ある項目が財務諸表において認識されるかどうかについて選択の余地が生じてしまうことにもつながる。ともあれ認識問題として，『討議資料』においては不明確であった「定義」と「認識」との関係は，概念的フレームワークでは明確に規定されていることが分かる。すなわち概念的フレーワークでは，「定義」は「認識規準」の一環に位置づけられるのである。

これらの認識過程をふまえたうえで，概念的フレームワークの測定はどのようなことを述べているのだろうか。概念的フレームワークにおいて測定問題を直接示唆しているものは，認識問題と同じく SFAC 第5号である。そこでは財務諸表要素の測定問題を取り扱っている。先述のとおり，認識規準の一つとして，測定可能性 (Measurability) が掲げられているが，その意義を詳細に検討する形で SFAC 第5号は測定の問題について論じている。認識・測定問題に関し

ては，概念的フレームワークにおいては SFAC 第 5 号に集約されている。SFAC 第 5 号では，先の認識規準で述べたとおり，当該項目が十分な信頼性をもって測定でき，かつ目的に適合する属性を有することという意味で，測定可能性[33]を規定し，続いて「現在，財務諸表において報告される項目は，異なる属性によって測定されており，それはその項目の性質ならびに測定される属性の目的適合性および信頼性に左右される」[34]として現在の認識問題を示している。そして資産および負債の属性として，以下の5つの異なる属性が現行の会計実務において用いられているとする[35]。

- a. 歴史的原価（実際現金受領額）(Historical Cost (Historical Proceeds))
- b. 現在原価 (Current Cost)
- c. 現在市場価値 (Current Market Value)
- d. 正味実現可能（決済）価額 (Net Realizable (Settlement) Value)
- e. 将来のキャッシュ・フローの現在（または割引）価値
  (Present (or Discounted) Value of Future Cash Flows)

これらを前提として，SFAC 第 5 号は「現行の会計実務は単一の属性に基づいていると特徴づけようとするよりもむしろ，本諸概念ステートメントは，異なる属性に基づいているとみている。本諸概念ステートメントは，あらゆる種類の資産および負債に単一の属性を用いさせるように，単一の属性を選択させ，かつ実務を急激に変えようとするものではなく，異なる属性が引き続き用い続けられるように提案し，また FASB がどのような方法で特殊な状況にも適合する属性を選択するのかについて論じるものである」[36]と述べている。つまり，概念的フレームワークは現行の実務を認める形をとり，資産及び負債に単一の属性を用いさせるのではなく，異なる属性が引き続き用いられるように提案しているのである。

また SFAC 第 5 号は，現行の会計実務の貨幣単位または測定尺度において「期間を通じて一般購買力変動修正を行わない名目貨幣単位」[37]であるとし，さらに「財務諸表において認識される項目を測定するために，名目貨幣単位が今後も引き続き用い続けられるであろうと考えている。しかし現在の状況が変わったならば（例えば，インフレーションによる物価上昇が耐えられない程度

まで著しくなるならば),FASBは,もっと安定した他の測定尺度を選択することになる」[38]と示す。つまり概念的フレームワークは現行の会計実務について名目貨幣単位とみており,例えば著しいインフレーションがない限り,その名目貨幣単位を継続させ,現行の会計実務を容認する形をとっているのである。

このような概念的フレームワークの測定問題に対して,『討議資料』では各中心観とある特定の測定基準とを結びつける自動的な連結環は存在しないと述べ,いずれの中心観も,財務諸表の構成要素のいくつかの異なった属性の測定と両立するとしているのである。つまり現行の中心観の選択と測定属性の問題を分離し,測定属性を選択問題として考えている[39]。このように,『討議資料』においては中心観の選択と測定属性の問題を分けて考え,測定属性を選択問題として捉えているのに対して,概念的フレームワークは5つの測定属性を認めており,異なるこれらのものを無理に単一にする必要はないという立場をとっている。ただし2000年に公表されたSFAS第7号[40]では,認識問題には取り組まず,測定問題だけに取り組んでいる[41]。SFAC第7号は,属性の共存の問題については明確な答えはなかったものの,SFAC第5号のなかの測定に関する記述が,会計測定における現在価値をいつ,どのように使用するのかを決定する点で不十分だったことを明確に述べている[42]。SFAC第7号が当初の認識での大部分の測定,および次期以降におけるフレッシュスタートの測定の目的として公正価値という語を用いているのに対して[43],SFAC第5号では,そのような語は使用していない。これらの意味から,むしろ多元的な選択を認めていたSFAC第5号の測定属性に対する精一杯の反撃とも考えられるが,属性の共存の難点への回答は明確にはなされていない。

ともあれ,この測定問題で注目しなければならないのは,資産・負債の測定の問題に対して,『討議資料』は中心観の選択と測定属性の問題を分離し測定属性を選択問題として捉えているのであるが,概念的フレームワークにおいても基本的にはその『討議資料』の分離の理論を背景に携えていることである。概念的フレームワークはSFAC第5号のなかで,先に述べたとおり,現行の会計実務を単一の属性に基づいているよりも,むしろ異なる属性に基づいているものであり,5つの異なる属性が現行の会計実務において用いられていること

を明らかにしていた。これは，資産と負債に単一の属性を選択させて実務を変えようとするものではなく，異なる属性が継続して用いられること，すなわち現行の会計実務を考慮して容認することから生まれた考え方である[44]。SFAC 第 7 号においても，その点は改善されてはいない。つまり『討議資料』において考えられていた中心観の選択と測定属性の問題を分離し，測定属性を選択問題として捉えていた姿勢を，概念的フレームワークも継承し，それを現行の会計実務の容認のために恣意的に解釈してしまったと考えてよい。中心観は特定の測定属性による測定と自動的には結びつかないとしており，必然的に特定の測定属性と結びつくわけではないと明言していることから，この時点で『討議資料』においても概念的フレームワークにおいても理論的モデルとしての良し悪しは別として，評価中立的[45]な理解だと考えられる。

『討議資料』は，認識問題について財務諸表要素の定義から認識規準を分離し，認識規準やその過程を後学に委ねていた。また測定属性問題についても，中心観の選択と測定属性の問題を分離することを示していただけであり，理論的には不明瞭な点を残していたといってよい。そして，この『討議資料』の理論モデルが，不明瞭であるからこそ何らかの形で圧力を加えられ，変化していったと考えられるのではないか。概念的フレームワークにおいては，定義と認識の関係を明確化こそしているが，測定問題において現行の会計実務を考慮にいれることで，先に述べた『討議資料』の理論モデル的に不明瞭な点を利用し，現行実務を容認する形をとることはしているものの[46]，概念的フレームワークは資産負債中心観の概念を形式的には採用している。しかし『討議資料』の本来の資産負債中心観がもつ考え方とは異なっており，それは概念的フレームワークにおける利益概念の捉え方についてもあらわれている。

概念的フレームワークでは利益概念についてひとつの顕著な特徴を示している。すなわち「包括的利益」（comprehensive income）と，この「包括的利益」概念に内包される概念として「稼得利益」（earnings）という概念を用いている点である。SFAC 第 6 号において，包括的利益とは，「出資者以外の源泉からの取引その他の事象および環境要因から生じる一期間における営利企業の持分の変動である。包括的利益は出資者による投資および出資者への分配から生じるもの以外の，一期間における持分のすべての変動を含む。」[47]として説明され

ており，SFAC 第 5 号では稼得利益について一会計期間の業績を示す測定値であり，当該会計期間にとって異質の項目—すなわち，基本的に他の会計期間に帰属する諸項目—を可能な限り除外したものであるとしている[48]。ついで稼得利益と包括的利益の関係について SFAC 第 5 号は，稼得利益と包括的利益は，収益・費用・利得・損失といった同一の要素は持っているものの，稼得利益には含まれず，包括的利益には含まれる要素があるので，これらの利益概念は同一のものではないと述べている[49]。このような包括的利益と稼得利益の関係は，稼得利益計算書及び包括的利益計算書（statements of earnings and comprehensive income）とが，図表2のように相互に補完しあっていることを意味している[50]。

図表2 稼得利益と包括的利益

＋	収 益	100	＋	稼得利益	15
－	費 用	80	－	累積的会計修正	2
＋	利 得	3	＋	出資者以外の者との取引	
－	損 失	8		から生じる持分の変動	1
＝	稼得利益	15	＝	包括的利益	14

（出所：FASB（1984, para.44）平松・広瀬訳（1994，232頁））

以上から「包括的利益＝純利益＋その他の包括的利益」となる[51]。ここで注意しなければならないことは，包括的利益を計算する過程で稼得利益が問題にされているという事実である。純利益（稼得利益）を含む包括的利益のすべての構成要素の合計金額をさして，包括的利益という用語を使用しているからである。ここに特殊な「連携」が組み込まれていることになるだろう[52]。損益計算書と貸借対照表の連携を可能にするために両者の間に第三の計算書，例えば包括的利益計算書を存在させることになる。いいかえれば概念的フレームワークの想定する計算体系では二つの利益概念が併存するが，一方は他方を包含する関係にあるといえるのである。すなわち包括的利益の計算では稼得利益の計算と包括的利益の計算の組み合わせの関係が考えられなければならないから，概念的フレームワークのとる資産負債中心観においては当然であるが，包括的利益の計算だけでは説明できないということになる。稼得利益を計算する

過程ですべての費用と収益は支出・収入に基づいて計上し，その発生した期間に正しく割り当てられるよう処理しなければならないのであるから，収益と費用を対応させるために必要なものとして貸借対照表上に計上される見越・繰延項目を想定する必要性が出てくる。これはある期間に生じた，または変化した一切の事象をその期間に含めることを想定してはいないことになる。すなわちこれは『討議資料』の述べていた資産負債中心観の考え方ではない。『討議資料』の資産負債中心観は，評価を先に決めてそこから利益を計算する中心観である。基本的に繰延項目及び繰延収益・引当金を肯定する立場を取らず，これらの項目は将来期間の利益測定において償却され，あるいは繰り入れられることが予定されてはいない。そこには基本的には，対応/配分の概念は排除されなければならない。ある期間に生じた，または変化した一切の事象をその期間に含めることが『討議資料』の資産負債中心観の特色だからである。冒頭で述べたとおり純̇粋̇な̇意̇味̇での資産負債中心観の測定属性は評価を必要としない原価ではなく評価を必要とする時価ということになるのであるが，概念的フレームワークの資産負債中心観においては，それを否定している利益概念が存在するのであり，概念的フレームワークの資産負債中心観の独自性の一つといえることになるだろう。

注

（1）P. B. W. Miller, "The Conceptual Framework : Myths and Realities" *Journal of Accountancy*, Vol. 159, No. 3, March 1985, pp. 62-71.
（2）Definitions of Elements は SFAC 第3号では paras. 18-89. で示されており，SFAC 第6号では，paras. 24-133. において述べられている。
（3）P. B. W. Miller, *op. cit.*, p. 64.
（4）D. Solomons, "The FASB's Conceptual Framework : An Evalution," *Journal of Accountancy*, Vol. 161, No. 6, June 1986, p. 116.
（5）L. A. Daley and T. Tranter, "Limitations on the Value of the Conceptual Framework in Evaluating Extant Accounting Standards" *Accounting Horizons*, Vol. 4, No. 1, March 1990, pp. 15-24.
（6）このような曖昧な記述の論争としての代表例としては，実質的ディフィーザンスの会計基準，すなわち SFAS 第76号（FASB, *Extinguishment of Debt*, SFAS No. 76, FASB, November 1983.）の設立過程における論争があげられる。それは，実質的ディ

フィーザンスを債務の償還と見る論者と，それに反対する論者がSFAC第3号のpara. 143の「負債の特徴」という全く同じ内容を使用して，自分たちの見解の正当性を争ったものである。これは，P. B. Millerらがいう SFAC の曖昧な記述が，SFAS の設立過程において，問題を発生させている例といってよいだろう（詳細については，以下を参照。Miller, P. B. W. and R. J. Redding, *The FASB : The People, the Process, and the Politics*, 2nd ed., Irwin, 1988. 佐藤信彦「米国における『実質的ディフィーザンス』の会計処理基準」『経済集志』第61巻第1号，1991年4月。佐藤信彦「FASB 概念報告書の性格に関する一考察―財務会計基準書76号の設定に関連して―」『會計』第140巻第1号，1991年7月。）。

(7) FASB, *Elements of Financial Statements*, SFAC No. 6, FASB, December 1985.（平松一夫・広瀬義州訳『FASB 財務会計の諸概念』中央経済社，1994年。）
(8) *Ibid.*, para. 25.（同上書，297頁。）　　(9) *Ibid.*, para. 28.（同上書，298頁。）
(10) *Ibid.*, para. 28.（同上書，298頁。）　　(11) *Ibid.*, para. 28.（同上書，298頁。）
(12) *Ibid.*, para. 35.（同上書，301頁。）　　(13) *Ibid.*, para. 26.（同上書，297頁。）
(14) *Ibid.*, paras. 35-36.（同上書，301-302頁。）
(15) FASB, *An Analysis of Issues related to Conceptual Framework for Accounting and Reporting : Elements of Financial Statements and Their Measurement*, FASB Discussion Memorandum, FASB, December 1976, pp. 55-56.（津守常弘監訳『FASB 財務会計の概念フレームワーク』中央経済社，1997年，6-9頁。）
(16) *Ibid.*, para. 79.（同上書，72-73頁。）
(17) FASB, *Recognition and Measurement in Financial Statements of Business Enterprises*, SFAC No. 5, FASB, December 1984.（平松・広瀬訳，前掲書，1994年。）
(18) *Ibid.*, para. 6.（同上書，212頁。）　　(19) *Ibid.*, para. 6.（同上書，212頁。）
(20) *Ibid.*, para. 6.（同上書，212頁。）　　(21) *Ibid.*, para. 58.（同上書，238頁。）
(22) *Ibid.*, para. 6.（同上書，215頁。）
(23) FASB, *Qualitative Characteristics of Accounting Information*, SFAC No. 2, FASB, May 1980, paras. 32-33, paras. 133-144.（平松・広瀬訳，前掲書，1994年，124-129頁。）
(24) FASB, 1984, *op. cit.*, para. 61.（同上書，239頁。）
(25) *Ibid.*, para. 63.（同上書，239-240頁。）
(26) *Ibid.*, para. 63.（同上書，239-240頁。）
(27) *Ibid.*, para. 63.（同上書，240頁。）
(28) FASB, 1980, *op. cit.*, paras. 32-33, paras. 133-144.（同上書，76-78頁，124-129頁。）
(29) また認識は，重要性の識閾をも前提としており「財務諸表に対する項目が重要とされるに足るほど大きくなく，また，重要性の乏しい個々の項目の統合も重要とされるに足るほど大きくないならば，当該項目およびそれに関する情報は一組の財務諸表において認識するには及ばない」(FASB, 1984, *op. cit.*, para. 63.（同上書，240頁。））としている。これも SFAC 第2号の para. 132 においても示されているものであり，そこでは重要性を評価するためには，個人的判断が必要とされている。
(30) FASB, 1976, *op. cit.*, paras. 14-15.（津守監訳，前掲書，1997年，41-42頁。）
(31) *Ibid.* paras. 14-15.（同上書，41-42頁。）

(32) *Ibid.* paras. 14-15.（同上書，41-42 頁。）
(33) FASB, 1984, *op. cit.*, para. 63.（同上書，239-240 頁。）
(34) *Ibid.*, para. 66.（同上書，241 頁。） (35) *Ibid.*, para. 67.（同上書，241-243 頁。）
(36) *Ibid.*, para. 70.（同上書，244 頁。）
(37) *Ibid.*, para. 71.（同上書，245 頁。） (38) *Ibid.*, para. 72.（同上書，245 頁。）
(39) FASB, 1976, *op. cit.*, para. 47.（津守監訳，前掲書，1997 年，58-59 頁。）
(40) FASB, Using Cash Flow Information and Present Value in Accounting Measurements, SFAC No. 7, FASB, February, 2000.
(41) *Ibid.*, para. 12. (42) *Ibid.*, para. 4. (43) *Ibid.*, para. 7.
(44) FASB, 1984, *op. cit.*, para. 67.（平松・広瀬訳，前掲書，1994 年，241-243 頁。）
(45) 評価中立的な考え方については，佐藤信彦「FASB による収益費用利益観・資産負債利益観と損益法・財産法」『日本大学経済学部創設 90 周年記念論文集』第 64 巻第 4 号，日本大学経済学研究会，1995 年 1 月，141 頁参照。
(46) その点については以下の論稿も同様の指摘をしている。高須教夫他「FASB 概念フレームワークにおける基本問題―定義・認識・測定をめぐって―」『産業経理』第 51 巻第 3 号，1991 年 10 月。津守常弘「FASB『概念的枠組』の形成と測定属性の問題」『會計』第 137 巻第 6 号，1990 年 6 月。津守常弘「米国における利益概念の変化とその問題性」『立命館経営学』第 28 巻 6 号，立命館大学経営学会，1990 年 3 月。
(47) FASB, 1985, *op. cit.*, para. 70.（平松・広瀬訳，前掲書，1994 年，320 頁。）
(48) FASB, 1984, *op. cit.*, para. 34.（同上書，226 頁。）
(49) *Ibid.*, para. 42.（同上書，230 頁。） (50) *Ibid.*, para. 44.（同上書，232 頁。）
(51) 損益法と財産法は損益計算・財政状態計算をそれぞれ前提としている。純利益は損益法を前提する概念であり，包括的利益は財産法を取る形になる。よって，包括的利益全体を財産法と捉えることができるため，包括的利益の計算は，損益法による利益計算に含めて考えることは出来ない。
(52) 第 2 章における連携に関する問題を参照して頂きたい。

第4章　『討議資料』と概念的フレームワーク

第1節　評価と配分の問題

　FASBは，最重要課題として概念的フレームワーク・プロジェクトに取り組み，かかる検討の成果としてSFAC第1号～第6号（2000年2月にはSFAC第7号を公表している）を1978年から1985年にかけて公表した。概念的フレームワークにおける内容を検討する限り，1976年12月2日に公表された『討議資料』において提示されていた資産負債中心観を形式的には踏襲しているものの，実質的には概念的フレームワークの資産負債中心観は『討議資料』の資産負債中心観とは異なる資産負債中心観が採択されていた。ともあれ概念的フレームワークにおいては財務諸表の諸要素を定義することにより，その概念的整備を行い，利益測定に対する利益観を資産負債中心観として捉えている。このような背景から，FASBにおいて首尾一貫した概念の体系としてのフレームワークが望まれていたことが分かる。

　繰り返すが，『討議資料』においては認識問題で捉えれば定義と認識規準の分離が必要であることのみを示唆しているだけであり，具体的な認識規準は明記されず，測定問題についても，中心観の選択と測定属性の問題を分離するにとどまっていた。しかし概念的フレームワークにおいては，この『討議資料』の理論モデルとしての不明瞭さを利用しつつも，認識規準を具体的に明記している。このことから，FASBの概念的フレームワークにおいては，『討議資料』よりも定義・認識・測定問題を根本的な基礎概念として考えていることが窺える。

　しかし，このようなFASBにおける概念的フレームワークの問題は，本来はむしろ，対応/配分概念を基礎概念として扱うべきであると批判する意見も存

在する。大日方隆教授は，「概念書では，財務諸表の構成要素，認識，測定などが基礎概念として扱われているが，それらは表層的な現象でしかない。人々の思考に制約をあたえると同時に，多くの人々がそれに依拠して思考するときの中心的存在が基礎概念にほかならず，それらの条件を満たしている対応/配分の概念こそが，基礎概念の1つに数えられなければならない」[1]という見解を示されている。

大日方教授がこのように概念的フレームワークを批判される理由はいくつかある。収益費用中心観において，対応/配分の概念は中心的な基礎概念として扱われるが，それに対して，対応の概念を排除することが資産負債中心観の本質なのだと大日方教授は考えておられ，そうであるならば現在の資産負債中心観を軸にしている企業会計では，対応の概念で説明される会計処理を定めた会計基準は例外的にしか存在しないはずであるが，現実はそうではないと批判されているのである。

さらに大日方教授は，対応/配分に関連した会計基準（SFASなど）の動向を詳細に検討されており，その結果，概念的フレームワークに基づいて資産負債中心観を採択している状況にもかかわらず，依然として対応/配分の概念が現在でも通念として存在していることを実証された[2]。その結果として，大日方教授は，「Matchingの関連規定の変化」，「Allocationの関連規定の変化」，「Amortizationの関連規定の変化」，「Deferrals関連規定の変化」，「対応/配分に関連する新しい会計基準」という区分を行い，それぞれの表を作成し，FASBから公表されているSFASなどを当該区分表にあてはめて詳細に検討されている[3]。その結果として，利息法の適用事例の多さが目立ち，その多さから利息法による規則的配分も在庫評価や減価償却と並んで定着した配分方法とされ，FASBがいう現在価値測定は対応/配分の概念を否定するものではなく，その概念に立脚していることを述べられている[4]。

また資産負債中心観を採用し，資産負債中心観の財務諸表要素の定義について言及しているSFAC第6号公表後の会計基準においても，それらの基準が対応/配分の概念の観点から説明されているものが多いことを述べ，そのうえFASBが資産負債中心観を採用する以前において対応/配分の概念を打ち出していた基準が，FASBが資産負債中心観を採用した後も，継続して対応/配分

第 1 節 評価と配分の問題 75

の概念の観点から説明されていることに言及されている[5]。

　すなわち大日方教授は，現時点において対応/配分の概念は広く定着し，それは「資産と負債のストックの評価額をまず決めることにより結果として利益の額を導くという理念型としての Asset-Liability View が，現在の会計基準の体系を必ずしも支配していない」[6] ことを述べ，概念的フレームワークが資産負債中心観を採択しつつも，実質的には対応/配分の概念が会計基準を規定している現状を指摘される。例えば 1985 年に公表された SFAS 第 87 号「事業主の年金会計」[7] は，大日方教授の作成による「対応/配分に関連する新しい会計基準」の区分表に示されており，「制度改訂の遡及的給付にともなう過去勤務債務（原価）は，改訂時の年度に即時償却せずに，現役従業員の残存勤務期間に定額で配分する」[8] として，対応/配分を基礎とする新基準として捉えている。また同様の区分表において SFAS 第 91 号「貸付の創設もしくは取得に関連して発生した返却不可能手数料及び関連費用，並びにリースの当初の直接原価の会計処理（SFAS 第 13 号，第 60 号，第 65 号改訂，並びに第 17 号廃止）」[9] を示し，「貸付契約期間の利回り調整となる手数料と費用は，その期間において利息法で認識（配分）されなければならない。利息法を適用する目的は，純投資残高にたいする実質利回りを毎期一定にすることである。実質利息と契約利息との差額が，その期の償却額になる。各期の契約利子率がたとえ不均一であっても，一定率（当初実効利率）による利息法が適用される。貸付ポートフォリオ全体にたいして，元本の繰上げ返済率などが予測できる場合にも，利息法を適用する。予測と実績とに差異が生じたなら，実効利子率を再計算する。貸付グループの平均契約期間にわたって純手数料を均等に配分する方法は認められない」[10]，以上のように述べて FASB の概念的フレームワークでは，資産負債中心観が選択されているにもかかわらず，対応/配分の概念が会計基準を規定し，支配的通念として定着している現実を大日方教授は批判される。

　このことから大日方教授は「実際の会計基準の設定において，Asset-Liability View は，利益を規定する純粋な理念型としてではなく，財務諸表の構成要素を定義するさいの terminology の構築方法として機能しているようである。したがって，それは，そこから演繹的に会計処理が導かれる概念，会計処理を規定する概念という意味での基礎概念ではなく，会計基準の全体系や

根幹をとらえた観念でもない。」[11]と述べられている。すなわちFASBの概念的フレームワークが示した資産負債中心観が『討議資料』で示されていた純粋な意味での資産負債中心観ではないこと，すなわち資産と負債の評価を先に決めてからそれに依存して計算する『討議資料』のような資産負債中心観ではないということになる。確かに，Viewを基礎づけているものが対応/配分と評価の二つしかなく，Viewである以上は，必ず，いずれか一つを基本理念として持つというのであれば，大日方教授の考え方は，極めて説得力に富むものである。

第2節　『討議資料』と概念的フレームワーク

　中心観は二者択一のものとしてのみ存在するのであろうか。対応/配分を基礎とする計算の体系と評価を基礎とする計算の体系しか存在し得ないのであろうか。対応/配分と評価とを混在させながら，なお計算の体系としての統一性を保ちうる存在を想定することは可能であろうか。このような意味において，大日方教授の考え方を前提に，著者は対応/配分と評価を混在させながら，なお合理性を持つ資産負債中心観を，実践型資産負債中心観と呼ぶ。それに対して，原型としての資産負債中心観，すなわち評価を基本理念とする純粋な理念型としての資産負債中心観は純粋型資産負債中心観と呼ぶこととする。

　このように考えた場合，当然に純粋型資産負債中心観では対応/配分概念を考慮に入れる必要性は希薄になる。純粋型資産負債中心観の測定属性は評価を必要としない原価ではなく，評価を必要とする時価ということになり，その背後に想定されている計算体系は，基本的に繰延項目および繰延収益・引当金を歓迎する立場をとらず，これらの項目は将来期間の利益測定において償却され，あるいは繰り入れられることが予定されてはいないのだから，時価主義会計ということになるだろう。

　それに対して概念的フレームワークは，資産負債中心観を採択している状況にもかかわらず，大日方教授のいわれるように，対応/配分の概念が通念として存在している状況から，純粋理論上の資産負債中心観ではなく，実践型資産負債中心観であり，そこでの計算体系は，当然に対応/配分概念を完全に排除

する時価主義会計とは一線を画する独自の体系である。すなわち時価会計，より正確には公正価値会計であると考える[12]。そして資産負債中心観のもとで評価とともに対応/配分概念を用いるこの考え方（実践型資産負債中心観）は，実際に測定・計算する段階で対応/配分手続なくして期間利益計算を行えないのであり，資産の性質にもよるものの，それは測定属性が，時価と取得原価の混合を意味する。では『討議資料』はどちらの資産負債中心観であるのか。

　『討議資料』の資産負債中心観は基本的に繰延項目及び繰延収益・引当金を歓迎する立場を取らず，これらの項目は将来期間の利益測定において償却され，あるいは繰り入れられることが予定されていない（収益費用中心観は，繰り入れることが予定されている）[13]。しかし，『討議資料』の資産負債中心観がすべての繰延項目等を否定しているわけではない。これについてはすでに述べたが，権利・義務と結びつく場合には，経済的資源（前払保険料や前払家賃料のような項目）及びその経済的資源の引渡義務（前受家賃などの項目）を示すことになるから[14]，貸借対照表への計上が行われなければならないことになっている。すなわち，『討議資料』の資産負債中心観の考え方のもとでは，貸借対照表項目の範囲が経済的資源またはその引渡義務の財務的表現としての資産・負債に限定されることになるが，それに対して収益費用中心観のもとでは，当該範囲から計算擬制的項目までに拡大される。すなわち資産負債中心観と収益費用中心観は貸借対照表項目，したがって，それにより規定される損益計算書項目の範囲が異なる。すべての繰延項目を否定しているわけではないが，貸借対照表項目の範囲が経済的資源に限定されるわけであり，『討議資料』の資産負債中心観は純粋型資産負債中心観と考えられるだろう。

　以上をまとめると図表1のとおりとなる。

　このような問題以外に，著者は大日方教授の見解を前提として，2つのことを指摘しておきたい。第一は対応/配分概念と認識・測定概念の関係性を明らかにすることであり，第二は，現在は認識・測定概念が対応/配分概念によって規定され，それは会計実務に強固に定着しており，そこから資産負債中心観が現在の実質概念ではないことを大日方教授は論じておられるが，なぜ認識・測定概念が対応/配分概念によって規定されているのか，換言すれば，なぜ『討議資料』の資産負債中心観が機能しなかったのか，という点に言及する必

図表1 中心観とその計算体系及び測定属性

中心観		計算体系	測定属性
純粋型資産負債中心観	評　価	時価主義会計	時　価
実践型資産負債中心観	評価に規制された範囲内での対応/配分	時価会計	時価・取得原価
収益費用中心観	対応/配分	取得原価主義会計	取得原価

要性があるということである。

　第一については鈴木一水教授が対応/配分と認識・測定との関係性について指摘されている（大日方教授のこれらの考え方に対しては，ディスカッションという形式で德賀芳弘教授および鈴木一水教授がコメントを寄せておられる）。大日方教授のいわれる資産負債中心観と収益費用中心観の本質的な相違は対応/配分の概念であるが，鈴木教授は「2つの考え方の違いは，期間利益計算に含められる要素の範囲の相違として捉えることができる」[15]とされる。鈴木教授がいわれる資産負債中心観は「経営者の意思や企業活動とは無関係に各期間に生じた資産・負債の増減を期間利益の計算要素」[16]とするものであり，すなわち「事象をその生じた期間に認識する」[17]考え方である。

　このように考えた場合「契約・取引その他の事象のほか環境要因もその生じた期間の利益計算に含められるので，これらの事象の期間帰属決定に対応/配分概念が第一義的に用いられることはない」[18]ことを指摘されている。それに対して収益費用中心観は「キャッシュフローを経営者の（作為・不作為を問わない）意思あるいは取引・契約といった企業活動にかかわらせて各期間に配分することによって期間利益を計算」[19]するものであり，すなわち「事象を直ちに認識することはせず，対応/配分の対象とする」[20]考え方である。このように考えた場合，「対応/配分という概念が利益計算要素の期間帰属決定に不可欠」[21]になることを述べられている。鈴木教授のいわれる対応/配分と認識の関係は，利益計算要素の期間帰属の相違である。

　測定と対応/配分の関係性については，鈴木教授はFASBが中心観と特定の測定基準とを結びつけていない部分に着目され，資産負債中心観に基づく名目

貨幣資本維持計算，収益費用中心観に基づく実体資本維持計算が成立するケースと，資産負債中心観に基づく実体資本維持計算のケースを取り上げ，説明されている。

前者のケースの場合，収益費用中心観は「概念上まず当期費用化額が対応/配分によって決まり，その結果として資産残高が決まる」[22]ことになり，それに対して資産負債中心観のもとでは「概念上まず期首と期末の資産残高が名目貨幣資本額で再評価され，その差額として期間費用が決まる」[23]ことになる。ただし，鈴木教授は概念上の問題としてはこのようなことになるが，実際には再評価するための市場などというものは存在しないから，実際上の問題としては費用性資産残高を決定するためにはキャッシュ・フローを配分することになってしまうとされる。

後者のケースでは，中古資産や負債について完備した市場が存在することを仮定し，そのもとで資産負債中心観は「継続記録によることなく，決算日ごとに資産と負債を再評価して期末純資産額を算定し，それと期首純資産額との差額として期間利益を算定する」[24]ことができ，再評価というこの手続きが対応/配分手続きにとって変わるとされる。しかし鈴木教授はこのような完備市場は実際には存在しないから，「純粋なAsset-Liability Viewに従う再評価は不可能であり，その代替的方法として対応/配分によらざるをえない」[25]とされる（大日方教授はこの点で，価値評価方法と対置して利息法というキャッシュ・フロー配分を指摘される）。すなわち鈴木教授は「Asset-Liability Viewのもとで対応/配分概念を用いることなく利益概念を定義することは可能であっても，実際に測定・計算する段階では，名目貨幣資本維持計算であろうが実体資本維持計算であろうが，とにかく対応/配分手続なくして期間利益計算を行うことは実際上不可能なのである」[26]とされるのである。

鈴木教授のいわれる対応/配分と認識・測定との関係性について指摘は妥当である。ただし，鈴木教授は，資産負債中心観も収益費用中心観もともに名目資本維持計算，実体資本維持計算と結びつくと考えておられるようであるが，著者は，資産負債中心観は実体資本維持計算と時価会計に，収益費用中心観は名目資本維持計算に結びつくと考えていることだけを述べておく。

第二は，『討議資料』で示されていた資産負債中心観がなぜ機能しなかった

ということであった。それは純粋型資産負債中心観（『討議資料』やR. T. Sprouseのいう原初的な資産負債中心観）から実践型資産負債中心観（FASBにおける概念的フレームワークの資産負債中心観）への変遷過程に絡む問題であると考える。純粋型資産負債中心観と実践型資産負債中心観との間の相違点についてはすでに述べてきたが，その相違点をもたらした原因は何であったのであろうか。その点を明らかにする前に，『討議資料』と概念的フレームワークの間に生じた相違点を確認しておこう。もちろん，相違点のすべてを列挙するわけではない。本書の論理の流れにとって重要と思われる点を三点を示すにとどめよう。

第一点は，『討議資料』の考え方からすれば，評価が基礎的な概念になるはずであるが，概念的フレームワークでは，評価の側面とともに対応/配分も基礎概念と捉えることができる。

第二点は，『討議資料』では資産負債中心観の利益の定義はpara. 194に示されているように，期間利益とは，期中における企業の純資産の変動のうち，資本的性質を有する変動分を除いたものである。この定義そのものは概念的フレームワークと本質的に一致しているが，期間利益と表現され，包括的利益でもなければ，稼得利益でもない。概念的フレームワークでは，既に述べたように，また，周知のように稼得利益を内包する包括的利益である。

第三点は，『討議資料』では測定属性は特定されていないが，概念的フレームワークでは，明示されているという点である。

このような変化がなぜ生じたのであろうか。それは『討議資料』における純粋型資産負債中心観がなぜ機能しなかったのか，という結論を導き出すことにつながるはずである。と同時に『討議資料』の理論モデルの不明瞭さ（『討議資料』においては，認識問題について財務諸表要素の定義から認識規準を分離し，認識規準についてはその検討を後にゆだね，測定問題に関して中心観の選択と測定属性の問題を分離するということだけを提案していた）が，その相違点の原因によって，概念的フレームワークにおいて恣意的に解釈されたとも考えられるのである。このような問題を含む，純粋型資産負債中心観から実践型資産負債中心観への変更をもたらしたその圧力とは何であったのであろうか。その点については，次章以降で検討していく。

注

(1) 大日方隆「キャッシュフローの配分と評価」斉藤静樹編著『会計基準の基礎概念』中央経済社，2003年，245頁。なお，大日方教授は資産負債中心観・収益費用中心観については，それぞれ原語のまま Asset-Liability View，Revenue-Expense View として使用されている。
(2) 同上書，185-244頁。 (3) 同上書，197-243頁。 (4) 同上書，244頁。
(5) 同上書，197-244頁。 (6) 同上書，196頁。
(7) FASB, *Employer's Accounting for Pensioms*, SFAS No. 87, FASB, December 1985.（日本公認会計士協会国際委員会訳 財務会計基準書第87号「事業主の年金会計」『FASB財務会計基準書』日本公認会計士協会，1985年。）
(8) 大日方，前掲稿，2003年，223-224頁。
(9) FASB, *Accounting for Non-refundable Fees and Costs Associated with Originating or Acquiring Loans and Initial Direct Costs of Leans*: An Amendment FASB Statement No. 13, 60, and 65 and a rescission of FASB Statement, SFAS No. 91, FASB, December 1986.
(10) 大日方，前掲稿，2003年，223-224頁。　　(11) 同上書，245頁。
(12) そこでの時価会計は一般に取得原価主義会計枠内で考えられる時価会計ではない。それについては井上良二教授の見解を参考にして頂きたい（井上良二『財務会計論』税務経理協会，2003年。）。取得原価主義会計とも時価主義会計とも異なる会計が時価会計（価値会計）である。それは投下資金とその回収を中心とする会計から，価値の増減を中心とする会計への変化ということになる。ここでの時価会計は企業の本質（経営資源の集合体）である経営資源が関係特殊的資産（特定の取引先との間の関係から資産が特殊目的化され汎用性をもたない）と非関係特殊的資産（汎用性を持つ資産であるから当該資産固有の使用価値ではなく汎用価値を表現する市場価額）とからなり，資産はそれぞれの特性を示す評価額で表現される。
(13) FASB, *An Analysis of Issues related to Conceptual Framework for Accounting and Reporting: Elements of Financial Statements and Their Measurement*, FASB Discussion Memorandum, FASB, December 1976, para. 51.（津守常弘監訳『FASB財務会計の概念フレームワーク』中央経済社，1997年，60-61頁。）
(14) *Ibid.*, para. 52.（同上書，61頁。）
(15) 鈴木一水「キャッシュフローの配分と評価　ディスカッション・Ⅵb」斉藤静樹編著『会計基準の基礎概念』中央経済社，2003年，254頁。
(16) 同上書，254-255頁。　(17) 同上書，255頁。　(18) 同上書，255頁。
(19) 同上書，254-255頁。　(20) 同上書，255頁。　(21) 同上書，255頁。
(22) 同上書，256頁。　　　(23) 同上書，256頁。　(24) 同上書，256頁。
(25) 同上書，256-257頁。　(26) 同上書，257頁。

第5章　『討議資料』に対する意見

第1節　『討議資料』に対する意見

　第2章で示した通り,『討議資料』は公聴会に先立ち文書によって回答者が意見を述べるための基礎として作成されたものであり,その性質上,様々な企業,多くの会計専門家あるいは金融機関などに向け意見を求める働きかけをしている。『討議資料』が示す資産負債中心観・収益費用中心観に適合する諸定義をこれらの回答者に対して列挙し,回答者の意見,すなわち Letter of Comment を集めたものが,Public Record[1] である。これらの『討議資料』に対する意見については本章において検討することとなるが,回答者はそれぞれ自らの考え方に合致する定義を FASB に対して示している。

　また『討議資料』が概念的フレームワーク・プロジェクトの実質的な出発点をなす以前においては,公的に承認された財務会計の概念的枠組は実質的には明示されてこなかったのであるから,Public Record にみられる Letter of Comment は『討議資料』公表以後の財務会計の概念的枠組形成過程に対して多大な影響を与えたといってよいだろう。

　このようなことから『討議資料』では下記の9つの問題点[2]を提示している。

① 資産負債中心観,収益費用中心観または非連携観のいずれが財務会計及び財務報告のための概念的フレームワークの基礎として採用されるべきであろうか。

② (資産負債中心観・収益費用中心観等に基づいた)代替的な定義またはその修正された定義のいずれが,財務会計及び財務報告の概念的フレームワークの資産の定義の内容をなすべきか。

③ （資産負債中心観・収益費用中心観等に基づいた）代替的な定義またはその修正された定義のいずれが，財務会計及び財務報告の概念的フレームワークの負債の定義を実質的に構成すべきか。

④ 財務会計及び財務報告の概念的フレームワークにとって利益及びその内訳要素はいかに定義されるべきか。

⑤ 利得及び損失は，収益及び費用とは別個に利益の内訳要素として定義されるべきか，あるいは収益及び費用の定義が，利得及び損失を含むべきか。

⑥ （資産負債中心観・収益費用中心観等に基づいた）代替的な定義のいずれが，財務会計及び財務報告の概念的フレームワークにおける収益及び費用の定義の内容を構成すべきか。

⑦ （資産負債中心観・収益費用中心観等に基づいた）代替的な定義のいずれが，財務会計及び財務報告の概念的フレームワークにおける利得及び損失の定義の内容を構成すべきか。

⑧ 貨幣単位で測定される財務的資本，同一の購買力単位で測定される財務的資本，貨幣単位で測定される物的資本，同一の購買力単位で測定される物的資本，その他の定義などの資本維持または原価回収の概念のいずれが，財務会計及び財務報告の概念的フレームワークにとって最も適切であるか。

⑨ 財務諸表の構成要素のいずれの属性が，財務会計及び財務報告において測定されるべきか。

『討議資料』は，このような問題提起に対する回答者の選択や意見を求めている。また，⑨の問題点の測定属性に関しては，「5種類の資産および3種類の負債に関連する11の問題点にさらに分割され，また，それが回答者が完成するよう求められるいくつかのマトリックスの基盤を形成する」[3]として，回答者が回答しやすいように，『討議資料』のなかでマトリックス[4]を用意し，それに回答者が応えるよう，要請している（マトリックスの雛形に関しては，図表1～4を参照）。

Letter of Comment を見る限り，このようなマトリックスを使用して回答している企業も存在するが，それを使用せずに『討議資料』の意向を無視した

第1節 『討議資料』に対する意見　85

Letter of Comment が非常に多く見受けられた。

　Public Record は，総計294通の Letter of Comment を掲載しており，その枚数は約2500頁にものぼる。そのなかでマトリックスを使用して回答しているものはわずか12通であった。これは全体からみると，4％の割合にすぎず，『討議資料』の「測定」に関する意向を，まったく無視していると考えてもよい。『討議資料』の⑨の質問に対して，回答者の関心が全くなかったか，あるいは答えられなかったか，また故意にその回答を避けたか，その点については，各回答者の判断であるために分かりかねるが，測定属性に関する問題について各回答者が消極的であった事実は窺える。

　『討議資料』においては以上のような問題提起を行い，FASB は実に様々な場所に『討議資料』に対する意見を求めており，米国の企業をはじめ，銀行，監査法人，AAA 等多方面に向けて意見要請を行い，回答者は Public Record における Letter of Comment という形でその要請に答えている。

　回答形式は回答者によって様々であるが，手書きのものから，ワープロ作成のもの，極端に短いコメントのものから，非常に長いコメントのものまで実に様々な意見表明がみられる。このようなことからも，それぞれの回答者が『討議資料』に関して，どれ程関心を持ち，さらに利益算出に関してどのような姿勢をもっていたのか推察できる。企業の利益に対する考え方，すなわち収益費用中心観を選択するのか，資産負債中心観を選択するのか，非連携観を選択するのか，あるいは別の利益観なるものを提示するのか，回答者が利益に対して，どのような姿勢を示しているのか，回答者にとっては，一種の「踏み絵」のような意味合いがあったと思われる。

　ともあれ Public Record の Letter of Comment は莫大な数にのぼっているのだから，『討議資料』に対する各界の関心が強かったことは事実であろう。

　これらの Letter of Comment をもとに，先に述べた多くの企業や銀行などがどのような見解を示したのか，どのような中心観を選択したのか，そしてそれが，その後の会計原則設定にどのような影響を与えていったのであろうか。このような問題関心から本章では回答者の見解を検討していく。

　ただしここで結論を先取りしてしまえば，収益費用中心観を選択する回答が資産負債中心観を選択する回答に比して大勢を占めていたのである。Letter of

Comment 総数294通のうち，収益費用中心観を採用している回答は189通にも及んでいる。それに対して資産負債中心観を採用している回答は13通のみであった。なお，非連携観を採用していると思われる回答も存在したが10通に満たない程度である。『討議資料』は，そのなかで述べられている問題点ならびにそれに関連する議論及び提案について結論を導こうという姿勢はとっていないが，資産負債中心観と時価主義の色彩が大変強く，そこに誘導している姿勢さえ窺えた。ただし実際に約2500頁にも及ぶ Public Record の蓋をあけてみれば，『討議資料』の姿勢に反する，収益費用中心観の採用を支持する回答者がほとんどであったのである。

では，どのような回答者が収益費用中心観を採用し，あるいは資産負債中心観を採用したのか，またその採用理由はどのようなものであったのだろうか。当時の米国の実務界は『討議資料』に対して，一体どのような反応を示したのか。本節では，以下，回答者の Letter of Comment にみられる中心観および測定属性に関したそれぞれの特徴を要約する（Letter of Comment は約2500頁にも及ぶ膨大なものであるため，各回答者の Letter of Comment については，中心観と測定属性を主として，著者がその内容を要約していく形式をとる）。

このような Public Record の調査の要約を前提として，次節以降，収益費用中心観を支持する回答者，資産負債中心観を支持する回答者の節に区分し（「第2節　収益費用中心観の Letter of Comment」「第3節　資産負債中心観の Letter of Comment」），それぞれの中心観を採用する回答者について掘り下げ検討していく。そして「第4節　Letter of Comment にみる見解—概念的フレームワークとの関連も含めて—」においてそれら検討結果を総括する。

以下，Letter of Comment にみられる中心観及び測定属性について検討していくが，Letter of Comment には番号が付してあり，その番号順に紹介していく。引用文献の表示については，全てを表示すると煩雑になるため，当該番号表示のみとする（番号表示については，回答者の要約の末尾に括弧内に記してある）。詳しくは，本書末における参考文献（Ⅱ Public Record）において示してあるので参照して頂きたい。

また Letter of Comment には個人名と当該個人が所属する団体名が載っている場合がある。その場合，その要約にあたって個人名の後の括弧中に所属団体

を記してある。ただし団体名・個人名のみ載せている Letter of Comment も存在するため，その場合はそれのみ記してある。それでは，以下，要約を述べる。

　D. R. Starrett（The L. S. Starret Company）は，中心観について収益費用中心観を，測定属性について取得原価を支持する立場をとる。財務諸表に載せる収益・費用と資産・負債は同様に重要であるが，結局の所，収益と費用の対応こそが，多くの人々に対して最も理解できると強調している。なお，Ernst & Ernst からこの件に関してパンフレットが送られてきたことを記しており，その内容は適切としている（Letter of Comment No. 1）。

　G. E. Crosby, Jr.（U. S. Life Corporation）は，中心観及び測定属性について言及を避けている。FASB のプロジェクト自体は賞賛に値し，また時価に関わる議論は財務諸表のユーザーにとって重要と述べるに留まる（Letter of Comment No. 2）。

　K. S. Most（Florida International University）は，中心観及び測定属性について見解を示していない。むしろ FASB の『討議資料』に対して批判的であるといってよい（この添付書類とは FASB, *Scope and Implications of the Conceptual Framework Project*, FASB, 1976（以下，"FASB, 1976 Ⅰ" と記す）である。これは同年に発行された FASB, *Tentative Conclusions on Objective of Financial Statements of Business Enterprises*, FASB, 1976.（以下，"FASB, 1976 Ⅱ" と記す）と『討議資料』の見解等を要約したものである）。さらに，「新たな語」（この場合は中心観を指す）を作り出し，公的なものとするならば，さらなる詳細な検討が必要としており，FASB を軽率であると批判している（Letter of Comment No. 3）。

　Avco Corporation は，中心観及び測定属性について，特に見解を示していない。『討議資料』において示したマトリックスに対して A, B, C のランクが記入されているものの，中心観と測定属性の選択については明確な理由を述べていない（Letter of Comment No. 4）。

　T. B. Tucker は，他の Letter of Comment がほぼワープロ形式で FASB に提出されているにもかかわらず，手書きによる回答を寄せており，しかも文字が乱雑のため判読できない（Letter of Comment No. 5）。

　H. Bierman, Jr.（Cornell University）は，中心観及び測定属性について明確なコメントは避けている。"FASB, 1976 Ⅱ" の para. 86, 99, 116, 120 についてのコメント

が寄せられているのみである (Letter of Comment No. 6)。

　H. W. Bevis は，中心観及び測定属性について見解を示していない。ただし，"FASB, 1976 Ⅰ"に対して好意的であり，非常に優れたものと評価している。しかし，中心観と測定属性の個々の支持理論は述べていない。収益費用中心観の提案者が繰延法を収益費用中心観の根拠としていることは間違いと主張しており，それはあくまで偶然の産物に過ぎないとしている点に注意したい (Letter of Comment No. 7)。

　J. M. Sheehan (Commercial Credit Company) は，中心観について収益費用中心観を，測定属性について取得原価を支持する立場をとる。外国為替の利得と損失等を例にあげ，その偶然性について非難し，それは利益の激しいアップダウンを引き起こすものであるとしている。資産負債中心観はその引き金になるとしており，収益費用中心観を支持し，その測定属性は取得原価であるべきと主張している (Letter of Comment No. 8)。

　M. Moonitz (University of California) はマトリックスに回答しているが，中心観と測定属性に関する明確な答えは確認できない。ただし非連携観に関心を示し，非連携観の提案者に対して説明を求めている (Letter of Comment No. 9)。

　R. W. Estes (Wichita State University) は，中心観及び測定属性について見解を特に示していない。ただし，"FASB, 1976 Ⅱ"に簡単なコメントが寄せられている (Letter of Comment No. 10)。

　G. H. Trautman (The Greyhound Corporation) は，中心観及び測定属性について見解を示していない。FASB を批判する姿勢を示している。FASB の過去の業績も現在の業績も評価しないと述べている。そして，会計の専門家にとってのみに有益な「概念」を，実務界に押し付けているという強い批判をしている (Letter of Comment No. 11)。

　D. Beretta (Uniroyal, Inc.) は，中心観及び測定属性について見解を示していない。"FASB, 1976 Ⅰ"は評価するが，Uniroyal, Inc.は，特定のコメントや勧告をなすような立場にはないとしており，よって中心観と測定属性については全く記されていない (Letter of Comment No. 12)。

　P. Grady は，中心観及び測定属性について触れておらず，FASB を批判する見解を示している。『討議資料』は全くもって不明瞭であり，それは無駄であると痛烈

に批判している（Letter of Comment No. 13）。

H. I. Bernstein（Bernstein and bank, Ltd.）は中心観及び測定属性について見解を示していない。"FASB, 1976 II" について簡単な見解が寄せられているのみである（Letter of Comment No. 14）。

R. T. Baker（Ernst & Ernst）は，Letter of Comment No. 151 の Ernst & Ernst の返答の前に，一応の受理確認を FASB に示し，ふさわしいレスポンスを後日送る事を予告している（Letter of Comment No. 15）。

W. W. Alexander（American Bankers Association）は，中心観について収益費用中心観を，測定属性について取得原価を支持する立場をとる。収益費用中心観を財務会計及び財務報告における概念的フレームワークの基礎として採用すべきものは明確に収益費用中心観であると述べている。その理由の一つとして，収益と費用との対応概念を保つこの収益費用中心観は，一般に受け入れられ，そして財務諸表のユーザーの間で高い水準の容認と理解を得ている根本理念として役立ってきたことと述べている（Letter of Comment No. 16）。

M. Morgan（Thrift Industry Accounting Committee）は，中心観及び測定属性について特に見解を示していない。『討議資料』については，容認できないと批判している（Letter of Comment No. 17）。

T. R. Olson は，中心観及び測定属性について見解を示していない。ただし，投資者の意思決定過程を考慮すべきことを述べており，また市場調査の重要性も指摘する（Letter of Comment No. 18）。

Peat, Marwick, Mitchell & Co. は，中心観として収益費用中心観を，測定属性として取得原価を支持する立場をとる。財務会計及び財務報告のための概念的フレームワークの基礎として収益費用中心観を採用すべきことを述べている。また時価主義には欠陥があるとする。費用は期間の利益を測定すべき将来期間の収益に合理的に配分されることができるとし，将来の収益に合理的に配分されない費用は資産と呼ぶべきではないとする（Letter of Comment No. 19）。

P. J. Riordan（National Association of Mutual Savings banks）は，中心観及び測定属性について特に見解を示していない。FASB のプロジェクトに対して一定の評価を与えてはいるが，中心観等についての明言はない（Letter of Comment No. 20）。

D. C. Platten（Chemical Newyork Corporation）は，中心観及び測定属性について特

に見解を示していない。『討議資料』に対して財務諸表の目的等が網羅されていると一定の評価を与えているが，中心観・測定属性等については触れていない（Letter of Comment No. 21）。

R. C. Isban（Bank Accounting Joint Committee）は，中心観及び測定属性について見解を示していない。『討議資料』を含むFASBの概念的フレームワーク・プロジェクトが経済社会と会計専門団体に対して重要であるとしているが，中心観等についての言及は存在しない（Letter of Comment No. 22）。

F. E. Blatter（United Banks of Colorado, Inc.）は，中心観及び測定属性について特に見解を示していない。ただし『討議資料』に対しては，将来の金融機関の財務諸表にとって非常に大きなインパクトになるだろうと述べている（Letter of Comment No. 23）。

E. A. Nejame（Bankers Trust New York Corporation）は，中心観として，収益費用中心観を，測定属性として取得原価を支持する立場をとる。収益費用中心観が，財務会計及び財務報告のための概念的フレームワークの基礎として採用されるべきであるとする。収益と費用の対応概念を保護するものが，財務諸表のユーザーの間で理解され，承認されてきたものであり，すでに一般的に確立された会計原則の基礎となっているとする。Letter of Comment No. 16のAmerican Bankers Associationと理由が似ており，American Bankers Associationの影響下にあると推測される（Letter of Comment No. 24）。

D. L. Rogers（Association of Bank Holding Companies）は，中心観として収益費用中心観を，測定属性について取得原価を支持する立場をとる。収益費用中心観が，財務会計及び財務報告のための概念的フレームワークの基礎として採用されるべきと明言している。理由はLetter of Comment No. 16のAmerican Bankers Associationと同様である（Letter of Comment No. 25）。

P. J. Tobin（Manufactures Hanover Trust Company）は，中心観及び測定属性について見解を示していない。中心観の概念には触れていない。聡明な返答をすべき必要性は感じると述べているのみである（Letter of Comment No. 26）。

J. L. Mammoser（Glastrock products, Inc.）は，中心観及び測定属性について特に見解を示してない。早急な回答は不可能と述べている（Letter of Comment No. 27）。

W. R. Hamcke（Charter New York Corporation）は，中心観及び測定属性において

特に目立った見解を示していない。『討議資料』は今後の財務会計及び財務報告基準を改善することになり公的なまた私的な機関両方に極めて重要なものとなるだろうと指摘する。なお Letter of Comment No. 91 の親会社である（Letter of Comment No. 28）。

P. D. Giblin（United Virginia Bankshares）は，中心観及び測定属性について見解を示していない。『討議資料』の問題提起は重要かつ卓越したものであり可能な限り迅速に解決されるべきだろうとは述べつつも，中心観及び測定属性についての検討は存在しない（Letter of Comment No. 29）。

M. H. Piper（United Michigan Corporation）は，中心観及び測定属性について特に見解を示していない。ただし，非連携観については必要性を感じないとは述べている。利益概念がどういうものかについて言及しているが，どの中心観が適当であるべきかは明確には述べていない（Letter of Comment No. 30）。

Haskins & Sells は，中心観として収益費用中心観を，測定属性として取得原価を支持する立場をとる。資産負債中心観においても収益費用中心観においても，それぞれメリットがあるとしているが，最終的には収益費用中心観を選択するとしている（Letter of Comment No. 31）。

K. H. Nording（Colorado National bankshares, Inc.）は，中心観について収益費用中心観を，測定属性について取得原価を支持する立場をとる。Letter of Comment No. 16 の American Bankers Association と中心観の選択理由が同様であるため，American Bankers Association の影響下にあると推測される（Letter of Comment No. 32）。

M. D. Wallace（FMC Corporation）は，中心観及び測定属性について見解を示していない。早急な回答はできないとする（Letter of Comment No. 33）。

S. H. Ballam, Jr.（Fidelcor, Inc.）は，中心観及び測定属性についての見解を示していない。『討議資料』は FASB のプロジェクトの重要性を経済界に印象づけることに成功したとは述べつつも，早急に回答はできないとする。その後 Letter of Comment No. 139 を再度提出している（Letter of Comment No. 34）。

D. I. Spilman（Equitable Bancorporation）は，中心観及び測定属性については見解を示していない。ただし FASB の概念的フレームワークに関わる内容は価値あることを述べている（Letter of Comment No. 35）。

R. Bloom（College of William and Mary）は，中心観及び測定属性についても見解を示していない（Letter of Comment No. 36）。

J. C. Morris, Jr.（The Bank of Newyork Company, Inc.）は，中心観については収益費用中心観を，測定属性に関しては取得原価を支持する立場をとる。収益費用中心観が，財務会計及び財務報告のための概念的フレームワークの基礎として採用されるべきと明言している。理由は Letter of Comment No. 16 の American Bankers Association と同様である（Letter of Comment No. 37）。

P. L. Defliese（American Institute of CPAs）は，中心観及び測定属性について見解を示していない。FASB の業績を評価し，FASB の有益な考え方を理解するとは述べつつも，中心観には触れていない（Letter of Comment No. 38）。

G. Jameson（University of San Francisco）は，中心観及び測定属性について見解を示していない。ただし FASB によって示された『討議資料』の最も大きな問題点は繰延税金資産の問題を含んでいる点であるとする。どの中心観が適確なのかについては示されていない（Letter of Comment No. 39）。

V. L. Hanna（The Evening News Association）は，中心観について収益費用中心観を，測定属性については取得原価を支持する立場をとる。Ernst & Ernst によって2通の書類が送られてきたことを述べている。それは *Accounting Under Inflationary Conditions* と *FASB Conceptual Framework Issues and Implications* と記してある。それを受けて，このような Ernst & Ernst の提案は FASB によって採用されるべきとしている。Ernst & Ernst の影響下にあると考えられる（Letter of Comment No. 40）。

C. A. Cardinal（Time Insurance Company）は，中心観については資産負債中心観を，測定属性について，現在価値を支持している。『討議資料』を見る限り，FASB は財務諸表を定める根本的なものとして現在価値を測定属性（present value measurement）とする資産負債中心観を支持している。FASB の資産負債中心観の意向・見解を支持すると明確に述べている（Letter of Comment No. 41）。

J. T. Crehan（Association of Government Accountants）は，中心観及び測定属性についても見解を示していない。『討議資料』等にみられる FASB の努力について，心より支持し，その努力を認めるとは述べているが，中心観に関する言及はない。ただし，企業や政府などを含むすべての団体に関わる有用な会計の基本的要素の定義を決めようとするその姿勢を認めている（Letter of Comment No. 42）。

第1節 『討議資料』に対する意見 | 93

　J. V. Goodger は，中心観について収益費用中心観を，測定属性について取得原価を支持する立場をとる。"asset/liability (valuation) versus revenue/expense (matching)" という表現を用いており中心観を対立構図として捉えている。このような構図を前提にしたうえで，純利益の決定のための基本として収益と費用の "Matching" の概念を推奨したいと述べている。なお測定属性に関して "historical costs/historical proceeds versus currency costs/current proceeds" という対立構図を示し，後者に対して疑問を示している (Letter of Comment No. 43)。

　W. A. Burnett は，中心観及び測定属性について見解を示していない。FASB に一定の評価は与えているが利益概念などに関する見解はない (Letter of Comment No. 44)。

　E. Collins (Certified Grocers of California, Lts.) は，中心観について収益費用中心観を，測定属性については取得原価を支持する立場をとる。利益を証明するのに必要である収益と費用の対応の継続によって損益計算書の完全性 (真実性) を主張することが必須であることを述べ，それには収益費用中心観と取得原価が，かかせないとしている (Letter of Comment No. 45)。

　W. H. Sprunk は，中心観について収益費用中心観を，測定属性について取得原価を支持する立場をとる。利益を決定するのに収益と費用の「対応」の概念は必要であり，それは取得原価によって達成できるとしている (Letter of Comment No. 46)。

　J. J. Marzalek and L. A. Lonis (George Schoessling Belden Corporation) は，中心観について収益費用中心観を，測定属性について取得原価を支持する立場をとる。Ernst & Ernst (Letter of Comment No. 151) によって *Accounting of Inflationary Conditions* が送られてきたことが記されている。それを支持する旨を表明している (Letter of Comment No. 47)。

　P. B. Zoeller (Spartan Grocers, Inc.) は，中心観について収益費用中心観を，測定属性について取得原価を支持する立場をとる。取得原価が財務諸表要素に対する基本的な測定属性と述べている (Letter of Comment No. 48)。

　R. Nichols は，マトリックスへの回答があるものの，明確な中心観及び測定属性に対する回答は存在しない (Letter of Comment No. 49)。

　R. N. Anthony (Harvard University) は，中心観及び測定属性について明確な返答

は避けている。収益費用中心観，資産負債中心観について APB などを用いて多くの説明を行っている。それぞれの中心観のメリット・デメリットの点を詳細にあげているが，会計情報の利用目的という点で収益費用中心観のほうがより優れているとしている。しかし，どちらを採用すべきかについての明言はない（Letter of Comment No. 50）。

P. Kircher（University of California）は，中心観及び測定属性について見解を示していない。FASB は財務会計の概念というものが会計の基礎をなす最適なものと信じているが，概念という論理上のアプローチでは満足できないとしている（Letter of Comment No. 51）。

J. R. Crosby（Jos. Dyson & Sons Inc.）は，中心観及び測定属性について見解を示していない。Private Sector による財務会計基準を保持する重要性にはふれているが，『討議資料』への回答は存在しない（Letter of Comment No. 52）。

J. H. Vollbrecht（Aerojet-General Corporation）は，中心観について収益費用中心観を，測定属性について取得原価を支持する立場をとる。企業利益の測定を改善するにあたり，Letter of Comment No. 151 における Ernst & Ernst の提案（Ernst & Ernst Proposal）によって行動すると明確に述べている（Letter of Comment No. 53）。

S. W. Chesebrough は，中心観について収益費用中心観を，測定属性について取得原価を支持する立場をとる。収益費用中心観を"Matching View"と称し，"Matching View is preferable"であると述べている。取得原価主義会計は過去の投資を示すものであり，よって取得原価主義を採決するべきとしている（Letter of Comment No. 54）。

H. C. Cornuelle（Dillingham Company）は，中心観について収益費用中心観を，測定属性について取得原価を支持する立場をとる。Letter of Comment No. 151 の Ernst & Ernst の見解を支持している。Ernst & Ernst による物的資本から取得原価への考え方は，疑問の余地がないとする。FASB は Ernst & Ernst の考え方を採用すべきと明言している（Letter of Comment No. 55）。

R. K. Mclain, CPA.（Alco Standard Corporation）は，中心観及び測定属性について，それぞれどれを選択すべきかについては明言を避けている。FASB が"Matching of Costs with Revenues vs. Income Determined by Changes in Net Assets"という対立構図を提示していると述べる。しかし Alco Standard Corporation はこのような構図

を示しながらも，FASBはこの論争を通して折衷案を導くべきと提言している。随所にやや収益費用中心観よりの発言も見受けられるが，明確なことは述べていない（Letter of Comment No. 56）。

J. W. Granucci（Tetley, Inc.）は，中心観については収益費用中心観を，測定属性については取得原価を支持する立場をとる。収益と費用の対応概念を明確に支持している（Letter of Comment No. 57）。

R. J. Mayman（Bechtel Corporation）は，中心観について収益費用中心観を，測定属性について取得原価を支持する立場をとる。取得原価は多少の問題点があっても容易に理解でき，なおかつ精巧なものであると述べている（Letter of Comment No. 58）。

D. R. Brost（Inland Steel Company）は，中心観及び測定属性について特に見解を示していない。"FASB, 1976 Ⅱ"について多少触れている（Letter of Comment No. 59）。

H. C. McCrady（Valley National Bank）は，中心観及び測定属性について見解を示していない。FASBの見解が非常に難しく感じたことを述べつつ，時価主義の意向を示していることに懸念を抱いている（Letter of Comment No. 60）。

B. O. Bublitzは，ワープロの字が非常に薄いため，判読できない（Letter of Comment No. 61）。

R. T. McGuire（Workingmens Federal Savings and Loan Association）は，中心観については記されていないが，測定属性については時価に触れている。ただし明確な支持は存在しない。よって，中心観及び測定属性について見解は示されていないと考える（Letter of Comment No. 62）。

R. A. Gulling（The Timken Company）は，中心観については収益費用中心観を，測定属性については取得原価を支持する立場をとる。そしてLetter of Comment No. 151のErnst & Ernstから書類が送られてきたことを述べている。それは*Accounting under inflationary Conditions*である。基本的にはそこに示されていたErnst & Ernstの見解を認めている（Letter of Comment No. 63）。

M. G. Mayo（Ingersoll-Rand Company）は，中心観について収益費用中心観を，測定属性について取得原価を支持する立場をとる。資産負債に評価がおかれる考え方よりも，現在の収益費用中心観における取得原価的な報告を継続すべきとしている

(Letter of Comment No. 64)。

　M. J. Hubler, Jr. (Cleveland State University) は，中心観について収益費用中心観を，測定属性について取得原価を支持する立場をとる。Letter of Comment No. 151 の Ernst & Ernst の文言を引用し，それをふまえたうえで，『討議資料』の問題提起に対しては，利益の定義として収益と費用の正確な対応が，FASB の今後の意見として拘束力のある基本要素になるべきと述べている (Letter of Comment No. 65)。

　B. C. Henry (United Technologies Corporation) は，測定属性に関して不明瞭であるが，収益費用中心観は支持している。利益というものは収益と費用の差異によって正確に測定されるとする (Letter of Comment No. 66)。

　A. T. Montgomery (San Francisco State University) は，中心観及び測定属性について見解を示していない (Letter of Comment No. 67)。

　Roger H. Willis (Kraft Inc.) は，中心観として収益費用中心観を選択しているが，測定属性について文言はない。会計専門家が歴史的に認めてきた会計の根本的な目的は収益と費用の対応であると断言し，企業の純利益の測定が多くの利害関係者によって考慮されてきたと述べる。よって収益費用中心観は，会計理論の基本的概念として維持されなければならないと主張する (Letter of Comment No. 68)。

　Roger J. Crise (International Harvester) は，中心観として資産負債中心観を明確に支持している。測定属性については特に見解はなかった。利益変化である企業の"resources (assets) and obligations (liabilities)"の測定は，会計モデルの主要になるべきであるとする。貸借対照表の借方貸方から除外される"resources (assets) and obligations (liabilities)"は，収益と費用の対応概念によってもっぱら作り出されるとし，企業財産の増加という経営管理の有効性は，資産負債中心観によって現実的に測定されるとしている (Letter of Comment No. 69)。

　John F. Forbes & Company は，中心観及び測定属性について特に見解は示していない。FASB に対して一定の評価はしているが，中心観等についての詳細な検討はない (Letter of Comment No. 70)。

　R. E. Smith, Jr. (Crown Crafts, Inc.) は，中心観として収益費用中心観を支持している。測定属性に関して明言は避けている。なお，"Valuation versus Matching" "Current Value versus Historical Cost Method"という構図を示し，前者については会計専門家によって認められてきた "Matching Concept" を見捨てるべきではない

と主張している。後者については，急なインフレ時は時価主義が資本の減少をさける有効な方法になるかもしれないと述べているが，時価主義が採用されるべきとはしていない（Letter of Comment No. 71）。

W. C. Bousquette（Ford Motor Company）は，収益費用中心観を支持している。収益費用中心観が，財務会計及び財務報告のための概念的フレームワークの基礎として採用されるべきとしている。測定属性に関しては時価に一定の配慮をみせ，取得原価が常道からはずれることに警告を示しているものの，どちらの測定属性が採用されるべきかの見解はない（Letter of Comment No. 72）。

H. E. Frikse（Rockwell International Corporation）は，中心観について収益費用中心観を，測定属性について取得原価を支持する立場をとる。貸借対照表の重要性を無視しているわけではないが，財務会計及び財務報告のための概念的フレームワークの基礎として収益費用中心観が採用されるべきと記している（Letter of Comment No. 73）。

H. J. Snavely（The University of Texas at Arlington）は，中心観及び測定属性について見解を示していない。資産負債中心観も収益費用中心観も"concept of earnings"は提供していないが，そのかわりに，これらの中心観は"measuring earnings"の意味のみを提供しているとする。よって，どちらが支持されるべきかについては詳細には検討していないことになる（Letter of Comment No. 74）。

L. A. Fox（National Association of Manufactures）は，中心観及び測定属性について見解を示していない。"FASB, 1976 Ⅱ"について多少のコメントがあるのみである（Letter of Comment No. 75）。

L. H. Longley-Cook（American International Group, Inv.）は，中心観及び測定属性について見解を示していない。GAAPが企業にとって重要であることは述べているが，利益概念に関わる選択はない（Letter of Comment No. 76）。

W. W. Brown（American Telephone and Telegraph Company）は，中心観について収益費用中心観を，測定属性について取得原価を支持する立場をとる。貸借対照表と相互に関連し，取得原価を重視する収益費用中心観は財務報告の概念的フレームワークの基礎として採択されるべきとしている（Letter of Comment No. 77）。

F. Forester, Jr. and J. F. Ruffle（J. P. Morgan & Co. Incorporated）は，中心観について収益費用中心観を，測定属性について取得原価を支持する立場をとる。収益費用

中心観の利益概念が財務会計及び財務報告における概念的フレームワークの基礎として扱われるべきとしている（Letter of Comment No. 78）。

　A. S. Martin, Jr.（Sun Company）は，中心観について収益費用中心観を，測定属性について取得原価を支持する立場をとる。Ernst & Ernst の見解をふまえたうえで，それを支持している。収益費用中心観を採用していることを明確に述べ，さらに Ernst & Ernst が示した図表（本章の図表7）の LIFO（後入先出法）と CCD（現在原価減価償却）は財務報告と所得税目的という二つの目的のために必要なものであることを述べている（Letter of Comment No. 79）。

　R. W. Moore（American Gas Association）は，中心観について収益費用中心観を，測定属性について取得原価を支持する立場をとる。"FASB, 1976 Ⅱ" について若干触れつつ，『討議資料』に関しては収益費用中心観を採用することで企業活動の結果と財務状態を適正に表すメリットがあるとする（Letter of Comment No. 80）。

　D. F. Case は，中心観の選択について明確な言及は避けているが，測定属性に関して取得原価を支持している。『討議資料』が述べていた3つの中心観について検討を行っている。特に収益費用中心観，資産負債中心観についてはそれぞれの特性を述べている。現在の会計は取得原価主義会計であるとするが，かといって収益費用中心観が選択されるべきとも述べていない（Letter of Comment No. 81）。

　R. C. Clevenger（The Frirestone Tire & Rubber Company）は，中心観について収益費用中心観を，測定属性について取得原価を支持する立場をとる。Ernst & Ernst（Letter of Comment No. 151 を参照）の見解をふまえたうえで，それを支持している。LIFO（後入先出法）の問題についても触れている（Letter of Comment No. 82）。

　P. C. Peterman（Public Service Electric and Gas　Company）は，収益費用中心観を支持している。測定属性について見解はない。収益と費用の対応の概念を支持している（Letter of Comment No. 83）。

　G. M. Cayce（Occidental Petroleum Corporation）は，中心観について資産負債中心観を支持している。測定属性について特に見解はない。企業における将来の正味キャッシュ・インフロー（future net cash inflows）を評価するための情報を投資家と債権者らに提供するという財務諸表の主な目的を基礎としているのが資産負債中心観であるとしている（Letter of Comment No. 84）。

　Price Waterhouse & Co. は，中心観として収益費用中心観を支持している。測定

属性について見解はない。財務会計及び財務報告の土台となる概念的フレームワークに対して収益費用中心観を採用することにより，FASB は最も有益なものを達成することができるとしている（Letter of Comment No. 85）。

W. M. Young, Jr.（National association of Accountants）は，中心観として収益費用中心観を支持しているが，測定属性について見解はない。収益と費用の対応概念の強調は，正確な取引を立証できることを述べており，収益費用中心観を支持している（Letter of Comment No. 86）。

Arthur Andersen & Co. は，中心観について資産負債中心観を，測定属性について時価を支持する立場をとる。資産負債中心観と時価を一貫して支持する代表であるといってよい。会計は実際的な事物のなかで根拠づけられるべきであり，営利企業の現実はその資産と負債であること，収益と費用は，資産と負債の変動の結果を記述または説明する単なる慣習的な方法であり所有者持分の変動の分析の一部であること等を述べている。会計の焦点は，資産と負債におかれるべきであり，収益と費用にあるというわけではないこと強調している（Letter of Comment No. 87）。

T. Klammer（North Texas State University）は，中心観として収益費用中心観を支持しているが，測定属性について特に見解はない。資産負債中心観においても収益費用中心観においても，利益を第一に考えている点は共通していることを述べている。各中心観のメリットを言及しているものの，対応概念の点で収益費用中心観を推奨している。FASB には，利益の要素について再度検討するように要請している（Letter of Comment No. 88）。

H. B. Stead（Phillips Petroleum Company）は，中心観についても測定属性についてもそれらのなかでどれが最良かについての見解は存在しない。資産負債中心観，収益費用中心観について前者は柔軟すぎる，後者は厳密すぎるとする（Letter of Comment No. 89）。

G. C. Lantzsch（Mellon National Corporation）は，中心観について収益費用中心観を，測定属性について取得原価を支持する立場をとる。中心観，測定属性の選択理由として，American Bankers Association とほぼ同じ文章が書かれているため，Letter of Comment No. 16 の American Bankers Association の影響が強いと推察される（Letter of Comment No. 90）。

W. R. Hamcke（Irving Trust Company）は，中心観について収益費用中心観を，測

定属性について取得原価を支持する立場をとる。中心観と測定属性の選択理由がAmerican Bankers Associationの当該理由と全く同じ文章が書かれているため，American Bankers Associationの影響が強いと推察される。なおLetter of Comment No. 28の子会社である（Letter of Comment No. 91）。

Y. Ijiri（Carnegie-Mellin University）は，中心観及び測定属性について特に見解を示していない。資産負債中心観，収益費用中心観，非連携観というよりは，新たに"Cash Flow View"という考え方を提示している（Letter of Comment No. 92）。

S. Stough（Standard Oil Company of California）は，中心観について収益費用中心観を，測定属性について取得原価を支持する立場をとる。収益と費用の対応原則を維持することが最適としている（Letter of Comment No. 93）。

J. W. Allen（Noryhwest Energy Company）は，中心観について収益費用中心観を支持しているが，測定属性について特に見解がない。単に収益と費用の対応原則を維持することを述べている（Letter of Comment No. 94）。

R. C. Isban（Manufactures Hanover Trust Conpany）は，中心観について収益費用中心観を支持しているが，測定属性について特に見解はない。収益費用中心観が財務会計及び財務報告の概念的フレームワークの根本的なものとして採用されるべきとしている（Letter of Comment No. 95）。

C. E. Bowenは，中心観について収益費用中心観を，測定属性について取得原価を支持する立場をとる。繰延項目の重要性について述べている（Letter of Comment No. 96）。

T. E. Baker and A. M. Stanger（American Bar Association）は，中心観について収益費用中心観を支持しているが，測定属性について特に見解はない。非連携観について若干触れている（Letter of Comment No. 97）。

V. H. Brown（Standard Oil Company (Indiana)）は，中心観について収益費用中心観を，測定属性について取得原価を支持する立場をとる。収益と費用の対応の概念を重要視し，取得原価によってそれは達成されるとする（Letter of Comment No. 98）。

W. R. Teager（Armco Steel Corporation）は，中心観について収益費用中心観を，測定属性について取得原価を支持する立場をとる。なお，"modified historical cost approach"を支持している。Ernst & Ernstからの送付物等についての文言はない

が，Ernst & Ernst の考え方と類似しているため，その影響があったものと考えられる（Letter of Comment No. 99）。

R. G. Weiss（G. D. Searle & Co.）は，中心観について収益費用中心観を，測定属性について取得原価を支持する立場をとる。収益費用対応の概念を支持している（Letter of Comment No. 100）。

R. G. Espie（Aetna Life & Casualty）は，中心観について資産負債中心観を，測定属性について時価を支持する立場をとる。その選択理由が Arthur Andersen & Co. の理由と類似しているため，Arthur Andersen & Co. の影響を受けている可能性もある（Letter of Comment No. 101）。

T. O. Thorsen（General Electric Company）は，中心観について収益費用中心観を，測定属性について取得原価を支持する立場をとる。収益費用中心観を選択することで，利益測定過程を正確に表示することになるとする（Letter of Comment No. 102）。

H. V. Guttry, Jr.（Times Mirror Company）は，中心観について収益費用中心観を選択しているが，測定属性については特に選択していない。伝統的な収益と費用の対応概念を維持すべきとしている（Letter of Comment No. 103）。

J. J. Rochfort は，中心観として収益費用中心観を支持している。測定属性として取得原価を選択している。端的に収益費用中心観（収益費用中心観が取得原価主義とほぼ同義の意味で使用されている）を支持している（Letter of Comment No. 104）。

A. H. Kaplan（Air products and Chemicals Inc.）は，中心観として収益費用中心観を選択している。測定属性について見解はない。なお，"stewardship"にふれている。それが完遂されるためにも収益費用中心観を採用するべきと発言をしている（Letter of Comment No. 105）。

P. l. Bewig は，文字がつぶれているため，判読ができない（Letter of Comment No. 106）。

W. G. Hand（Houston natural Gas Corporation）は，中心観として収益費用中心観を支持している。測定属性として取得原価を選択している。収益費用中心観を採用することで企業活動の結果と財務状態を適正に表すメリットがあるとする（Letter of Comment No. 107）。

M. J. Netzly（Republic Steel Corporation）は，中心観として収益費用中心観を支持している。測定属性として取得原価を選択している。収益費用の対応の概念を支持

している（Letter of Comment No. 108）。

　J. F. Kooken（Security Pacific Corporation）は，中心観として収益費用中心観を支持しているが，測定属性の選択はない。収益費用中心観を推奨するとしているが，非連携観を否定はしないとも述べている（Letter of Comment No. 109）。

　D. W. Mitchell（The Robert Morris Associates）は，中心観として収益費用中心観を支持しているが，測定属性の選択はない。前者の選択理由は収益費用対応の概念の支持による（Letter of Comment No. 110）。

　A. N. Fritz（Southern Natural Resources, Inc.）は，中心観として収益費用中心観を支持しているが，測定属性の選択は特にない。収益費用中心観は資産負債中心観よりも繰延項目などの認識が正確とする（Letter of Comment No. 111）。

　A. J. Sabatino（Inco Limited）は，中心観として収益費用中心観を支持しているが，測定属性の選択はない（Letter of Comment No. 112）。

　T. A. Murphy（The Business Rounstable）は，中心観として収益費用中心観を支持している。測定属性として取得原価を選択している。収益費用対応の概念を支持している（Letter of Comment No. 113）。

　A. G. Gillum（Interstate Natural Gas Association of America）は，中心観として収益費用中心観を支持している。測定属性として取得原価を選択している。強く収益費用中心観を望むと明言している。収益と費用の差異を利益とすべきことを述べている（Letter of Comment No. 114）。

　L. B. Engemann（Continental Illinois Corporation）は，中心観として収益費用中心観を支持しているが，測定属性については特に見解はない。収益費用中心観を支持（対応概念を支持）している（Letter of Comment No. 115）。

　E. Radner（GCA Corporation）は，中心観についても測定属性についても特に選択はしていない。繰延項目の重要性について述べているものの，資産負債中心観は貸借対照表のなかで伝統的に繰延項目を財務諸表で表示してこなかったことを述べているが，かといって収益費用中心観を採用すべきことを明言しているわけではない（Letter of Comment No. 116）。

　F. R. Ventura（United Telecommunications, Inc.）は，中心観については収益費用中心観を選択しているが，測定属性の選択はない。伝統的に収益費用中心観を支持すべきとしている（Letter of Comment No. 117）。

第1節 『討議資料』に対する意見　103

　D. L. Reynolds（Commerce Bank of Kansas City）は，中心観については収益費用中心観を選択しているが，測定属性の選択はない。Letter of Comment No. 16 の American Bankers Association の考え方に類似している部分もあり，その影響が強いと思われる（Letter of Comment No. 118）。

　J. E. Bixby（Texas Eastern Corporation）は，中心観について収益費用中心観を，測定属性について取得原価を支持する立場をとる。収益と費用の対応概念を維持し続けるべきであるとする（Letter of Comment No. 119）。

　Peat, Marwick, Mitchell & Co. は，中心観について収益費用中心観を，測定属性について取得原価を支持する立場をとる。利益測定における収益費用中心観が，財務会計及び財務報告の概念的フレームワークの根本的な基礎をなすべきであろうとする（Letter of Comment No. 120）。

　G. A. Goff（Wisconsin Power & Light Company）は，中心観について収益費用中心観を，測定属性について取得原価を支持する立場をとる。収益費用対応の概念を支持している（Letter of Comment No. 121）。

　C. Corbin（Homestake Mining Company）は，中心観について収益費用中心観を，測定属性について取得原価を支持する立場をとる。伝統的な収益費用中心観と取得原価主義を信頼するとしている（Letter of Comment No. 122）。

　J. F. Lowry（Ohiladelphia National Corporation）は，中心観について収益費用中心観を，測定属性について取得原価を支持する立場をとる。収益費用中心観を利用することを通して，信用性が最も提供されるだろうとする。また収益費用対応の概念は，長い間，財務諸表の読み手たちによって支持されてきたのであるから，収益費用中心観を支持するとしている。測定属性は取得原価が適確であるとする（Letter of Comment No. 123）。

　M. Newton（Springs Mills, Inc.）は，中心観及び測定属性についても見解を示していない。"FASB, 1976 II" について若干のコメントがあるのみである（Letter of Comment No. 124）。

　E. R. Hines（Bank of Virginia Company）は，中心観について収益費用中心観を支持しているが，測定属性に関して特に選択はされていない。Letter of Comment No. 16 の American Bankers Association の考え方に類似している部分もあり，その影響が推察される（Letter of Comment No. 125）。

R. M. Flangan（Western Union Corporation）は，中心観について収益費用中心観を，測定属性について取得原価を支持する立場をとる。収益と費用の対応概念を維持し続けるべきであるとし，それには取得原価が重要としている（Letter of Comment No. 126）。

D. E. Seese（Wells Fargo & Company）は，中心観について収益費用中心観を，測定属性について取得原価を支持する立場をとる。中心観と測定属性の選択理由として，American Bankers Association と全く同じ文章が書かれているため，Letter of Comment No. 16 の American Bankers Association の影響が強いと考えられる（Letter of Comment No. 127）。

M. M. Pharr（Dayton Hudson Corporation）は，中心観について資産負債中心観を，測定属性について取得原価を支持する立場をとる。必要な客観性と信頼性を得るために，また潜在的な投資家・債権者のために，さらに利益測定が企業資源（enterprise resources）の変化とリンクするためには，資産負債中心観が重要であるとしている（Letter of Comment No. 128）。

W. E. Chellgren（Ashland Oil, Inc.）は，中心観について収益費用中心観を，測定属性について取得原価を支持する立場をとる。収益費用中心観を明確に支持している。非連携観についても触れているが，それを"mix apples and oranges"と表し，資産負債中心観よりわかりにくく，混合してしまうとして非難している（Letter of Comment No. 129）。

R. W. Brandon（Texas Gas Transmission corporation）は中心観として収益費用中心観を支持している。測定属性に関しては，特に見解はない。資産負債中心観と比較して収益費用中心観を採用すべきとする。収益費用中心観がシンプルであるからという理由のためである（Letter of Comment No. 130）。

J. L. Ledbeter（Lukens Steel Company）は，中心観として収益費用中心観を支持している。測定属性に関して特に見解はない。収益費用中心観を強く推薦している。会計の重要なポイントは利益の定義であり，収益費用中心観は有効であるとする（Letter of Comment No. 131）。

R. D. Cook（Esmark, Inc.）は，中心観及び測定属性について特に見解は示していない。やや二元観的発言をしているが，結局のところどちらが重要かについて触れていない（Letter of Comment No. 132）。

第 1 節　『討議資料』に対する意見　105

　E. A. Tracy（Peoples Gas Company）は，中心観について収益費用中心観を，測定属性について取得原価を支持する立場をとる（Letter of Comment No. 133）。

　J. C. Jacobsen（Shell Oil Company）は，中心観について収益費用中心観を，測定属性について取得原価を支持する立場をとる。収益と費用の対応概念の維持を主張する（Letter of Comment No. 134）。

　R. Schattke（Colorado Society of Certifies Public Accountants）は，中心観及び測定属性について特に見解を示していない。『討議資料』を取り上げ，検討を行っているが，最終的にどの中心観を採用すべきかについて述べていない（Letter of Comment No. 135）。

　J. A. Grady（Interstate Commerce Commission）は，中心観について収益費用中心観を，測定属性について取得原価を支持する立場をとる。収益と費用の対応概念を維持し続けるべきであるとし，それには取得原価が必須だとする（Letter of Comment No. 136）。

　D. A. Peterson（Minnesota Mining and manufacturing Company）は，中心観及び測定属性について見解を示していない。やや非連携観について述べている（Letter of Comment No. 137）。

　J. W. Johnson, Jr.（Detroit Edison Company）は，中心観について収益費用中心観を，測定属性について取得原価を支持する立場をとる。"valuation view" と "matching view" との対立構図を作り，後者のほうが繰延項目などの認識が正確としている（Letter of Comment No. 138）。

　S. H. Ballam, Jr.（Fidelcor, Inc.）は，中心観として収益費用中心観を支持しているが，測定属性に関して特に選択はない。Letter of Comment No. 16 の American Bankers Association の考え方に類似している部分もあり，その影響が強い。Letter of Comment No. 34 も参照（Letter of Comment No. 139）。

　E. M. Penick（First Arkansas Bankstock Corporation）は，中心観及び測定属性について特に見解を示していない（Letter of Comment No. 140）。

　C. J. Lause（Mobil Oil Corporation）は，中心観について収益費用中心観を選択している。測定属性に関しては特に見解はない。取引完了時のことを考えると，収益費用中心観が資産負債中心観より有用であるとする（Letter of Comment No. 141）。

　M. T. Moore（The Cleveland-Cliffs Iron Company）は，中心観について収益費用中

心観を，測定属性について取得原価を支持する立場をとる。Ernst & Ernst（Letter of Comment No. 151 を参照）の見解をふまえたうえで，それを支持している。収益費用中心観を採用すべきことを明確に述べており，さらに LIFO（後入先出法）と CCD（現在原価減価償却）は財務報告と所得税という二つの目的のために必要なものであることを述べている。Letter of Comment　No. 79 の内容とほぼ同様である（Letter of Comment No. 142）。

R. F. Singleton（knight-Ridder Newspapers, Inc）は，中心観及び測定属性について特に見解を示していない（Letter of Comment No. 143）。

J. L. Ault（The Sherwin-Williams Company）は，中心観について収益費用中心観を，測定属性について取得原価を支持する立場をとる。"modified historical cost approach" について言及している部分があり，Ernst & Ernst（Letter of Comment No. 151 を参照）の影響が強いと思われる。しかし，Ernst & Ernst との繋がりについての文言はない（Letter of Comment No. 144）。

R. J. Chambers（The University of Sydney）は，中心観及び測定属性についても特に見解を示していない。それぞれの中心観の概念について多くの言及をしているが（それぞれのメリットなど），最終的にどちらを優先すべきかについては，述べていない（Letter of Comment No. 145）。

J. M. Walker（Texas Instruments Incorporated）は，中心観について資産負債中心観を，測定属性について取得原価を支持する立場をとる。収益費用中心観が示すことができない "economic reality" を資産負債中心観においては表現できるとする（Letter of Comment No. 146）。

C. A. Northrop（International Business Machines Corporation）は，中心観について収益費用中心観を，測定属性について取得原価を支持する立場をとる（Letter of Comment No. 147）。

D. A. Smith（General Foods Corporation）は，中心観について収益費用中心観を，測定属性について取得原価を支持する立場をとる。収益費用中心観は "matching" の概念であるとしており，それを支持している。この中心観の概念を決定することは，財務会計に関する様々な定義を決めることになるため重要であるとする（Letter of Comment No. 148）。

C. M. Harel（Springs Mills, Inc.）は，中心観について資産負債中心観を選択して

第1節 『討議資料』に対する意見 | 107

いる。測定属性に関しては特に選択されていない。資産負債中心観が財務諸表要素の定義等を決定づける概念であるべきとしている (Letter of Comment No. 149)。

Coopers & Lybrand は，中心観について収益費用中心観を，測定属性について取得原価を支持する立場をとる。収益費用中心観のもとでは，利益は，一期間の収益と費用の差異で決められる。資産と負債の定義よりむしろ収益と費用の定義，つまり，収益の実現と費用の対応の概念が重要であると強く主張している (Letter of Comment No. 150)。

Ernst & Ernst は，中心観として収益費用中心観を支持している。測定属性として取得原価を選択している。収益費用中心観支持者の代表的存在であり，他者へのその影響力は絶大である。FASB の存在を認めるが，しかし FASB の抽象的で理論的な題材をもつ概念的フレームワークの公表は，失望に値するものであり，問題のあるものと批判している。その問題を理解するなかで FASB を支援するために Ernst & Ernst は，多数の意見を提出するとしている。『討議資料』に対して Ernst & Ernst は定義と測定の分離への批判を主張している。なお Ernst & Ernst の詳細事項については次節を参照して頂きたい (Letter of Comment No. 151)。

R. R. Strickert (The National Life and Accident Insurance Company) は，中心観として収益費用中心観を支持している。測定属性に関しては特に選択をしていない。『討議資料』para. 39 を取り上げ，収益費用中心観を採用すべきと述べている (Letter of Comment No. 152)。

L. T. Ebert (National Association of Mutual Savings banks) は，中心観について収益費用中心観を，測定属性について取得原価を支持する立場をとる。収益費用中心観の選択理由として American Bankers Association と同様の文章が書かれているため，Letter of Comment No. 16 の American Bankers Association の影響が推察される (Letter of Comment No. 153)。

R. F. Buchanan (Pacific Petroleums Ltd.) は，中心観として収益費用中心観を支持している。測定属性に関しては特に見解を示してない (Letter of Comment No. 154)。

U. J. LeGrange (Exxon Corporation) は，中心観について収益費用中心観を，測定属性について取得原価を支持する立場をとる。資産負債中心観と収益費用中心観を各項目によって比較している。始動費（運転開始費），大修繕費，研究費，自己保険，所得税の完全期間配分，外国為替，減価償却などの項目をあげ，それぞれの中

心観がどの財務諸表要素の項目に適しているのかを分析している（例えば，始動費は資産負債中心観では"Expense"であり，収益費用中心観では"Capitalize"である）(Letter of Comment No. 155)。

G. H. Sorter (New York University) は，中心観及び測定属性について特に見解を示していない。ただし，非連携観を拒否するコメントは示している (Letter of Comment No. 156)。

E. H. Maugans (The Cleveland Electric illuminating Company) は，中心観について収益費用中心観を，測定属性について取得原価を支持する立場をとる。Ernst & Ernst (Letter of Comment No. 151 を参照) の見解をふまえたうえで，それを支持している (Letter of Comment No. 157)。

T. F. Skelly (The Gillette Company) は，中心観について収益費用中心観を，測定属性について取得原価を支持する立場をとる。収益と費用の対応原則を支持しており，繰延項目の必要性を述べている (Letter of Comment No. 158)。

W. R. Degenhardt (American Brands, Inc.) は，中心観について収益費用中心観を，測定属性について取得原価を支持する立場をとる。"matchimg (revenue/expense) concept"を維持することが財務会計及び財務報告の概念的フレームワークの基礎となるべき事柄であるとしている。期間利益の測定のために繰延項目は必要とする。よって収益費用中心観を採用すべきとしている (Letter of Comment No. 159)。

J. E. Murray (Squibb Corporation) は，中心観について収益費用中心観を，測定属性について取得原価を支持する立場をとる。収益と費用の対応原則により，収益費用中心観を支持する。また"historical-cost-based system"を維持すべきとしている。資産負債中心観よりである『討議資料』の見解を批判する (Letter of Comment No. 160)。

A. M. Long (General Motors Corporation) は，中心観について収益費用中心観を，測定属性について取得原価を支持している。収益と費用の対応原則を維持することが必須であるとしている (Letter of Comment No. 161)。

A. J. Kelley (TRW Inc.) は，中心観について収益費用中心観を，測定属性について取得原価を支持する立場をとる。収益費用中心観を維持すべきことを推奨している。ただし FASB は収益・費用，利益，利益のゆがみの問題などの意味するところ

をさらに明らかにして私たちに提供すべきとしている (Letter of Comment No. 162)。

V. C. Ross (Institute of accounting Research New York University) は，中心観及び測定属性について特に見解を示していない。資産負債中心観・収益費用中心観についてそれぞれ一定の評価はしているものの，どちらを採用すべきかについては述べていない (Letter of Comment No. 163)。

C. W. Greene (Consolidated Edison Company of New York, Inc.) は，中心観について収益費用中心観を，測定属性について取得原価を支持する立場をとる。収益と費用の対応原則を重要視している (Letter of Comment No. 164)。

R. S. Robertson (American Academy of Actuaries) は，中心観として資産負債中心観を支持している。測定属性に関しては特に見解を示していない。収益費用中心観のメリットを認める文言もあったが，基本的には資産負債中心観を支持することを明言している (Letter of Comment No. 165)。

R. C. Isban (Bank Administration Institute) は，中心観として収益費用中心観を支持しているが，測定属性に関して特に見解はない。収益費用中心観の選択理由については，Letter of Comment No. 16 の American Bankers Association とほぼ同じ文章が書かれている (Letter of Comment No. 166)。

E. H. Brode (Marine Midland Bank) は，中心観として収益費用中心観を支持しているが，測定属性に関して特に見解を示していない。収益費用中心観の選択理由については，Letter of Comment No. 16 の American Bankers Association とほぼ同じ文章が書かれている (Letter of Comment No. 167)。

A. F. Burns (Federal Reserve System) は，中心観について収益費用中心観を，測定属性について取得原価を支持する立場をとる。収益費用中心観の選択理由については，Letter of Comment No. 16 の American Bankers Association とほぼ同じ文章が書かれている (Letter of Comment No. 168)。

W. H. Dougherty, Jr. (NCNB Corporation) は，中心観は収益費用中心観を支持している。測定属性に関して特に見解はない。収益費用中心観を支持する理由として，資産負債中心観にはない"Matching Concepts"が収益費用中心観には存在し，そのことから当該中心観を信頼するとしている (Letter of Comment No. 169)。

Elmer Fox, Westheimer & Co. は，中心観及び測定属性について特に見解を示していない (Letter of Comment No. 170)。

第5章 『討議資料』に対する意見

　J. R. Connelly, Jr.（The Warner & Swasey Co.）は，中心観について選択なされていないが，測定属性に関して取得原価を支持している。マトリックスを見る限り，"Historical Cost"の欄は，すべて"A"でうまっているが，それ以外はすべて"C"である。中心観について収益費用中心観よりの発言はあるが，選択はしていない（Letter of Comment No. 171）。

　R. L. Virgil（Washington University）は，中心観及び測定属性について見解を示していない。どちらが採用されるべきかについては言及を避けている（Letter of Comment No. 172）。

　P. S. Brandshaw（Carolina Power & Light Company）は，中心観について収益費用中心観を，測定属性について取得原価を支持する立場をとる。"Be keyed to historical costs." "Provide good matching of costs and revenues." といった文言を示している（Letter of Comment No. 173）。

　W. R. Love（Texaco Inc.）は，中心観について収益費用中心観を，測定属性について取得原価を支持する立場をとる。収益から費用を差し引いたものを利益とする（Letter of Comment No. 174）。

　C. H. Weerts（American Fletcher National Bank）は，中心観について収益費用中心観を支持している。測定属性に関しては特に見解はない。収益費用中心観の選択理由がAmerican Bankers Associationの選択理由と同様であるため，Letter of Comment No. 16のAmerican Bankers Associationの影響が大きいと推察される（Letter of Comment No. 175）。

　F. Landgraf（Minnesota Society of Certifies Public Accountants Accounting Principles Committee）は，中心観及び測定属性について特に見解を示していない。FASBの『討議資料』を受領したことを述べており，その努力を評価しているものの，中心観についての明言はない（Letter of Comment No. 176）。

　B. E. Nickerson（American Council of Life Insurance）は，中心観として収益費用中心観を支持するとしている。測定属性に関しては特に見解はない。当該期間における収益と費用の対応原則により，財務活動を認識するとしており，収益費用中心観を支持している（Letter of Comment No. 177）。

　C. H. Whitcomb（The Prudential Insurance Company of America）は，中心観として収益費用中心観を支持するとしている。測定属性に関して特に見解はない。収益か

ら費用を差し引いたものが利益であるとし，対応の原則を支持している（Letter of Comment No. 178）。

C. I. Derr（Machinery and Allies Products Institute）は，中心観として収益費用中心観を支持するとしている。測定属性に関して特に見解はない。繰延項目について述べており，その視点から収益費用中心観について見解を示し，支持をしている（Letter of Comment No. 179）。

N. J. Preis（The University of Michigan）は，中心観として収益費用中心観を支持するとしている。測定属性に関して特に見解はない。繰延項目を例に取り，収益費用中心観を推奨している（Letter of Comment No. 180）。

K. C. Allen（American Iron and Steel Institute）は，中心観について収益費用中心観を，測定属性について取得原価を支持する立場をとる。収益と費用の差額で利益が決定されるべきことを述べている（Letter of Comment No. 181）。

B. L. Thurman, Jr.（United States Steel Corporation）は，中心観について収益費用中心観を，測定属性について取得原価を支持する立場をとる。企業の有効性の測定を示し，収益と費用の対応概念を維持するものが収益費用中心観であるとしている（Letter of Comment No. 182）。

J. N. Hall（Schering-Plough）は，中心観として収益費用中心観を支持するとしている。測定属性に関して特に見解はない。繰延費用，繰延収益を含む収益費用中心観を支持することを述べている（Letter of Comment No. 183）。

J. B. Madigan（Northeast Utilities）は，中心観として収益費用中心観を支持するとしている。測定属性に関して特に見解はない。収益と費用が対応した概念が収益費用中心観でありそれを支持すると述べている（Letter of Comment No. 184）。

E. K. Smith（General Mills, Inc.）は，中心観について収益費用中心観を，測定属性について取得原価を支持する立場をとる。収益と費用の対応概念を支持しているため収益費用中心観を選択したことを述べている（Letter of Comment No. 185）。

M. P. Esposito, Jr.（The Chase Manhattan Corporation）は，中心観について収益費用中心観を，測定属性について取得原価を支持する立場をとる。"historical cost transaction accounting" を収益費用中心観として捉えており，当該中心観を支持している（Letter of Comment No. 186）。

P. D. Giblin（United Virginia Bankshares Inc.）は，中心観について収益費用中心観

を，測定属性について取得原価を支持する立場をとる。収益と費用の対応概念が重要であり，それを信頼していると述べる。American Bankers Association と中心観の選択理由がほぼ同様であるため，Letter of Comment No. 16 の American Bankers Association の影響下にあると推察される（Letter of Comment No. 187）。

D. A. Bollom（Wisconsin Public Service Corporation）は，中心観について収益費用中心観を，測定属性について取得原価を支持する立場をとる。収益費用中心観が企業の有効性（効率性）を測定する方法であるとする（Letter of Comment No. 188）。

R. E. Koehler（Marriott Corporation）は，中心観として収益費用中心観を支持するとしている。測定属性に関して特に見解はない。一期間における収益と費用の差異によって，利益が確定することを述べている（Letter of Comment No. 189）。

S. A. Willey（The BF Goodrich Company）は，中心観について収益費用中心観を，測定属性について取得原価を支持する立場をとる。収益費用中心観でなければ質の高い財務諸表を作れないと述べている（Letter of Comment No. 190）。

P. J. Burke, Jr.（Revlon Inc.）は，中心観について収益費用中心観を支持するとしている。測定属性に関して特に見解はない。収益費用中心観が財務会計及び財務報告のための概念的フレームワークの基礎として採用されるべきとしている（Letter of Comment No. 191）。

J. H. Austin, Jr.（Philadelphia Electric Company）は，中心観について収益費用中心観を，測定属性について取得原価を支持する立場をとる。資産負債中心観を拒否し，収益費用中心観を採用すべきと断言している。取得原価主義の重要性を述べ，すべてのユーザーが理解できる考え方であると支持する（Letter of Comment No. 192）。

W. Donham Crawford（Edison Electric Institute）は，中心観について収益費用中心観を，測定属性について取得原価を支持する立場をとる。収益から費用を差し引いたものが利益であるとし，対応の原則を支持している（Letter of Comment No. 193）。

R. Locke（First Virginia Bankshares Corporation）は，中心観について収益費用中心観を，測定属性について取得原価を支持する立場をとる。債権者や投資家に容易に理解できるであろう収益費用の対応原則を支持している（Letter of Comment No. 194）。

A. C. Johnsin（Atlantic Richfield Company）は，中心観について収益費用中心観を，

測定属性について取得原価を支持する立場をとる。長い歴史のなかで収益費用の対応が重要視されており，それを変更する理由が不明瞭としている（Letter of Comment No. 195）。

P. L. Gerhardt（American Accounting Association）は，中心観として収益費用中心観を支持するとしている。測定属性に関して特に見解はない。FASBにおける収益費用中心観よりむしろ資産負債中心観へと誘導する姿勢を示している「変化という現象」については肯定的見解をとる。しかし，AAAは「変化」という概念を肯定しつつも，中心観としては収益費用中心観を支持している。収益費用中心観のもとでの利益ならびに利益測定ルールをめぐる議論は，利益が企業ないしその経営者の経常的，正常的，長期的な業績指標ないし成果指標であることを前提としているためとする（Letter of Comment No. 196）。

S. A. Dayhood, Jr.（Dan River Inc.）は，中心観について収益費用中心観を，測定属性について取得原価を支持する立場をとる。Ernst & Ernstの影響が大きい。Ernst & ErnstとArthur Andersen & Co.のそれぞれのプレゼンテーションを受けたことを記している。そのことから，Ernst & Ernstのアプローチ（Letter of Comment No. 151）に賛同する旨を示している（Letter of Comment No. 197）。

AlexanderGrant & Companyは，中心観について収益費用中心観を，測定属性について取得原価を支持する立場をとる（Letter of Comment No. 198）。

D. R. McFerson（New England Mutual Life Insurance Company）は，中心観及び測定属性について特に見解は示していない。資産負債中心観と収益費用中心観それぞれについて見解を示しているが，どちらが優先されるべきかについて解答はない（Letter of Comment No. 199）。

H. H. Thayer（Polaroid Corporation）は，中心観及び測定属性についても特に選択理由は示していない。制度に基づく取得原価から得られた情報は投資者の意思決定に役立つとしているが，それを採用すべきという明言はない（Letter of Comment No. 200）。

T. B. Fauls（National electrical Manufactures Association）は，中心観について収益費用中心観を支持している。測定属性について特に選択は行っていない（Letter of Comment No. 201）。

C. H. Montgomery（The First National Bank of Chicago）は，中心観について収益費

用中心観を支持している。測定属性について特に見解はない。収益費用中心観が，財務会計及び財務報告のための概念的フレームワークの基礎として採用されるべきとする。理由は，ほぼ American Bankers Association（Letter of Comment No. 16）と同様である。債権者にも投資者にも役立つ概念としている（Letter of Comment No. 202）。

H. C. Knortz（International Telephone and Telegraph Corporation）は，中心観について収益費用中心観を支持している。測定属性について特に見解はない。なお収益費用中心観（revenue and expense view）を，"traditional view"と称し，それを支持している（Letter of Comment No. 203）。

Arthur Young & Company は，中心観及び測定属性について特に見解を示していない。『討議資料』を受領した旨は述べている（Letter of Comment No. 204）。

O. T. Colby, Jr.（Utah Power & Light Company）は，中心観について収益費用中心観を，測定属性について取得原価を支持する立場をとる。収益と費用の対応の概念を重要視し，取得原価によってそれが達成されるとする（Letter of Comment No. 205）。

G. I. White（Financial analysts federation Financial accounting Policy Committee）は，中心観について収益費用中心観を支持している。測定属性に関しては特に選択をしていない。財務会計及び財務報告の概念の基礎となるのは収益費用中心観であり，それは収益と費用の対応概念を根本としているとする（Letter of Comment No. 206）。

P. J. Reilly（Cities Service Company）は，中心観について収益費用中心観を，測定属性について取得原価を支持する立場をとる。Peat, Marwick, Mitchell & Co. の回答を参照したと述べている。なお Peat, Marwick, Mitchell & Co. については Letter of Comment No. 19 を参照して頂きたい（Letter of Comment No. 207）。

C. W. Plum（The Standard Oil Company）は，中心観について収益費用中心観を，測定属性について取得原価を支持する立場をとる。これまでの伝統的なものを維持すべきとしている（Letter of Comment No. 208）。

D. S. Howard（Citicorp）は，中心観について収益費用中心観を，測定属性について取得原価を支持する立場をとる。収益と費用の対応概念を支持するとしている（Letter of Comment No. 209）。

R. D. Reisman（American Cyanamid Company）は，中心観について収益費用中心観

第1節 『討議資料』に対する意見　115

を，測定属性について取得原価を支持する立場をとる。収益費用中心観が財務会計及び財務報告の概念的フレームワークの基礎として採用されるべきということを明言している。Ernst & Ernst の LIFO（後入先出法）の問題を指摘しており，その内容は Ernst & Ernst とほぼ同様である（本章の図表7を参照）。ただし，Ernst & Ernst から手紙が送られてきたといったような文言は示されていなかった（Letter of Comment No. 210）。

Touche Ross & Co. は，中心観について資産負債中心観を支持している。測定属性については，時価を選択している。約60頁もの回答を残している。収益費用中心観よりもむしろ資産負債中心観のほうが，経済的実質（法的形式性に対して経済活動を忠実に示すこと）に焦点をあてたものを完全に認識するとし，財務会計の根本的概念として取り入れるべきと明言している。その際の測定属性は時価が適しているとしている（Letter of Comment No. 211）。

S. P. Pollack（Philip Morris Incorporated）は，中心観及び測定属性について特に見解は示していない。やや非連携観について触れている（Letter of Comment No. 212）。

J. H. Grenell（Honeywell Inc.）は，中心観について収益費用中心観を，測定属性について取得原価を支持する立場をとる。資産負債中心観を特に非難はしていないが，収益費用中心観を維持すべきことを述べている（Letter of Comment No. 213）。

J. Morrow は，中心観及び測定属性について特に見解は示していない。マトリックスについて記入はされているものの，その上から大きく手書きで「×」が書かれている（Letter of Comment No. 214）。

R. Kurlander（Civil Aeronautics Board）は，中心観について収益費用中心観を支持している。測定属性については取得原価を選択している。"wealth" よりも "inputs to obtain and sell output at profit" に役立つ企業の有効性（効率性）に基づくものを維持すべきであり，収益費用中心観と取得原価はまさにそれを維持するとしている（Letter of Comment No. 215）。

C. C. Hornbostel（Financial executives Institute）は，中心観について収益費用中心観を支持している。測定属性については取得原価を選択している。収益と費用の対応概念をもつ収益費用中心観を支持している。取得原価から，時価への変化の根拠は理解できないとしている（Letter of Comment No. 216）。

L. S. Prussia（Bank America Corporation）は，中心観について収益費用中心観を支

持している。測定属性については取得原価を選択している。『討議資料』は資産負債中心観をより高く評価しているように思われるが，そのことが収益費用中心観を排除する理由として全く不十分であるとし，収益費用中心観の維持を主張するとしている（Letter of Comment No. 217）。

J. C. Cotting（International Paper Company）は，中心観について収益費用中心観を支持している。測定属性については取得原価を選択している。収益と費用の対応概念をもつものとして収益費用中心観を支持している（Letter of Comment No. 218）。

I. L. Kaplan（The AAV Companies）は，中心観について収益費用中心観を支持している。測定属性については取得原価を選択している（Letter of Comment No. 219）。

W. T. Hale（Florida Mining & Materials Corp.）は，中心観について収益費用中心観を支持している。測定属性に関しては特に見解はない。財務諸表のユーザーにとって分かりやすいものが収益費用中心観の考え方であり，その概念を採用すべきとしている（Letter of Comment No. 220）。

D. W. Russler（NCR Corporation）は，中心観については収益費用中心観を支持している。測定属性については取得原価を選択している。"Transaction-determined costs（Historical costs）"が，経済資源と債務を測定する最もよい方法としている（Letter of Comment No. 221）。

J. E. Bloomquist（Masonite Corporation）は，中心観について資産負債中心観を選択している。測定属性に関して特に見解はない。資産負債中心観が財務会計及び財務報告のための概念的フレームワークの基本となるものとして採用されるべきと明言している。なお，連携を前提としている（Letter of Comment No. 222）。

N. Pace（American Paper Institute, Inc.）は，中心観について収益費用中心観を支持している。測定属性については取得原価を選択している。収益と費用の対応は資産負債概念よりも優先されるべき事項であるとする（Letter of Comment No. 223）。

F. A. Bird（University of Richmond）は，中心観について収益費用中心観を支持している。測定属性については取得原価を選択している。ARB等を引用しながら多くの説明を行い，"Inputs → Accounting System → Outputs"という図表を示し，"Accounting System"については，その"Operations"に3つの項目が必要だとし，"Classing, Selecting, Matching"を掲げている。"Maching"が必要だとしており，あくまで資産負債中心観は補助的位置におくべきとしている（Letter of

Comment No. 224）。

　R. L. Fiscus（The United Illuminating Company）は，中心観については収益費用中心観を支持している。測定属性に関して特に選択はしていない（収益費用中心観における）収益と費用の対応概念を支持するとしている（Letter of Comment No. 225）。

　C. M. Schwartz（St. Francis College）は，中心観及び測定属性について見解を示していない。APB の歴史などを示しているが，この中心観を採用すべきという詳細な明言はない。LIFO（後入先出法）の問題を指摘しており，Ernst & Ernst の見解とやや類似している（Letter of Comment No. 226）。

　J. A. Catanzaro（Becton, Dickinson and Company）は，中心観について収益費用中心観を支持している。測定属性に関して特に見解はない。資源の評価で利益を導き出すよりも，企業の"operational process"に関心があるので，収益費用中心観を支持すべきとしている（Letter of Comment No. 227）。

　W. A. Reego（Clow Corporation）は，中心観について特に選択はしていないが，測定属性に関して取得原価を選択している。特に中心観については触れていないが，取得原価主義会計を基礎とした財務諸表の情報を受け手に提供すべきとしている（Letter of Comment No. 228）。

　D. R. Hanson（Manufacturers National Bank of Detroit）は，中心観及び測定属性について見解を示していない。時価主義に触れているが，特に選択はしていない（Letter of Comment No. 229）。

　G. M. Gibson（The Procter & Gamble Company）は，中心観について収益費用中心観を支持している。測定属性は特に選択されていない。経営者や投資家にとって最も有効に利用され，利益の実現が認識される中心観は収益費用中心観としている（Letter of Comment No. 230）。

　P. Schwartz（American Insurance Association）は，中心観及び測定属性についても特に選択していない（Letter of Comment No. 231）。

　M. F. V. Breda（Massachusetts Institute of Technology）は，中心観について収益費用中心観を選択している。測定属性に関して特に見解は示していない。会計専門家による収益費用中心観から資産負債中心観への変化の試みに対して，不安になっていることを述べ，収益費用中心観を維持することをのぞむとしている（Letter of Comment No. 232）。

D. H. Springer (Campbell Soup Company) は，中心観について収益費用中心観を選択している。測定属性に関して特に見解は示していない。収益費用中心観の概念からはなれることは混乱を伴うので維持すべきことを示している (Letter of Comment No. 233)。

C. H. Dey (American Electrical Industries) は，中心観及び測定属性について特に見解を示していない。『討議資料』に関わる資料の受領報告をしているのみである (Letter of Comment No. 234)。

W. E. Buxbaum (E. I. du pont de nemours & Company) は，中心観について収益費用中心観を選択している。測定属性に関しては取得原価を支持している。収益と費用の対応原則を維持する収益費用中心観を支持するとする。対応概念の維持のためには取得原価主義が適しているとしている (Letter of Comment No. 235)。

G. C. Deecken (Chemical New York Corporation) は，中心観について収益費用中心観を選択している。測定属性に関しては見解を示していない。財務会計及び財務報告の概念的フレームワークの基本は収益費用中心観と断言している。収益と費用の対応の概念を維持する収益費用中心観というものは，会計原則に認められる一般の基礎概念であり，同時に財務諸表のユーザーの間でも容認され，理解されうるものであるからとする (Letter of Comment No. 236)。

C. R. Parker (Duff, Anderson & Clark) は，中心観及び測定属性について特に見解を示していない (Letter of Comment No. 237)。

M. G. Rogers (Control Data Corporaion) は，中心観について収益費用中心観を選択している。測定属性に関しては見解を示していない。取引完了時を重要視することから収益費用中心観を支持するとしている (Letter of Comment No. 238)。

C. W. Plum (The Standard Oil Company (Ohip)) は，中心観について収益費用中心観を選択している。測定属性に関しては取得原価を支持している。収益費用中心観は，より多くのキャッシュ・インフローを作り出し，企業活動の最も重要な特質を獲得するので当該中心観を支持するとしている。それには，取得原価を継続することが筋が通っていることを述べている (Letter of Comment No. 239)。

R. A. Orben (Cummins Engine Company, Inc.) は，中心観については，非連携観を支持している。測定属性に関して特に見解は示されていない (Letter of Comment No. 240)。

第1節 『討議資料』に対する意見 | 119

　N. E. Bennett（Alexian Brothers of America, Inc.）は，中心観及び測定属性について特に見解を示していない（Letter of Comment No. 241）。

　A. J. McNair（The Firestone Tire & Rubber Company）は，中心観について収益費用中心観を支持している。測定属性については取得原価を選択している。収益と費用の対応概念を維持し続けるべきであるとしている（Letter of Comment No. 242）。

　A. C. Crane（A. O. Smith Corporation）は，中心観については収益費用中心観を支持している。測定属性については取得原価を選択している。Ernst & Ernst という法人名はないが，Ernst & Ernst が述べている LIFO（後入先出法）の問題と同様の内容が書かれている（本章の図表7を参照）（Letter of Comment No. 243）。

　D. A. Schwerdtfeger（Coca-Cola Bottling Company of San Antonio）は，中心観及び測定属性について特に見解を示していない。『討議資料』において示された財務会計及び財務報告における概念的フレームワークの見解には賛成できないと述べているが，収益費用中心観に対して明確な支持論拠があるわけでもない（Letter of Comment No. 244）。

　J. F. Spellman（W. R. Grace & Co.）は，中心観について収益費用中心観を支持している。測定属性については特にその選択は記していない。収益と費用の対応概念を維持し続けるべきであるとしている（Letter of Comment No. 245）。

　K. M. Overbeck（Stauffer Chemical Company）は，中心観について収益費用中心観を支持している。測定属性について取得原価を選択している。収益と費用の対応概念を維持し続けるべきであるとしている（Letter of Comment No. 246）。

　A. P. Lucht（Servomation Corporation）は，中心観について収益費用中心観を支持している。測定属性については特に選択は示されていない。『討議資料』において取得原価主義概念を否定して時価主義会計の方へと誘導する経緯があることを指摘しており，それは望ましくないとしている。よって現在の概念（収益費用中心観）を支持するとしている（Letter of Comment No. 247）。

　M. E. Gilliand（Pittsburgh National Corporation）は，中心観について収益費用中心観を支持している。測定属性について特に選択はない。繰延項目を正確に認識するということで収益費用中心観（収益と費用の対応）を支持するとしている（Letter of Comment No. 248）。

　C. W. Dieker（Beech Aircraft Corporation）は，中心観について収益費用中心観を

支持している。測定属性については取得原価を選択している。Beech Aircraft Corporation は自社の監査法人である Ernst & Ernst（Letter of Comment No. 151）の考え方に同意するとしているため，Ernst & Ernst の影響下にある（Letter of Comment No. 249）。

B. G. Perez（World Airways, Inc.）は，中心観について収益費用中心観を支持している。測定属性については取得原価を選択している。Ernst & Ernst の影響下にあると考えられる。Ernst & Ernst で示されていた"Decision Path（意思決定の経路）" "Matching → Physical Capital → Historical Cost"の図表（本章の図表7を参照）をそのまま使用している（Letter of Comment No. 250）。

E. H. Weinwurm は，中心観及び測定属性について特に見解は示されていない。それぞれの中心観についてコメントを提示しているが，特にどの中心観を採用すべきかということについては言及はない（Letter of Comment No. 251）。

F. R. Milliken（Kennecott Cooper Corporation）は，中心観及び測定属性について特に見解は示されていない。FASB は"stewardship"の目的をもつべきと指摘する（Letter of Comment No. 252）。

R. J. Brotje（Champion Spark Piug Company）は，中心観について収益費用中心観を支持している。測定属性に関して特に選択は行われていない。"traditional"なものを続けるべきとし，収益費用中心観を支持している（Letter of Comment No. 253）。

C. Toder（Amax Inc.）は，中心観について収益費用中心観を支持している。測定属性に関しては取得原価を選択している。非連携観は非常に難解であるため連携を前提とすべきとし，さらに資産負債中心観は資産または負債を時価で説明するには不十分であるとする。収益費用中心観が概念的フレームワークの基礎となすべきと明言している（Letter of Comment No. 254）。

A. F. Boettcher（Missouri Society of Certified Public Accountants Accounting and Auditing Procedures Committee）は，中心観について収益費用中心観を支持している。測定属性に関して特に見解は示されていない。会計専門職の人間によって財務諸表を作成する段階で収益費用中心観に沿って作ることが一般的であるとする（Letter of Comment No. 255）。

R. L. Gray（New York State Society of Certifies Public Accountants Financial Accounting Standards Committee）は，中心観として資産負債中心観を支持している。測定属性

に関して特に選択はない。資産負債中心観が概念的フレームワーク・プロジェクトの基本的考え方として採用されるべきと明言している。利益とは企業の正味財産（純資産）の状態における実際の変化によって生じるからとしている。また，資産負債中心観については組織におけるキャッシュ・フローの潜在性を予想するものであるとしている（Letter of Comment No. 256）。

M. L. V. Schoik（The Cincinnati Gas & Electric Company）は，中心観として収益費用中心観を支持している。測定属性としては取得原価を選択している。取引完了時に主として基本とされる収益と費用の対応を強調し続けるべきであるとする（Letter of Comment No. 257）。

J. P. McCue（Hospital Financial Management Association）は，中心観として収益費用中心観を支持している。測定属性について特に選択は行われていない。収益と費用の対応を強調し続けるべきだとしている。伝統的なものを継続すべきとしている（Letter of Comment No. 258）。

P. M. Dunleavy（The Coca-Cola Bottling Company of New York, Inc.）は，中心観として収益費用中心観を支持している。測定属性について取得原価を選択している。会計理論および会計実務では，取引完成時に収益と費用の対応が必要であり，その見解を支持するとする（Letter of Comment No. 259）。

P. J. Dunphy（Anchor Hocking Corporation）は，中心観として収益費用中心観を支持している。測定属性について特に見解は示されていない。財務会計及び財務報告の基本となる概念的フレームワークは伝統的な収益費用に対応する収益費用中心観であるべきとする（Letter of Comment No. 260）。

J. S. Magacは，中心観として収益費用中心観を支持している。測定属性については取得原価を選択している。収益と費用の対応を強調し続けるべきとする（Letter of Comment No. 261）。

G. Gibbs（Claremont Men's College）は，中心観及び測定属性について特に見解を示していない。中心観についての検討というよりは，"Relevance"を頂点に置き，その下に，"Reliability, Comparability, Verifiability"をおく図表を示している。これはSFAC第2号のpara. 33で示される図式と似ている。年代的にはSFAC第2号より Public Recordが先に発刊されているものであるから，SFAC第2号が影響を受けた可能性は否定できない（Letter of Comment No. 262）。

F. W. Hulse（Southern Airways, Inc.）は，中心観について収益費用中心観を支持している。測定属性に関しては特に見解はない。取引完了時に基本とされる収益と費用の対応を強調し続けるべきであるとする（Letter of Comment No. 263）。

A. L. Maxson（Southern Airways, Inc.）は，中心観について特に選択されていなかったが，測定属性に関して取得原価を採用すべきとしている。中心観についての検討はない（Letter of Comment No. 264）。

R. A. Morgan（Caterpillar Tractor Co.）は，中心観について収益費用中心観を，測定属性について取得原価を支持する立場をとる。非連携観及び資産負債中心観を批判し，収益費用中心観が最も有力であるとする（Letter of Comment No. 265）。

J. Platts（Whirpool Corporation）は，中心観及び測定属性について特に見解は示していない。ただし，『討議資料』の考え方を難解としながらも一定の評価を与えている（Letter of Comment No. 266）。

T. K. Clarke（The Stanley Works）は，中心観について収益費用中心観を，測定属性について取得原価を支持する立場をとる。取引完了時に基本とされる収益と費用の対応を強調し続けるべきであるとする。それは収益費用中心観であり，それに対して資産負債中心観は，利益の測定を不安定にさせ，独断的な測定となってしまうと懸念している。なお，Ernst & Ernst（Letter of Comment No. 151）の文言はないが，Ernst & Ernst のいう LIFO（後入先出法）の問題を取り上げているため，その影響下にあると思われる（Letter of Comment No. 267）。

T. J. Will（Placer Develpoment Limited）は，中心観に関して特に見解を示していないが測定属性に関して取得原価を支持している。取得原価は財務データと報告に関与しており維持すべきとしている（Letter of Comment No. 268）。

J. A. Willis（Union Carbide Corporation）は，中心観について収益費用中心観を，測定属性について取得原価を支持する立場をとる。今回の FASB における取得原価を除外するような動きを批判している（Letter of Comment No. 269）。

J. A. Masi（Marathon Oil Company）は，中心観について収益費用中心観を，測定属性について取得原価を支持する立場をとる。収益と費用の対応概念を維持し続けるべきであるとする（Letter of Comment No. 270）。

R. H. Lund（C. I. T. Financial Corporation）は，中心観に関して収益費用中心観を支持している。測定属性に関しては取得原価を選択している。FASB における取得原

価を除外する活動を批判している（Letter of Comment No. 271）。

　G. D. Bean（Virginia national Bankshares, Inc.）は，中心観に関して収益費用中心観を支持している。測定属性に関して取得原価を選択している。収益費用中心観が，財務会計及び財務報告のための概念的フレームワークの基礎として採用されるべきとしている。理由は American Bankers Association（Letter of Comment No. 16）と同様の内容であるが，Ernst & Ernst（Letter of Comment No. 151）の影響もみられる（Letter of Comment No. 272）。

　B. G. Lawler（Chessie System）は，中心観について収益費用中心観を支持している。測定属性については特に見解はない。明確に収益費用中心観を支持することを述べており，資本の強化と労働の強化について述べている（Letter of Comment No. 273）。

　F. C. Roberts（Eaton Corporation）は，中心観について収益費用中心観を，測定属性について取得原価を支持する立場をとる。FASBは『討議資料』において，新しい中心観（資産負債中心観）を示したが，理由を明確に示しておらず，多くの立証を提供するのを失敗したと考えている。これまで通り，収益費用中心観と取得原価を維持することを強く望むとする（Letter of Comment No. 274）。

　L. G. Gutberlet（Virginia Society of Certifies Public Accountants Accounting and Auditing Procedures Committee）は，中心観にしても測定属性に関しても，特に選択はしていない。それぞれの中心観について見解を示しているが，特にどの中心観を採用すべきかということについては言及はない（Letter of Comment No. 275）。

　J. A. Smith（Tracor, Inc.）は，中心観について収益費用中心観を，測定属性について取得原価を支持する立場をとる。Ernst & Ernst（Letter of Comment No. 151）から概念的フレームワーク・プロジェクトに関する手紙を受け取ったことを述べており，それを支持している（Letter of Comment No. 276）。

　L. L. Rising（Paccar Inc.）は，中心観に関しては，収益費用中心観を支持している。測定属性については，取得原価を選択している。収益と費用の対応原則を好ましいとし，取得原価は長年の間，一般的な基本概念として提供されるものであるとする。なお，"Ernst & Ernst"という文言は存在しないが，Ernst & Ernst（本章の図表7を参照）のいうLIFO（後入先出法）のコメントと同じ内容が書かれているため，Ernst & Ernstの影響下にあるものと推察される（Letter of Comment No. 277）。

R. H. Schueler（University of Nevada）は，中心観についても測定属性に関しても，特に選択はされていない。中心観についてというよりは，概念的フレームワークのシステムを"Environment"という形で表現し，そのなかで，（経済）環境によって概念的フレームワークは規定されるということを（"Feedback Loop"という言葉を使用している）記している（Letter of Comment No. 278）。

T. E. Nave（Jack Eckers Corporation）は，中心観に関して収益費用中心観を支持している。測定属性に関しては，取得原価を選択している。取得原価は財務報告の基本として維持すべきであり，収益費用中心観は，企業の財務状態を最も反映するものと指摘している（Letter of Comment No. 279）。

S. Fabricant（New York University）は，中心観についても測定属性に関しても，特に選択はなされていない。GAAP, AICPA の会計制度に対する動きなどをあげ，中心観について述べているものの，明確な『討議資料』の中心観に対する回答はない（Letter of Comment No. 280）。

J. M. Fremgen（Naval Postgraduate School）は，中心観として資産負債中心観を支持している。測定属性としては現在価値を選択している。資産負債中心観が概念的フレームワークの基本となるべきと明言している。会計の根本的な重要事項における財務報告は"capital"か"economic resources"であるのだから，それを重要視する資産負債中心観を支持するべきという考え方である（Letter of Comment No. 281）。

W. B. Bolton（Government of Canada Accounting）は，中心観について収益費用中心観を支持しているが，測定属性については特に見解を示していない（Letter of Comment No. 282）。

H. D. Jordan（West Point Pepperell）は，中心観については収益費用中心観を支持している。測定属性に関しては特に見解はない。"FASB, 1976 Ⅰ"について端的に回答している。"Abandon exploration of the asset/liability approach（資産負債中心観の調査を破棄せよ）""Concentrate on the revenue/expense approach（収益費用中心観に集中せよ）"といった文言が述べられている。なお，ここでは中心観を"view"ではなく"approach"として書かれている点にも注目したい（Letter of Comment No. 283）。

G. E. Henkel は，中心観についても測定属性に関しても，特に見解はない

第 1 節 『討議資料』に対する意見 | 125

(Letter of Comment No. 284)。

　F. J. Runk（American Financial Corporation）は，中心観についてどの中心観を採択すべきかについては言及されていないが，測定属性に関しては，取得原価を選択している。FASB は時価をおしすすめようとしているようだと批判し，取得原価を推奨するとしている（Letter of Comment No. 285)。

　J. J. Preminger（Fedrated Department Stores, Inc.）は，中心観について収益費用中心観を，測定属性について取得原価を支持する立場をとっている。収益と費用の対応原則は重要であるとし，それは取得原価の考え方に基づいているとしている（Letter of Comment No. 286)。

　G. E. Dixon（Blue Bell, Inc.）は，中心観に関して収益費用中心観を支持している。測定属性に関しては，特に選択はされていない。取引の分析をとおして，収益と費用の対応を重要視することを継続すべきであり，それを信じるべきとしている（Letter of Comment No. 287)。

　C. D. Ulrich は，中心観については，どの中心観を採択すべきかについては言及されていないが，測定属性に関しては，取得原価を選択している。取得原価は経済的意思決定の有効な情報提供はしないが，信頼性のある測定属性であることを述べている（Letter of Comment No. 288)。

　J. L. Day（The Lodge & Shipley Company）は，中心観においても測定属性に関しても，特に選択はされていない。ただし，FASB の概念的フレームワーク・プロジェクトについて一定の評価をしている（Letter of Comment No. 289)。

　B. McAlpine（Kenworth Truck Company）は，"Ernst & Ernst" という文言は見受けられないが，Ernst & Ernst の述べている LIFO（後入先出法）の問題と同様の件を指摘している（本章の図表 7 を参照）。しかしどの中心観を選択するのか，そして測定属性をどうするのか，という点についての明言はない（Letter of Comment No. 290)。

　G. McLaughlin（Four-Phase Systms, Inc.）は，中心観について収益費用中心観を，測定属性について取得原価を支持する立場をとっている。収益費用の対応原則を支持している収益費用中心観を採用したい旨も述べている（Letter of Comment No. 291)。

　R. A. Johnson（Paccar）は，中心観についても測定属性に関しても特に見解はな

い。Letter of Comment No. 290 と同様，"Ernst & Ernst" という文言は見受けられないが，Ernst & Ernst の述べている LIFO（後入先出法）の問題を指摘している（本章の図表7を参照）。しかしどの中心観を選択するのかなどについては明言はない（Letter of Comment No. 292）。

　E. E. Haight and W. D. Bennett（Pacific Car and Foundry Company）は，中心観について収益費用中心観を，測定属性について取得原価を支持する立場をとっている。伝統的な会計である収益費用中心観を推奨し，また"Historical Cost Valuation"を支持している（Letter of Comment No. 293）。

　W. R. Morris（Marshall University）は，中心観及び測定属性について特に見解を示していない（Letter of Comment No. 294）。

第1節　『討議資料』に対する意見　127

図表1　マトリックスⅠ（A）　資産とその属性

質的特徴	売上債権			市場性のある有価証券への投資			棚卸資産			土地, 工場,および設備			識別可能な買い入れ無形固定資産		
	歴史的原価	現在売却価値	期待の現在価値 / 期待キャッシュフロー	歴史的原価	現在売却価値	期待の現在価値 / 期待キャッシュフロー	歴史的原価	現在売却価値	期待の現在価値 / 期待キャッシュフロー	歴史的原価	現在売却価値	期待の現在価値 / 期待キャッシュフロー	歴史的原価	現在売却価値	期待の現在価値 / 期待キャッシュフロー
各属性は以下の質的特徴に適合する/適合しない（回答上の注意を参照）．A．目的適合性-有用な情報を提供する：A-1：FASBが暫定的に採用した基本目的（「営利企業の財務諸表の基本目的に関する中間報告」パラグラフ8，14，および16）を満たす。	※	※				†			†		≠		†		
A-2：その目的を満たす（具体的に述べてください）															
B．信頼性-測定値が直接関係するのは，測定者の観念ではなく，測定される対象または事象であり（客観性，偏向の排除，中立性），別の測定者が同一の方法を用いて測定を行えば，本質的に同一の結果が得られる（検証可能性）。															
C．比較可能性-財務諸表で測定される諸要素および測定値事態の相違は，企業の基本的な相違または企業の財務活動の性質の相違から生じるのであって，財務会計実務あるいは財務会計手続の相違から生じるのではない，ということを目標とする。															
D．適時性-情報をそれが関係する経済的意思決定に用いるにあたって，当該情報が十分に早い段階で伝達されうる。															
E．理解可能性-：経営・経済活動および財務会計の手続に関してある程度の理解力を有し，財務諸表を研究するのに必要な時間と努力を費やす意志のある投資家および与信者には理解できる。															
F．その他の質的特徴（具体的に述べてください）															

※　歴史的原価および現在原価は受取債権にはふさわしくないように思われる。それゆえ，この欄に記号を記入する場合には，その属性が何を意味するのかを説明してください。

†　この欄に記入する記号がAまたはBの場合には，割引レートとして用いるのは歴史的レート，現在レート，またはその他の何らかのレート（具体的に述べて下さい）のいずれであるかも示してください。

≠　この欄に記入する記号がAまたはBの場合には，同種の資産の現在原価または同等の生産力の現在原価のいずれを意図しているのかも示してください。

（出所：FASB（1976, p.19）津守監訳（1997, 28-29頁））

図表2　マトリックスⅠ（B）　負債とその属性

質 的 特 徴	種類A：確定日に支払うべき確定した金額			種類B：未確定日に支払うべき見積金額			種類C：責務を果たすために引き渡すべき製品またはサービス		
	実際現金受領額	現在現金受領額	現在売却価値	期待キャッシュフローの現在価値	実際現金受領額	現在現金受領額	現在売却価値	期待キャッシュフローの現在価値	実際現金受領額	現在現金受領額	現在売却価値	期待キャッシュフローの現在価値

※ 表の列見出しは、各種類（A・B・C）について「実際現金受領額／現在現金受領額／現在売却価値／期待キャッシュフローの現在価値」の4項目。

質的特徴	A実際	A現在受	A現売	A期待	B実際	B現在受	B現売	B期待	C実際	C現在受	C現売	C期待
各属性は以下の質的特徴に適合する/適合しない（回答上の注意を参照）A. 目的適合性-有用な情報を提供する：A-1：FASBが暫定的に採用した基本目的（「営利企業の財務諸表の基本目的に関する中間報告」パラグラフ8, 14, および16）を満たす。				※				※				※
A-2：その目的を満たす（具体的に述べてください）												
B. 信頼性-測定値が直接関係するのは，測定者の観念ではなく，測定される対象または事象であり（客観性，偏向の排除，中立性），別の測定者が同一の方法を用いて測定を行えば，本質的に同一の結果が得られる（検証可能性）。												
C. 比較可能性-財務諸表で測定される諸要素および測定値自体の相違は，企業の基本的な相違または企業の財務活動の性質の相違から生じるのであって，財務会計実務あるいは財務会計手続の相違から生じるのではない，ということを目標とする。												
D. 適時性-情報をそれが関係する経済的意思決定に用いるにあたって，当該情報が十分に早い段階で伝達されうる。												
E. 理解可能性-経営・経済活動および財務会計の手続に関してある程度の理解力を有し，財務諸表を研究するのに必要な時間と努力を費やす意志のある投資家および与信者には理解できる。												
F. その他の質的特徴（具体的に述べてください）												

※　この欄に記入する記号がAまたはBの場合には，割引レートとして用いるのは歴史的レート，現在レート，またはその他の何らかのレート（具体的に述べて下さい）のいずれであるのかも示してください。

（出所：FASB (1976, p.21) 津守監訳（1997, 30-31頁））

図表3　マトリックスⅡ

構成要素	歴史的原価/実際現金受領額	現在原価/現在現金受領額	現在売却価値	期待売却価値	期待キャッシュフローの現在価値
1. 売上債権（短期および長期）	※	※			≠
2. 棚卸資産					
3. 土地，建物および設備		†			
4. 投資（短期および長期）					
5. 識別可能な買い入れ無形固定資産					
6. 負債-種類A：確定日に支払うべき確定金額					
7. 負債-種類B：未確定日に支払うべき見積金額					
8. 負債-種類C：責務を果たすために引き渡すべき製品またはサービス					

属性

※　歴史的原価および現在原価は受取債権にはふさわしくないように思われる。それゆえ，この欄に印を記入する場合には，その属性が何を意味するのかを説明してください。
†　この欄に印を記入する場合には，同種の資産の現在原価または同等の生産力の現在原価のいずれかを意図しているのかも示してください。
≠　この欄に印を記入する場合には，割引レートとして用いるのは歴史的レート，現在レート，またはその他の何らかのレート（具体的に述べて下さい）のいずれであるかも示してください。

（出所：FASB（1976, p. 23）津守監訳（1997, 33頁））

図表4　マトリックスⅢ

一般購買力の変動の認識に関する水準	歴史的原価/実際現金受領額	現在原価/現在現金受領額	現在売却価値	期待売却価値	期待キャッシュフローの現在価値
Ⅰ．一般購買力の変動を考慮しない。					
Ⅱ．一般購買力の変動を部分的に認識※する。					
A．基本財務諸表において					
B．補足情報として					
Ⅲ．一般購買力の変動を包括的に認識する。					
A．基本財務諸表において					
B．補足情報として					

属性

※「部分的認識」の程度を説明してください。（例：貨幣項目は認識するが，非貨幣項目は認識しない）。
（出所：FASB（1976, p. 24）津守監訳（1997, 34頁））

第2節　収益費用中心観の Letter of Comment

　Public Record は数多くの Letter of Comment から成り立っている。第5章第1節における各々の Letter of Comment の要約を参照してもらえれば分かるように，収益費用中心観の立場を採用している回答は極めて多い。本節では，このような立場を採用するものを，会計関連専門機関（監査法人等・AAA・銀行関連），一般企業等に分類し，それぞれの特徴を検討していくこととする。なお，本節における分類等については，津守常弘教授の分類手法等を参考にしている[5]。

(1)　会計関連専門機関

①　監査法人等

　収益費用中心観を採用する回答者のなかで，会計関連専門機関である監査法人や会計事務所，あるいは会計に関わるコンサルタントを生業としている団体等について検討する。それら団体は「監査法人等」の一覧表のとおりである。

第2節　収益費用中心観の Letter of Comment | 131

図表5　監査法人等

No.	個人名	団体名	測定属性 取得原価 (Historical Cost)	測定属性 時　価 (Current Value)	測定属性 現在価値 (Present Value)	見解なし (その他)	Matrixへの回答	備　考
15	R. T. Baker	Ernst & Ernst	○					Letter of Comment No.151のErnst & Ernstの返答の前に，一応の受理確認をFASBに簡単に示し，ふさわしいレスポンスを後日送ることを予告している。
19		Peat, Marwick, Mitchell & Co.	○					財務会計及び財務報告のための概念的フレームワークの基礎として収益費用中心観を採用すべきことを明確に述べている。また時価主義には欠陥があるとする。費用は期間の利益を測定するべき将来期間の収益に合理的に配分されることができるとし，将来の収益に合理的に配分されない費用は資産と呼ぶべきではないとしている。
31		Haskins & Sells	○					資産負債中心観も収益費用中心観の構成要素として適用されるとき，それぞれメリットがでてくるとしているが，最終的には収益費用中心観を選択するとしている。選択理由については特に明記されていなかった。
85		Price Waterhouse & Co.				○		土台となる概念的フレームワークにおいて収益費用中心観を採用することにより，FASBは最も有益なものを達成することができるとしている。
86		National association of Accountants				○		収益と費用の対応の概念の考え方の強調は，正確な取引を立証できるとしている。
120	William M. Young, Jr.	Peat, Marwick, Mitchell & Co.	○					利益測定における収益費用中心観が，財務会計及び財務報告の概念的フレームワークの根本的な基礎をなすべきであろうと明言している。
150		Coopers & Lybrand	○					収益費用中心観のもとでは，利益は，一期間の収益と費用の差異で決められる。資産と負債の定義よりむしろ収益と費用の定義，つまり，収益の実現と費用の対応の概念が重要であると強く主張している。

151		Ernst & Ernst	○					収益費用中心観支持者の代表的存在であり，他者へのその影響力は絶大である。FASBの存在を認めるが，しかしFASBの抽象的で理論的な題材をもつ概念的フレームワークの公表は，失望に値するものであり，問題のあるものと批判している。その問題を理解するなかでFASBを支援するためにErnst & Ernstは，膨大なLetter of Commentを提出している。ただし『討議資料』とは反対に，Ernst & Ernstにおいては定義と測定の分離への批判を主張している。
206	Gerald I. White	Financial analysts federation Financial accounting Policy Committee				○		収益力の概念の基礎となるのは収益費用中心観であり，それは収益と費用の対応概念を根本としている。
216	Charles C. Hornbostel	Financial executives Institute	○					収益と費用の対応概念をもつ収益費用中心観を支持している。取得原価主義から，時価主義への変化は理解できないとしている。
255	A. F. Boettcher	Missouri Society of Certified Public Accountants Accounting and Auditing Procedures Committee				○		収益費用中心観を選択している。会計専門職の人間が財務諸表を作成する段階で収益費用中心観に従って作られるのが一般的であるとしている。
258	Joseph P. McCue	Hospital Financial Management Association				○		収益と費用の対応を強調し続けるべきとしている。伝統的なものを継続すべきとしている。

第2節　収益費用中心観の Letter of Comment　133

　このなかで Price Waterhouse & Co. は，『討議資料』への回答[6]について，『討議資料』が提示した①の問題点，すなわちいずれの中心観が採用されるべきなのか，という問いについては「財務会計及び財務報告のための概念的フレームワークの基礎として収益費用中心観を採用すべき」[7]と回答しており，明確に収益費用中心観を採用する意見表明をしている。

　『討議資料』が提示した②の問題点，財務会計及び財務報告に関する概念的フレームワークのための資産の定義の内容を構成するものとはなにか，という質問に対して，Price Waterhouse & Co. は「資産は特定の企業に影響を及ぼす過去の取引または事象の結果としての経済的資源の財務的表現であるとし，同時に，繰延費用が確実に生じてくる。期間利益を適正に測定するということがなければ，経済的資源よりむしろ資源及び責務の未配分項目を示すかもしれない」[8]と答えている。『討議資料』の資産負債中心観は基本的に繰延項目及び繰延収益・引当金を歓迎する立場を取らず，これらの項目は将来期間の利益測定において償却され，あるいは繰り入れられることが予定されてはいないものの，収益費用中心観は，繰り入れることが予定されていたのであるが[9]，Price Waterhouse & Co. の見解をみる限り，収益費用中心観の考え方に沿っているといってよい。

　『討議資料』の問題提起の③，すなわち財務会計及び財務報告に関する概念的フレームワークのための負債の定義の内容を構成するものとはなにか，という質問に対して Price Waterhouse & Co. は「負債はある企業に影響を及ぼす過去の取引または事象の結果として，将来他の実体に経済的資源を譲渡するという当該企業の責務の財務的表現であるとし，同時に，繰延貸方項目または引当金が確実に生じる」[10]，「期間利益を適正に測定するということがなければ，経済的債務よりむしろ資源及び責務の未配分項目を示すかもしれない」[11]と回答している。これも上記②に対する『討議資料』への Price Waterhouse & Co. の回答と同じく『討議資料』における収益費用中心観の考え方と同一である。

　『討議資料』の④の問題点，すなわち財務会計及び財務報告に関する概念的フレームワークのために利益とその構成要素はいかに定義されるべきかについて Price Waterhouse & Co. は「一会計期間の利益（損失）は，当該期間におけ

る収益，費用，利得，損失とを対応させた結果である」[12]と回答し，つまり利益が，収益と費用との差額に基づいて定義されており，収益費用中心観の考え方と同様である。

『討議資料』の⑤の問題点である，利得及び損失は，収益及び費用とは別個に利益の構成要素として定義されるべきか，あるいは収益及び費用の定義のなかに包摂されるべきかという質問に対しては，Price Waterhouse & Co. は，「利得と損失は，一会計期間の利益の要素として絶対的に必要なものであり，利得及び損失は，（収益及び費用とは）別個に利益の構成要素として定義する」[13]ことを述べている。資産負債中心観では利益の定義には影響を及ぼさないが，損益計算書においては利益の内訳要素を開示するうえで重要であることから収益費用中心観の概念であることが分かる。問題は，収益，費用，利得，損失を別々に定義するほうが，それを包摂している定義よりも開示の有用性を増すかどうかということであろう。

『討議資料』の⑥の問題提起は，財務会計及び財務報告に関する概念的フレームワークのための収益及び費用の意義の内容を構成するものとは何か，というものであったが，Price Waterhouse & Co. は，「収益は，資産の増加と負債の減少の財務的表現である。費用は，資産の減少もしくは負債の増加である」[14]と述べている。この点については，資産負債中心観と収益費用中心観の形式的な相違点にすぎないが，収益費用中心観の考え方であることに違いはない。

『討議資料』の⑦の問題点である，財務会計及び財務報告に関する概念的フレームワークのための利得及び損失の定義の内容を構成するものとは何か，というものについては，Price Waterhouse & Co. は，「利得および損失は，例外はあるものの本質的に収益と費用の定義と類似している」[15]とのみ回答である。

『討議資料』の⑧の問題点である，資本維持または原価回収に関する概念のうち，どういうものが財務会計及び財務報告に関する概念的フレームワークにとって最も適当であるかについては，Price Waterhouse & Co. は「資本維持概念は，貨幣単位で測定される財務的資本であり，重大なインフレーション・デフレーションの事情で，同一の購買力単位で測定される場合もある」[16]と述

べているに留まる。

『討議資料』の⑨の問題点である，財務諸表の構成要素のいずれの属性が，財務会計及び財務報告において測定されるべきかについては，Price Waterhouse & Co. は，『討議資料』が用意したマトリックスは提出しておらず，なおかつ文言としての回答さえもなかった[17]。

以上のことから，これら全ての Price Waterhouse & Co. の回答・見解は，『討議資料』が収益費用中心観を採用する場合に提示していた概念とほぼ同義であるといえよう[18]。

本節の図表 5「監査法人等」の一覧表からも分かるように，このような Price Waterhouse & Co. 以外の監査法人の見解としては，他にもあげられるが，なかでも Ernst & Ernst の Letter of Comment[19] の内容に注目したい。まず Ernst & Ernst の頁数であるが，例えば Price Waterhouse & Co. の Letter of Comment が 8 頁であったのに対して，Ernst & Ernst は，123 頁という膨大な数にのぼる。なぜそのような差があらわれたのか。それは Price Waterhouse & Co. が，基本的に『討議資料』からの質問のみに回答しているのに対して（回答していない部分もあったが），Ernst & Ernst は『討議資料』の質問（問題提起）以外にも，表や図を使って，Ernst & Ernst の意見を明確に訴え，積極的に FASB に対して見解を示しているからである。すなわちここでいう「意見」の意味は『討議資料』への「批判」と同義と考えてもよい。

Ernst & Ernst は，Ⅰ（1. Summary, 2. Background），Ⅱ. Analysis of The Discussion Memorandum（3. Elements of Financial Statements, 4. Measurement of Financial Statement Elements, 5. Probable Alternatives），Ⅲ. Ernst & Ernst Position Papers（6. Our Views on The Conceptual Framework, 7. Accounting under Inflationary Conditions），Ⅳ. Excerpts from Conceptual Framework Package（8. Illustrative Income Statement Presentations, 9. Issues Posed by The FASB, 10. Matrices for Indicating Responses, 11. Tentative Conclusions on Financial Statement Objectives）という 4 部構成からなる全 11 章の Letter of Comment を FASB に提出している。

このなかで，最も Ernst & Ernst の見解を強く表しているのは，第Ⅲ部の"Ernst & Ernst Position Papers"における"Our Views on The Conceptual

Framework"で示されている測定属性の選択問題であろう。そこでは『討議資料』で示された測定属性の選択問題とは全く異なる内容の考えが示されている。基本的に Ernst & Ernst の見解は,『討議資料』が問題提起した①〜⑨に対して Price Waterhouse & Co. が回答した内容とほぼ同義であるが[20], Price Waterhouse & Co. が,測定属性の問題に回答していなかったことに対して(『討議資料』の⑨の問題点,すなわち財務諸表の構成要素のいずれかの属性が,財務会計及び財務報告において測定されるべきかというものに対しては,Price Waterhouse & Co. は回答がなかった。Ernst & Ernst と Price Waterhouse & Co. は基本的には同じような見解を持っているのだが, Price Waterhouse & Co. が『討議資料』の⑨の質問に答えていないことから分かるように,定義と測定の分離の問題については Price Waterhouse & Co. は回答を避けている。これは,Price Waterhouse & Co. が Ernst & Ernst と比べて,定義と測定の分離についてさほど重要視していなかったか,故意に回答を避けたのか,あるいはその点について『討議資料』の考え方を支持していたかと考えられるものの,どれについても確定はできない。),Ernst & Ernst は測定属性の問題に関して詳細な検討を行っているといってよい。

そもそも Ernst & Ernst は回答の冒頭部分において,「FASB の概念的フレームワーク・プロジェクトの成果は,長い間にわたり,会計における財務報告の道筋を決定するだろう。」[21]という FASB に対して組織的な力,すなわち基準を設定する機関としての権威を認める発言をしつつも,つづけて「不運にも,FASB の〈…(略)…〉抽象的で理論的な題材をもつ概念的フレームワークの公表は,読むにあたって,失望に値するものであり,問題のあるものであった。その問題を理解するなかで FASB を支援するために,私たち Ernst & Ernst は,〈…(略)…〉このプロジェクトの分析を行った」[22]という『討議資料』への批判が綴られている。このような文言は Ernst & Ernst が,FASB を「力」のある(「力」をもつであろう)機関と認めた一つの根拠であり,よって,あえて膨大な意見をまとめあげる労力を費やしたとも考えられる。

『討議資料』の問題提起①が示す中心観の問題については,Ernst & Ernst は「討議資料で議論された財務諸表の要素の定義のほとんどは,資産負債中心観か,収益費用中心観のどちらかに矛盾しない。〈…(略)…〉非連携観の提案者

第2節　収益費用中心観の Letter of Comment　　137

は，その利益観にあう最適な定義というものを説明すべきだろう」(23)と述べており，非連携観については否定的見解を示している。つづけて Ernst & Ernst は，『討議資料』が示した①の中心観の問題というものは，他の問題と最も関連づけられるものであり，回答者は①の問題に答えるなかで議論し，すべての物事の局面を考えるべきであるとし(24)，慎重に回答することを示している。Ernst & Ernst におけるこれらの慎重さは，中心観の選択によって，『討議資料』が示していた他の問題点（②～⑨），すなわち，資産の定義，負債の定義，収益・費用の定義，利得・損失の定義，利益及びその内訳要素の定義，収益・費用との関連における利得・損失の位置づけや，資本維持・原価回収の問題，測定属性の問題が決定づけられると考えていたからである。

　Ernst & Ernst と『討議資料』とにおいて最も異なる点は，測定属性の選択問題である。その点について検討してみよう。『討議資料』においては，資産・負債の認識問題について，定義と認識規準の分離が必要であることを示唆していた(25)。『討議資料』は，さまざまな種類の項目ならびに異なった環境要因のために，きわめて多様な認識規準が存在するので，構成要素の定義に認識規準を含めることは，複雑かつ不安定なものにしてしまうという懸念を抱いているところからはじまっている。その懸念の理由は二つあり，一つ目は「すべての構成要素の認識のためのすべての重要なルールおよび慣行を同時に考慮に入れることはとうてい不可能」(26)というものであり，二つ目は「認識ルールないし認識慣行が変化するたびに，また，新しい認識問題をともなう経営実務が出現するたびに，定義は変化していくことになるであろう」(27)というものであった。このようなことから『討議資料』では定義と認識規準の分離に積極的な立場をとっていたのである。さらに『討議資料』においては，資産・負債の測定問題について，利益観の選択と測定属性の問題を分離し，測定属性を選択問題として考えていた(28)。すなわち各中心観と特定の測定基準とを結びつける自動的な連結環は存在せず，いずれの中心観も財務諸表の構成要素のいくつかの異なった属性の測定と両立することになる。なお収益費用中心観は収益と歴史的費消原価との対応に限定されるものではなく，現在取替原価を販売収益と対応させることは可能であるとしていた。

　これに対して，Ernst & Ernst は定義と測定の分離への批判を主張している

のである(29)。Ernst & Ernst はいう。「『討議資料』は，根本的な構成要素の定義をその測定から分離する。私たちは，測定に注意を払わずに根本的な構成要素の定義をするということは，誤解をまねきやすいとはいわないまでも，無意味であると思っている」(30)。

このように Ernst & Ernst は，明確に中心観・定義・測定属性が分離することは無益であることを述べている。さらに Ernst & Ernst は「会計は主として取得原価基準（歴史的原価基準）を残すべきか，または会計は時価というある種の測定方法にシフトすべきかということを，私たちは，基本的な論点だと信ずる。」(31)と述べ，さらに続けて「私たちの見解としては，この定義の最初の一歩が決定的に重要である。私たちは，資産と負債の測定が，会計の主な焦点であるならば，その結果は，完了した取引を基礎とする費用と収益の報告から離れて動いていくだろうと信じるものである。これが現実のものとなれば，その時価での資産と負債を測定することが，その場合，既定の結論となってしまうかもしれない」と述べ，資産と負債に焦点をあてる考え方，すなわち資産負債中心観の考え方に批判的見解を示している(32)。

ともあれ，このようなことから Ernst & Ernst は，中心観が決定されることからはじまるピラミッド型の選択レベル方式を明確に意識していることが分かる。そしてこのような選択属性の選択問題をまとめた形で，Ernst & Ernst は，回答のなかで測定属性の問題を一つの図表として提示しているのである。それが図表6(33)である。

ここでは"Valuation（評価）"と"Matching（対応）"の選択からはじまり，つづいて"Physical Capital（物的資本）"と"Financial Capital（財務資本）"の選択，最後に"Current Value（時価）"と"Hist. Cost（取得原価）"(34)の選択というように3つの段階に分かれている。これは Ernst & Ernst が考える"Valuation（評価）"と"Matching（対応）"の選択というものが中心観の選択となり，"Physical Capital（物的資本）"と"Financial Capital（財務資本）"の選択というものが，資本維持概念の選択となり，最後の"Current Value（時価）"と"Hist. Cost（取得原価）"の選択が，測定属性の選択ということになるだろう。そしてこのような測定属性の選択の問題を前提として，Ernst & Ernst は図表7(35)のような見解を示している。

第2節　収益費用中心観の Letter of Comment | 139

図表6　Ernst & Ernst の測定属性

```
                    DECISION PATH
                    (意思決定経路)
            ┌───────────┴───────────┐
            ↓                       ↓
         Valuation                Matching
          (評価)                    (対応)
      ┌─────┴─────┐             ┌─────┴─────┐
      ↓           ↓             ↓           ↓
 Physical    Financial      Physical    Financial
  Capital     Capital        Capital     Capital
 (物的資本)   (財務資本)     (物的資本)   (財務資本)
   ┌─┴─┐      ┌─┴─┐          ┌─┴─┐      ┌─┴─┐
   ↓   ↓      ↓   ↓          ↓   ↓      ↓   ↓
Current Hist. Current Hist. Current Hist. Current Hist.
Value  Cost  Value  Cost   Value  Cost  Value  Cost
(時価)(取得原価)(時価)(取得原価)(時価)(取得原価)(時価)(取得原価)
```

(出所：Ernst & Ernst (1977, p. 1328))

　太線で示されている道筋が Ernst & Ernst の見解である。図表7から，Ernst & Ernst は中心観について"Valuation (評価)"，"Matching (対応)"という二つの選択肢を提示しているが，これは前者が資産負債中心観であり，後者が収益費用中心観ということを前提としている考え方といえる。Ernst & Ernst は「『討議資料』への Ernst & Ernst の回答」[36]において「私たちは，資産負債の評価よりむしろ収益と，それに関連する費用の対応を強調する伝統的なアプローチを支持する。安定した価格の状況の下では，財務資本維持と取得原価（歴史的原価）評価方法に私たちを導くであろう。しかし，インフレーション下においては費用の取得原価尺度では，企業の生産能力を維持することが困難な状態に陥るため，それで財務資本よりむしろ物的資本を私たちは選択する。」[37]と述べている。このようなことから Ernst & Ernst は伝統的アプローチ，すなわち収益費用中心観を採用していることを明確に述べており，さらに図表7に示されている，LIFO（後入先出法）と CCD（現在原価減価償却）は「財務報告と所得税目的という二つの目的のために」[38]必要なものであり，それらを「修

図表 7　Ernst & Ernst の測定属性の選択

```
                    DECISION PATH
                    （意思決定経路）
              ┌───────────┴───────────┐
          Valuation                Matching
          （評価）                  （対応）
       ┌─────┴─────┐          ┌─────┴─────┐
   Physical    Financial    Physical    Financial
   Capital     Capital      Capital     Capital
   （物的資本） （財務資本）  （物的資本） （財務資本）
    ┌──┴──┐    ┌──┴──┐      ┌──┴──┐     ┌──┴──┐
  Current Hist. Current Hist. Current Hist. Current Hist.
  Value   Cost  Value   Cost  Value   Cost  Value   Cost
  （時価）（取得原価）（時価）（取得原価）（時価）（取得原価）（時価）（取得原価）
                                      With
                                 LIFO and CCD
```

（出所：Ernst & Ernst (1977, p. 1329)）

正取得原価アプローチ（modified historical cost approach）」[39]という形で提示している。この修正取得原価アプローチこそが，GAAP がいう歴史的原価会計にほかならないことも付け加えている[40]。これらの Ernst & Ernst の Letter of Comment は，図表6や図表7にみたような「三段階」の測定属性の問題を取り上げ，その正当性を述べているのである。この Ernst & Ernst の「三段階」の見解については同様のことを津守常弘教授も指摘されており[41]，著者もそれを支持するものである。

そのほか収益費用中心観を採用している監査法人（会計事務所）は，基本的には Price Waterhouse & Co. の見解と同様，頁数的にはさほど多くはなく，Price Waterhouse & Co. と同様の見解が多い。Peat, Marwick, Mitchell & Co.[42]もその一つであり，回答頁数は10頁となる。ただし『討議資料』が提示していたマトリックスへの回答はなく，基本的には『討議資料』が問題提起してい

た①～⑨への回答という形式を採っている。Price Waterhouse & Co. と考え方は同様であるが，キャッシュ・フローという文言を使って説明を行っている。

『討議資料』の①の中心観の問題提起に対しては，Peat, Marwick, Mitchell & Co. は簡潔に「利益測定における収益費用中心観が，財務会計及び財務報告の概念的フレームワークの根本的な基礎をなすべきであろう」[43]とのみ述べ，『討議資料』の②の資産の定義における問題提起に対しては「費用は〈…（略）…〉期間の利益を測定するべき将来期間の収益に合理的に配分されることができる。将来の収益に合理的に配分されない費用は，〈…（略）…〉資産と呼ぶべきではない」[44]という見解を示している。これも『討議資料』における収益費用中心観の見解と同様である。『討議資料』の③の負債の定義における問題提起に対しては，Peat, Marwick, Mitchell & Co. は「負債は，過去の取引または企業に影響する事象の結果として生ずる将来における譲渡資金，財産，他へのサービスへの企業の義務という財務表示である。また特定の『繰延負債』を含む負債は，〈…（略）…〉義務として表示はしない。ただし周期的に収益と利益を測定する過程において必要とはなる」[45]という見解を示している。『討議資料』の④の収益・費用の定義における問題提起に対しては「一期間の利益は，アウトプットを引き起こすインプット（費用）を合理的に配分し，企業活動からアウトプット（収益）を測定する結果である。」[46]という見解を示す。『討議資料』の⑤の利得・損失の定義における問題提起に対しては「特定の利得と損失，何らかの利得と損失の企業活動の実体を信頼することは，含まれるべきでないものが利益として含まれるはずである。利益のなかに含まれる利得と損失は，収益と費用から分離されるべきであろう」[47]と述べている。『討議資料』の⑥の利益及びその内訳要素の定義における問題提起に対しては「一期間を通して企業のアウトプットの測定されたものが収益である。インプットの費用は，一期間の収益に合理的に配分されることができる。これらの費用はまた，定期的な収益発生過程に関連するが，将来の期間で実現される収益に合理的に配分はできない」[48]という見解を示している。『討議資料』の⑦の収益・費用との関連における利得・損失の場所づけにおける問題提起に対して，Peat, Marwick, Mitchell & Co. は「現在のまたは将来のキャッシュ・インフロー，また将来のキャッシュ・アウトフローを減少させる利得は，収益ではなく，将来

の原価に合理的に配分されることもできない。現在，過去，また将来のキャッシュ・アウトフローとしての損失は，費用でもなく原価でもない」[49]としている。『討議資料』の⑧の資本維持あるいは原価回収概念における問題提起に対しては，Peat, Marwick, Mitchell & Co. は回答しておらず，また⑨の測定属性における問題提起に対しても，Price Waterhouse & Co. と同様に回答はしておらず，⑨で回答するよう『討議資料』から促されているマトリックスについても記入はなかった。

なお，Peat, Marwick, Mitchell & Co. は，Letter of Comment No. 19 と Letter of Comment No. 120 の2通を FASB に対して返信しているが，内容はほぼ同様である。Letter of Comment No. 19 は 1977 年3月17日に返信されているものであり，Letter of Comment No. 120 が 1977 年6月27日に返信されているものである。数ヶ月をおいて主要な観点については，ほぼ変化のない文章を送信しているものの，返信回数を考慮すると，それだけ『討議資料』に対して強い関心があったといってよいだろう。

このほかの収益費用中心観を採用していると考えられる監査法人（会計事務所）は，本節の図表5「監査法人等」の一覧表から分かるように，Haskins & Sells[50] や Cooper & Lybrand[51] などがあげられるが，Haskins & Sells の Letter of Comment の回答は8頁，Cooper & Lybrand の Letter of Comment の回答は 12 頁であり，Ernst & Ernst の Letter of Comment の頁数と比べると他の監査法人（会計事務所）と同様に圧倒的にその数は少ない。

Haskins & Sells は，『討議資料』が問題提起した①～⑨への回答という形式をとっておらず，Haskins & Sells が望む部分だけ回答を行う形式をとっている。Haskins & Sells は，資産負債中心観も収益費用中心観も，それぞれの中心観の構成要素として適用されるとき，それぞれメリットがあらわれるのであり，いずれか一方の利益観を強制的に選択することは，他の構成要素に対して，不満や妥協を導くことになるだろうと述べている[52]。このように一見，資産負債中心観も収益費用中心観に対しても，曖昧な態度をとっているような文言を並べながらも，最終的には次のようなことを述べている。「しかしながら，もし，『討議資料』のなかで表現されている言葉を選択する必要があるならば，私たちは，収益費用中心観を選択するだろう」[53]。選択理由について

第2節　収益費用中心観の Letter of Comment

は特に明記されていなかった。そのほか問題とされていた資産・負債の定義，収益・費用の定義等，基本的には Price Waterhouse & Co. の回答内容と同様である。やはり Haskins & Sells においても『討議資料』の⑨に関わる質問に対しては，回答はなく，マトリックスの掲載もされていなかった。

　Cooper & Lybrand に関しても，基本的には Price Waterhouse & Co. の Letter of Comment と同様の見解である。マトリックスは掲載されておらず，『討議資料』で問題提起された⑨の質問に関しては回答がなかった[54]。ただし『討議資料』の①で問題提起された中心観の問題については，Letter of Comment のなかで多めに頁数を費やし，回答を行っていた。Cooper & Lybrand は，最も重要な問題である中心観の概念に衝撃を与えたと考える『討議資料』の①の問題がプロジェクトの姿勢を形作っており，資産負債中心観と収益費用中心観の二つの利益概念における選択は，会計と報告の将来の方向性に重大な影響を与えるだろうと述べ[55]，問題提起の①を評価しながら，中心観について次のように述べている。「資産負債中心観のもとでは，一期間の利益は，資本取引を除く，一期間の最初と最後の企業の純資産の差異で決められる。それゆえ資産と負債の定義は，利益の測定にとって重大である。収益費用中心観のもとでは，利益は，一期間の収益と費用の差異で決められる。資産と負債の定義よりむしろ収益と費用の定義，つまり，収益の実現と費用の対応の概念が重要である。私たちは，収益費用中心観を強く勧める。」[56]。

　このようなことから収益費用中心観を推奨する団体は，Ernst & Ernst を筆頭にして，収益と費用の対応概念について詳細に検討を行っている。そこでの共通事項は，収益と費用の対応の概念の考え方の強調こそ正確な取引の根源であり，資産と負債の概念よりも収益と費用の概念が優先され，収益と費用の差額が利益であるとしている。ただし Ernst & Ernst のように測定属性まで議論を展開した見解が，他の収益費用中心観を採用することを薦める他の監査法人や会計事務所にはみられなかった。むしろ，それは一般企業に対して影響力を及ぼしている。その点については後述する。Ernst & Ernst の回答内容は定義と測定の分離可能性を徹底的に否定する立場をとり，分離はできない・分離はすべきではないといった見解を明確に示したという点で注目に値するであろう。

143

② AAA

　AAAは，Paul L. Gerhardtがその代表者として38頁にわたる回答[57]を寄せており，収益費用中心観を採用すべきことを述べている。以下の図表8のとおりである。

図表8　AAA

| No. | 個人名 | 団体名 | 測定属性 ||||| 備考 |
			取得原価(Historical Cost)	時価(Current Value)	現在価値(Present Value)	見解なし(その他)	Matrixへの回答	
196	Paul L. Gerhardt	American Accounting Association				○		収益費用中心観よりむしろ資産負債中心観へと誘導する姿勢を示している「変化という現象」については肯定的見解をとる。しかし，収益費用中心観を支持している。収益費用中心観のもとでの利益ならびに利益測定ルールをめぐる議論は，利益が企業ないしその経営者の経常的，正常的，長期的な業績指標ないし成果指標であるということを前提としているためとしている。

　AAAが公表した1948年基準[58]から，1957年基準[59]において，資産負債中心観の先駆け的意味合いが含まれていたことはすでに述べた。1957年基準が，資産の本質を「用役潜在性（service potentials）」と明確に述べ，資産の本質を元にして，議論を進めており，原価主義に対しての信用が明らかに欠落しはじめていた状態であった。その影響を受けて1976年に公表された『討議資料』が中心観を生み出したことは間違いない。しかし1977年に，『討議資料』に対して寄せられたAAAの意見は，収益費用中心観を推奨しており，その点については矛盾が生じている。AAAは他の収益費用中心観のLetter of Commentに比べて，非常に観念的な説明を行っている印象を受ける。中心観の選択問題については，AAAは『討議資料』が提示した中心観（資産負債中心観・収益費用中心観・非連携観）の説明は，それぞれの特徴をふまえながら，回答者に対して（やや強引というニュアンスを含めつつ）力強く説得しようという点については評価している。しかしAAAは，その『討議資料』の説明が「理論的な

迷宮 (intellectual maze)」(60) に陥っていることを指摘している。そして回答者を迷わさないために,「迷宮の上に透視図 (perspective on the maze)」を載せて「簡易化 (simplification)」することを述べているのである(61)。

　さらに AAA は研究者の意見等 (Shackle, G. L. S) を取り入れつつ (Shackle は,歴史は状況の連続または事象の結果が等しく描かれることを述べている),概念というものは変化を繰り返すものである,ということについては肯定する立場をとっている(62)。

　これは『討議資料』が収益費用中心観よりむしろ,資産負債中心観へと誘導する姿勢を示している「変化という現象」については,肯定的見解をとっているといってよい。他の Letter of Comment が,収益費用中心観から資産負債中心観への「変化」を恐れる発言を繰り返しているなかで(次節で検討する「銀行関係」は変化そのものを恐れている印象をうける),「変化」という概念を肯定するところからはじまる Letter of Comment は AAA 以外には存在しない。

　ただし AAA は,「変化」に対して一定の敬意を払いながらも,収益費用中心観の利点を『討議資料』の para. 62 を取り上げながら説明する。それは収益費用中心観のもとでの利益ならびに利益測定ルールをめぐる議論が,利益が,企業ないしその経営者の経常的,正常的,長期的な業績指標ないし成果指標であるということを前提としており,期間利益は,利益の長期的傾向ないし正常的傾向を示す指標たることが要請されるのであって,測定値は,不適合な事象やランダムな事象を算入することによって歪曲される(63)というものである。これと比較する形で AAA は,資産負債中心観は,経済資源と負債の変化は利益の構成要素として報告されるべきことを明確に主張する(64)。ただし,どちらの中心観にしろ,利益獲得過程は統計的過程として描かれる共通点を提示し,一期間の利益は,ランダムで不定になることが予想されるとしている。したがって一定の確率で配分され当該期間の期待利益に当てられることになるとして,図表9を示している。

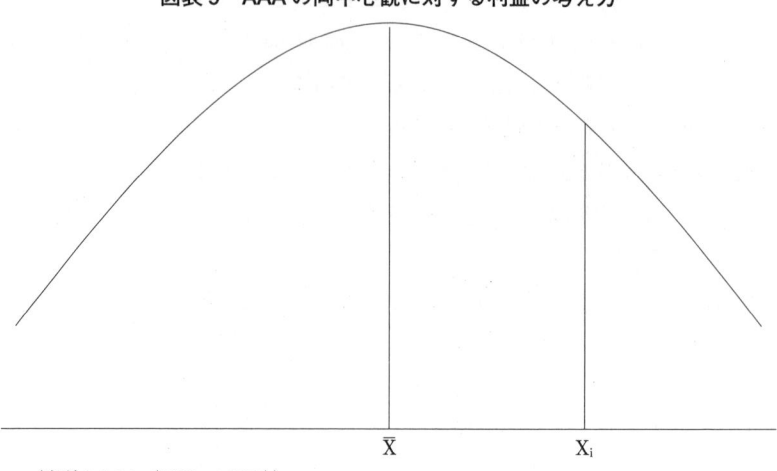

図表9　AAAの両中心観に対する利益の考え方

$\overline{X}$　　　　　X_i

（出所：AAA（1977, p.1758））

　収益費用中心観のもとでの理想の利益報告は $\overline{X}$ の利益であり，それは，経常的，正常的な利益を説明しているとする[65]。それに対して，X_i は資産負債中心観の利益であり，経済資源と負債の変化が当該期間に生じる（資本取引を含む）とする[66]。AAA は資産負債中心観の考え方では経常的・正常的な業績指標が欠如しており，その部分が利益を正確に表示しないと考えているようであり，それが X_i として表示されるとしている。このような AAA の見解は，他の Letter of Comment の見解と比べて独特な位置を占めているといえる。

③　銀 行 関 係

　銀行関係にかかわる企業については図表10「銀行関係」の一覧表のとおりである[67]。測定属性は基本的に"Historical Cost"を選択している。

第2節 収益費用中心観の Letter of Comment

図表10 銀行関係

No.	個人名	団体名	測定属性 取得原価 (Historical Cost)	測定属性 時価 (Current Value)	測定属性 現在価値 (Present Value)	見解なし (その他)	Matrixへの回答	備考
16	Willis W. Alexander	American Bankers Association	○					収益費用中心観を，財務会計及び財務報告における概念的フレームワークの基礎として採用すべきものは明確に収益費用中心観であると述べている。理由の一つとして，収益と費用との対応概念を保つこの収益費用中心観は，会計主体として一般に受けいれられ，そして財務諸表のユーザーの間で高い水準の容認と理解を得ている根本理念として役立ってきたことを述べている。
24	Emile A. Ne jame	Bankers Trust New York Corporation	○					収益費用中心観が，財務会計及び財務諸表のための概念的フレームワークの基礎として採用されるべきだと明言している。収益と費用の対応概念を保護するものが，財務諸表のユーザーの間で理解され，承諾されてきたものであり，すでに一般的に確立された会計原則の基礎となっているからという理由である。American Bankers Association の影響下にあると推測される。
25	Donald L. Rogers	Association of Bank Holding Companies	○					収益費用中心観が，財務会計及び財務報告のための概念的フレームワークの基礎として採用されるべきだと明言している。理由は American Bankers Association と同様である。
32	Kenneth H. Nording	Colorado National bankshares, Inc.	○					American Bankers Association の影響下にあると推測される。

37	Jesse C. Morris, Jr	The Bank of Newyork Company, Inc.	○					収益費用中心観が，財務会計及び財務報告のための概念的フレームワークの基礎として採用されるべきと明言している。理由はAmerican Bankers Associationと同様である。
90	G. Christian Lantzsch	Mellon National Corporation	○					American Bankers Associationの影響が強い。American Bankers Associationとほぼ同じ文章が書かれている。
91	William R. Hamcke	Irving Trust Company	○					〃
118	Donald L. Reynolds	Commerce Bank of Kansas City				○		〃
125	E. R. Hines	Bank of Virginia Company				○		〃
127	Donald E. Seese	Wells Fargo & Company	○					〃
139	Samuel H. Ballam, Jr	Fidelcor, Inc.				○		〃
153	Leonard T. Ebert	National Association of Mutual Savings banks	○					〃
166	Robert C. Isban	Bank Administration Institute				○		〃
167	Edward H. Brode	Marine Midland Bank				○		〃
168	Arthur F. Burns	Federal Reserve System	○					〃
175	C. H. Weerts	American Fletcher National Bank				○		〃

第2節　収益費用中心観の Letter of Comment | 149

187	Patrick D. Giblin	United Virginia Bankshares Inc.	○					収益と費用の対応概念が重要であり，それを信頼していると述べる。その際，測定属性は取得原価が適しているとする。American Bankers Association の影響下にあると推測される。
194	Ronald Locke	First Virginia Bankshares Corporation	○					債権者や投資家に容易に理解できる収益費用対応原則を支持している。
202	Charles h. Montgomery	The First National Bank of Chicago					○	収益費用中心観が，財務会計及び財務報告のための概念的フレームワークの基礎として採用されるべきとする。理由はほぼ American Bankers Association と同様である。債権者にも投資者にも役立つ概念としている。
217	L. S. Prussia	Bank America Corporation	○					『討議資料』は資産負債中心観をより高く評価しているように思われるが，そのことが収益費用中心観を排除する理由として全く不十分であるとし，収益費用中心観の維持を主張する。
272	George D. Bean	Virginia national Bankshares, Inc.	○					収益費用中心観が，財務会計及び財務報告のための概念的フレームワークの基礎として採用されるべきとしている。理由は American Bankers Association と似た内容であるが，Ernst & Ernst の影響もみられる。

Letter of CommentNo. 16 の American Bankers Association の見解は中心観の問題に重点をおいた説明を行っているが，基本的には『討議資料』の①の問題についてのみ焦点を当てている傾向がある。この点について American Bankers Association は Letter of Comment において最も大きなスペースを割いて回答をしている。

American Bankers Association は「収益費用中心観を，財務会計及び財務報告における概念的フレームワークの基礎として採用すべきである」[68]と明確に述べている。さらに「現在までに，収益と費用との対応概念を保つこの収益費用中心観は，会計主体として一般に受け入れられ，そして財務諸表のユーザーの間で，高い水準の容認と理解を得ている根本理念として役立ってきた。」[69]という説明を行い，1976年当時までにおける収益費用中心観の概念がいかに役立ってきたか，その点について高い評価を与えている。さらに「この収益費用中心観の下で，収益と費用は期間中の現金収入と現金支払よりもむしろ，期間中のアウトプットとインプットで測定される。資産が売却されるか，または役務が与えられる場合に，収益は，常に認識される。費用は一期間の収益に関連するものである。これは利益が与えられる当該期間の組織的・合理的な方法のなかで将来の収益が繰り延べられ，配分されることに結びつけて考えられる。」[70]と述べている。

このように American Bankers Association は収益費用中心観を支持する表明をしながら，資産負債中心観に対する批判を行っている。資産負債中心観は，その考え方から，貸借対照表に対して損益計算書が従属的な位置におかれることとなり，なおかつ資産測定をするさいに "Current Value" を採択するほうに「傾く (predispose)」[71]かもしれず，「これは私たちが不必要で正当性を欠くと感じる既存の構造の変化を表す」[72]との見解を示している。そしてこの変化は財務報告システムの根底を大きく変革する「難問 (problem)」[73]として捉えると同時に，このような変化を American Bankers Association は経営者の意思決定プロセスへの影響につなげて考えている。例としてあげているのは，経営者が潜在的な収益獲得能力よりむしろ，資産の現時点あるいは将来の価値の評価を基本軸として資産取得に取り組むかもしれないという不安感であるとしている[74]。さらに資産負債中心観を使用することで，長期にわたる投資意

思決定をするための投資家の能力が低下することを案じており，その投資家の能力の欠如（それは資産負債中心観によってもたらされる）が，ひいては利益を生み出す経営者のパフォーマンスの評価の概念というものを無視する結果をもたらすという見解を示しているのである[75]。

このような中心観の選択に重点をおく American Bankers Association の見解は，若干の言葉の違いはあるものの，他の銀行関連の企業の内容とほぼ同様である[76]。中心観が極めて重要であることの明言からはじまり，収益費用中心観を採用すべきことを述べつつ，測定属性の "Current Value" への傾斜に対する嫌悪感などは，銀行関連の他の Letter of Comment との内容と酷似している。資産負債中心観を採用すれば，経営者の意思決定を害する影響をもつという懸念まで同一である。「投資家の意思決定」よりもむしろ，「経営者の意思決定」を重要視している発言には，債権者としての銀行の姿勢が窺える。

このような Letter of Comment から，American Bankers Association に属する業界団体に対する強い働きかけがあったものと推察できる。American Bankers Association は，概念的フレームワーク・プロジェクトが米国の企業にとって重要であるという姿勢を示しながらも，何よりもさきにその Letter of Comment の冒頭部分において「American Bankers Association は，米国の 14,000 行もの普通銀行の約 92％から成り立つメンバーシップの組織である」[77]と述べ，自らの企業説明から入っている点は，他の Letter of Comment にはみられない特徴である。そこには銀行業界における強いリーダーシップの意識が感じられる。ただし Virginia national Bankshares, Inc. については，銀行関連のなかでも American Bankers Association よりむしろ Ernst & Ernst の回答内容と似ている部分もあり，Ernst & Ernst の影響を受けているようにも思われる。なお Ernst & Ernst の影響については次の「一般企業等」において説明する。

(2) 一 般 企 業 等

収益費用中心観を採用している一般企業等の Letter of Comment は，回答数は多いものの (158通)，内容自体は短いものが多く，1頁程度のものもある。測定属性についても基本的には Historical Cost を採用している企業が多いが，

見解なしという内容もみられる。また単に「収益費用中心観を採用する」とだけ提示している回答も多く存在したが，収益費用中心観を採用する理由を述べている回答のなかで目立ったのが，Ernst & Ernst が提示した内容を支持するというものであった。またその他にも Ernst & Ernst の考えに関心がある，あるいは Ernst & Ernst の見解を参考にしたい，実は Ernst & Ernst からパンフレットが送られてきた，といった回答が目立つ。"Ernst & Ernst" という文言を明確に使用した Letter of Comment は以下の図表11「Ernst & Ernst の影響」の一覧表としてまとめてある[78]。

第2節　収益費用中心観の Letter of Comment　153

図表 11　Ernst & Ernst の影響

No.	個人名	団体名	測定属性					備　考
			取得原価 (Historical Cost)	時　価 (Current Value)	現在価値 (Present Value)	見解なし (その他)	Matrixへの回答	
1	D. R. Starrett	The L. S. Starret Company	○					財務諸表に載せる収益・費用と資産・負債は同様に重要であるが，結局の所，収益と費用の対応こそが，多くの人々にとって最も理解できると強調している。なお，Ernst & Ernst からこの件に関してパンフレットが送られてきていることを記しており，それは適切だとしている。
40	V. L. Hanna	The Evening News Association	○					Ernst & Ernst によって2通の書類が送られてきたことを述べている。それは *Accounting Under Inflationary Conditions* と *FASB Conceptual Framework Issues and Implications* というものだと記してある。それを受けて，このような Ernst & Ernst の提案は FASB によって採用されるべきとしている。
47	John J. Marzalek Larry A. Lonis	Gorge Schoessling Belden Corporation	○					Ernst & Ernst による影響がある。Ernst & Ernst によって *Accounting of Inflationary Conditions* が送られてきたことが記されている。それを支持する旨を表明している。
53	Jack H. Vollbrecht	Aerojet-General Corporation	○					企業利益の測定を改善するにあたり，Ernst & Ernst の提案（Ernst & Ernst Proposal）の指示によって行動することを主張すると明確に述べている。
55	Herbert C. Cornuelle	Dillingham Company	○					Ernst & Ernst を支持している。Ernst & Ernst による物的資本から取得原価への考え方は，疑問の余地が全くないとしている。FASB は Ernst & Ernst の考え方を採用すべきとしている。

154　第5章　『討議資料』に対する意見

63	R. A. Gulling	The Timken Company	○					Ernst & Ernstから書類が送られてきたことを述べている。それは *Accounting Under Inflationary Conditions* である。基本的にはそこに示されていたErnst & Ernstの見解を認めている。
65	Myron J. Hubler, Jr.	Cleveland State University	○					Ernst & Ernstの文言を引用し、それをふまえたうえで、『討議資料』の問題提起に対しては、利益の定義として収益と費用の正確な対応がFASBの今後の意見として拘束力のある基本要素となるべきとしている。
79	Albert S. Martin, Jr.	Sun Company	○					Ernst & Ernstの見解をふまえたうえで、それを支持している。収益費用中心観を採用していることを明確に述べており、さらにErnst & Ernstが示していた図表7に示されている、LIFO（後入先出法）とCCD（現在原価減価償却）は財務報告と所得税目的という二つの目的のために必要なものであることを述べている。
82	Richard C. Clevenger	The Frirestone Tire & Rubber Company	○					Ernst & Ernstの見解をふまえたうえで、それを支持している。収益費用中心観を採用していることを明確に述べている。LIFO（後入先出法）問題についても触れている。
142	M. Thomas Moore	The Cleveland-Cliffs Iron Company	○					Ernst & Ernstの見解をふまえたうえで、それを支持している。収益費用中心観を採用していることを明確に述べており、さらにLIFO（後入先出法）とCCD（現在原価減価償却）は財務報告と所得税目的という二つの目的のために必要なものであることを述べている。

第2節　収益費用中心観の Letter of Comment

157	Edger H. Maugans	The Cleveland Electric illuminating Company	○					Ernst & Ernstの見解をふまえたうえで，それを支持している。収益費用中心観を採用していることを明確に述べている。CCD（現在原価減価償却）などについても検討している。
197	Sam A. Dayhood, Jr.	Dan River Inc.	○					Ernst & Ernstの影響が大きい。Ernst & Ernst と Arthur Andersen & Co. のそれぞれのプレゼンテーションを受けたことを記している。そのことから，Ernst & Ernstのアプローチに賛同する旨を示している。
249	Charles W. Dieker	Beech Aircraft Corporation	○					Ernst & Ernstの影響下にある。自社の監査法人であるErnst & Ernstの考え方に同意するとしている。
250	Bernard G. Perez	World Airways, Inc.	○					収益費用中心観を支持している。Ernst & Ernstの影響下にあると考えられる。図表7をそのまま使用している。
276	Jim A. Smith	Tracor, Inc.	○					Ernst & Ernstから概念的フレームワーク・プロジェクトに関する手紙を受け取ったことを述べており，それを支持している。

この一覧表に掲載されている企業は，Ernst & Ernst の影響を受けたと思われる企業であり，明確に"Ernst & Ernst"という文言が Letter of Comment に示されているものである。しかしその文言がなくとも，Ernst & Ernst と同じ見解を示している企業は多い。本節の一覧表は，あくまで"Ernst & Ernst"という文言が，その Letter of Comment において明確に示されているもののみを掲載している。この一覧表は Ernst & Ernst の影響が直接に表面化されたものであり，これとは別に水面下において当時の企業に対する Ernst & Ernst の影響力があったことは容易に想像できる。なぜならば，他の Letter of Comment を見ても，基本的にはこの一覧表で掲載されている企業と同様の立場や考え方をもつ（文言も類似している）企業が多く存在したからである。収益費用中心観を推奨する企業においては，その根底に Ernst & Ernst の見解が潜んでいるといっても過言ではない。

それとは逆に顕著な例になると，Ernst & Ernst が示した，測定属性に関する図表6と図表7がそのまま使用されているものすらある[79]。また Letter of Comment No. 142 の The Cleveland-Cliffs Iron Company は，Ernst & Ernst がセミナーを開催しているので出席してきた旨を Letter of Comment で述べている。このセミナー開催は，Ernst & Ernst における組織的な影響力が一般企業に対して大きく働いていたことの事実を証明するものであろう[80]。一般企業については，Ernst & Ernst によって系統的に Letter of Comment が作成され，銀行関係といった金融面では，主に American Bankers Association が陣頭指揮をとっていたと考えられる。この点については，すでに津守常弘教授によって同様な指摘がなされているところでもある[81]。

第3節　資産負債中心観の Letter of Comment

本章第1節および第2節を通して189にも及ぶ多数の会計関連専門機関，銀行，一般企業等が収益費用中心観を採用している立場をとっていることが明らかとなった。特に，Ernst & Ernst による Letter of Comment は膨大な数にのぼっており，『討議資料』の資産負債中心観へと中心観を誘導しようとする姿勢を痛切に非難するとともに，測定属性に関して自らの意見を書き記したもので

あった。また Ernst & Ernst の見解をそのままコピーしたような収益費用中心観を推奨する Letter of Comment も多く見受けられたことも特徴としてあげられた。

このような見解に対して，本節においては資産負債中心観を採用していると考えられる Letter of Comment を中心に検討していきたい。『討議資料』で述べる資産負債中心観の内容に対して，多少の意見の違いはあっても，それに賛同するもの，資産負債中心観の採用を考えているものもあわせて取り上げていく。それを一覧表にしたものが，図表12「Letter of Comment にみられる資産負債中心観」[82] である。Letter of Comment 総数294通のなかで，資産負債中心観を推奨していたのは，わずか13通であった。よって資産負債中心観を推奨している回答者は数が少ないことから種類毎の区分はしていない。次のとおりである。

158 第5章 『討議資料』に対する意見

図表 12　Letter of Comment にみられる資産負債中心観

No.	個人名	団体名	測定属性					備　考
			取得原価 (Historical Cost)	時　価 (Current Value)	現在価値 (Present Value)	見解なし (その他)	Matrix へ の回答	
41	Clayton A. Cardinal	Time Insurance Company			○			『討議資料』を見る限り，FASB は財務諸表を定める根本的なものとして現在原価を測定属性（present value measurement）とする資産負債中心観を支持している。FASB の見解を支持すると明確に述べている。
69	Roger J. Crise	International Harvester				○		資産負債中心観を明確に支持する。利益変化である企業の「resources (assets) and obligations (liabilities)」の測定は，会計モデルの主要になるべきである。貸借対照表の借方貸方から除外される「resources (assets) and obligations (liabilities)」は，収益と費用の対応概念によってもっぱら作り出されるとし，企業財産の増加という経営管理の有効性は，資産負債中心観にとって現実的には測定されるとしている。
84	G. M. Cayce	Occidental Petroleum Corporation				○		Letter of Comment は 3 頁と短く，測定属性については触れていないが，資産負債中心観を採用すべきことを述べている。企業における将来の正味キャッシュ・インフロー（future net cash inflows）を評価するための情報を投資家と債権者らに提供するという財務諸表の主な目的を基礎としているのが資産負債中心観であるしている。

第3節　資産負債中心観の Letter of Comment　　159

87		Arthur Andersen & Co.	○				資産負債中心観と時価を一貫して支持する代表である。会計は実際的な事物のなかで根拠づけられるべきであり，営利企業の現実はその資産と負債であること，収益と費用は，資産と負債の変動の結果を記述または説明する単なる慣習的な方法であり所有者持分の変動の分析の一部であること等述べている。会計の焦点は，資産と負債におかれるべきであり，収益と費用にあるというわけではないと強調している。
101	Robert G. Espie	Aetna Life & Casualty	○				資産負債中心観を支持すると明確に述べている。Arthur Andersen & Co.の理由と類似しているため，影響を受けている可能性もある。
128	Mitchael M. Pharr	Dayton Hudson Corporation	○				資産負債中心観を採用すべきと明言している。必要な客観性と信頼性を得るために，資産負債中心観が重要であるとしている。
146	John M. Walker	Texas Instruments Incorporated	○				収益費用中心観が示すことができない"economic reality"を資産負債中心観では表現できるとしている。ただし測定属性は取得原価主義である。
149	Chales M. Harel	Springs Mills, Inc.				○	資産負債中心観が財務諸表要素の定義等を決定づける概念であるべきだと明言している。Letter of Comment自体は2頁のみと短い構成である。
165	Richard S. Robertson	American Academy of Actuaries				○	測定属性に関しては見解を示していない。収益費用中心観についてのメリットを認める文言もあったが，基本的には資産負債中心観を支持することを明言している。

211		Touche Ross & Co.	○				60頁のLetter of Commentを残している。収益費用中心観よりもむしろ資産負債中心観のほうが，経済的実質（法的形式性に対して経済活動を忠実に示すこと）に焦点をあてたものを完全に認識するとし，財務会計の根本的概念として取り入れるべきだと明言している。その際の測定属性は時価主義が適していると述べている。
222	J. E. Bloomquist	Masonite Corporation				○	資産負債中心観が財務会計及び財務報告のための概念的フレームワークの基本となるものとして採用されるべきと明言している。なお，連携を前提としている。
256	Rovert L. Gray	New York State Society of Certifies Public Accounttants Financial Accounting Standards Committee				○	○	資産負債中心観が概念的フレームワーク・プロジェクトの基本として採用されるべきと明言している。利益とは資本の変化によりもむしろ企業の正味財産（純資産）の状態における実際の変化によって生じるからとしている。また，資産負債中心観については組織におけるキャッシュ・フローの潜在性を予想するものであるとしている。
281	James M. Fremgen	Naval Postgraduate School			○		○	資産負債中心観が概念的フレームワークの基本的となるべきと明言している。その際の測定属性は現在原価である。会計の根本的な重要事項における財務報告は"capital"か"economic resources"なのだから，それを重要視する資産負債中心観を支持するべきという考えである。

収益費用中心観を推奨している回答が基本的に"Historical Cost"を選択していたことに対して、資産負債中心観の図表12「Letter of Comment にみられる資産負債中心観」から分かるように、資産負債中心観を推奨している回答者は、"Historical Cost"を選択しているもの、"Current Value"を選択しているもの、"Present Value"を選択しているものといったように、測定属性についてバラつきが見られた。測定属性に関して「見解なし」としている、International Harvester, Occidental Petroleum Corporation, Springs Mills, Inc., American Academy of Actuaries, Masonite Corporation といった回答者は、基本的に Letter of Comment の頁数も少なく、『討議資料』が問題提起した①の問題に対して、簡潔に「資産負債中心観を支持する」と述べているものであった。このなかで『討議資料』が示す資産負債中心観の考え方を適確に捉え、なおかつ測定属性の問題について詳細に検討し、そして資産負債中心観、"Current Value"を、最も論理的に一貫して支持していたものが、監査法人のArthur Andersen & Co. である（Arthur Andersen & Co. の Letter of Comment は49頁）。同じように資産負債中心観を支持し、時価主義を唱えていた Aetna Life & Casualty より、Arthur Andersen & Co. のほうが特に測定属性については詳細に書かれている。

また、資産負債中心観を支持し、"Current Value"を選択していた Touche Ross & Co. は、基本的には Arthur Andersen & Co. の見解と同様であるため、本節では資産負債中心観と"Current Value"とが、ほぼ矛盾なく首尾一貫して書かれており、また最も理解しやすい形で公表している Arthur Andersen & Co. について検討してみることとしたい。

Arthur Andersen & Co.[83]はその Letter of Comment の冒頭の"General Comment"のなかで、「会計職業人は財務会計の目的が同一点に達しなければならず、このような一致は必然である」[84]と述べており、FASB が、さまざまな会計問題とその統合の中で確立した基準と一貫した態度を決定できるとし、それ（目的等の一致）を Arthur Andersen & Co. は認める[85]と述べている。このことからも FASB の会計原則設定の動きに対して肯定的な見解をとっていることが分かる。

『討議資料』の問いかけに対して、Arthur Andersen & Co. は次のような回答

を示している。まず『討議資料』が問題提起をしていた①における財務会計及び財務報告のための概念的フレームワークの基礎として，資産負債中心観，収益費用中心観，非連携中心観のうち，いずれの中心観が採用されるべきだろうか，という中心観の問題については，Arthur Andersen & Co. は，「どの利益観が採用されるべきかという問いかけに対して，資産負債中心観が財務会計及び財務報告のための概念的枠組みとして採用されるべきである」[86]，と明確に答えている。なおかつ，資産負債中心観の論理的基盤となるものとして，以下のものをあげている[87]。

・ 会計は現状の中で，実際的な事物のなかで根拠付けられるべきこと。
・ 営利企業の現実はその資産と負債であること。
・ 収益と費用は，資産と負債の変動の結果を記述または説明する単なる慣習的な方法であり，結局は，所有者持分の変動の分析の一部である。
・ 会計の焦点は，資産と負債におかれるべきであり，収益と費用にあるというわけではない。

『討議資料』の②の質問である，財務会計及び財務報告に関する概念的フレームワークのための資産の定義の内容を構成するものとはなにか，というものに対して，Arthur Andersen & Co. は「資産は経済的資源の財務的表現として定義されるべき」[88]としている。これは『討議資料』で示していた資産の定義と同様である。

『討議資料』の③で示していた財務会計及び財務報告に関する概念的フレームワークのための負債の定義の内容を構成するものとはなにか，という質問には，Arthur Andersen & Co. は「負債は，ある企業に影響を及ぼす過去の取引または事象の結果として，将来他の実体に経済的資源を譲渡するという，その企業の責務の財務的表現として定義されるべき」[89]としている。これも『討議資料』で示していた資産負債中心観の負債の定義であろう。

『討議資料』の④で示していた，財務会計及び財務報告に関する概念的フレームワークのための利益とその構成要素はいかに定義されるべきか，という問題に対しては，Arthur Andersen & Co. は「一会計期間における利益は，事実上，資本取引による変動を除いた当該機関における企業の純資産の変動である」[90]としている。『討議資料』は，資産負債中心観では利益を1期間におけ

第3節 資産負債中心観の Letter of Comment | 163

る営利企業の正味資源の増分の測定値であるとし,資産・負債の増減額に基づいて定義していた(純資産の変化である)のであり,Arthur Andersen & Co. は,この『討議資料』の考え方と同様の考えをもっていることが分かる。

『討議資料』の⑤で示していた,利得及び損失は,収益及び費用とは別個に利益の構成要素として定義されるべきか,あるいは収益及び費用の定義のなかに包摂されるべきか,という質問に対しては,Arthur Andersen & Co. は「利得と損失は収益及び費用とは別個に利益の構成要素として定義されるべき」[91]としている。

『討議資料』の⑥で問題提起していた,財務会計及び財務報告に関する概念的フレームワークのための収益及び費用の意義の内容を構成するものとはなにか,という質問に対しては,Arthur Andersen & Co. は「会計期間における収益は,当該期間中の製品の生産または引渡及び用役の提供から生じる資産の増加もしくは負債の減少(または両者の組み合わせ)」[92]であるとしている。また会計期間における費用は,「当該期間中の経済的資源または用役の使用から生じる資産の減少もしくは負債の増加(または,両者の組み合わせ)」[93]であるとしている。

『討議資料』の⑦の質問である,財務会計及び財務報告に関する概念的フレームワークのための利得及び損失の定義の内容を構成するものとは何か,については,Arthur Andersen & Co. は,「利得は収益または本質上資本である変動から生じる以外の純資産の増加であり,損失は費用又は本質上資本取引である変動から生じる以外の純資産の減少」であるとしている[94]。

『討議資料』の⑧で記していた,資本維持または原価回収に関する概念のうちで,どういうものが財務会計及び財務報告に関する概念的フレームワークにとって最も適当であるかについては,Arthur Andersen & Co. は,「最も適切な資本維持概念は,同意の購買力単位で測定された財務的資本である」[95]という回答を示している。

『討議資料』の⑨で記していた財務諸表の構成要素のいずれの属性が,財務会計及び財務報告において測定されるべきかについては,Arthur Andersen & Co. は,「資産測定の目的は,高水準の実行可能性と検証可能性とを条件として,資産価値に最も類似しているもの,もしくは資産価値の最も良い指標の結

果に基づいて資産を表示することである」[96]としている。そして「資産の時価を測定することは財務諸表の諸目的に関するわれわれの見解にも一致するとしている」[97]ということを述べ、また特定の資産に採用されるべき概念を選択するなかで、目的適合性・検証可能性・実行可能性をあげている[98]。

このように、Arthur Andersen & Co. は、資産の時価の測定という見解を採択し、どのような資産の場合に、どのような測定が適切であるのかを『討議資料』の⑨へのレスポンスという形式で"Measurement Concepts"のなかで具体的に提案している。Arthur Andersen & Co. があげている資産の種類は以下のとおりである（『討議資料』の第9章で示されている主要な資産クラスの属性で示されていた資産クラスである。）。

売上債権（短期および長期）
　　Receivables（Short-Term and Long-Term）
市場性ある有価証券（短期および長期）
　　Investments in Marketable Securities（Short-Term and Long-Term）
棚卸資産　Inventories
有形固定資産　Property, Plant and Equipment
無形資産　Intangible

そしてArthur Andersen & Co. は、このような資産の測定基準として、次の組み合わせを考えている[99]。

第3節　資産負債中心観の Letter of Comment　165

図表13　Arthur Andersen & Co の資産の種類と測定基準

資産の種類	測定基準
売上債権（短期・長期）	現在価値（present value）
市場性ある有価証券への投資（短期・長期）	公正市場価値（fair market value） ※負債証券の場合は特定有価証券に適用される現在市場利子率に基づく現在価値と同じになる
棚卸資産	基本的に，現在原価（current cost）と正味実現可能価額（net realizable value）のどちらか低い方
有形固定資産	基本的に，公正市場価値（fair market value）
無形資産	―

　「売上債権（短期・長期）」は，合理的な現在市場利子率で回収されると規定される額を割り引くことで決められる現在価値で表示されるとしており，「市場性のある有価証券への投資（短期・長期）」は基本的には公正市場価値で表示されることを述べている。

　「棚卸資産」は基本的には，現在原価と正味実現可能価額のいずれか低い方としながらも，例外も設けている[100]。それは，棚卸資産が，特定期間において売却されることが期待できず，なおかつ現在価値が正味実現可能価額を大きく下回る場合には，現在価値と現在原価のどちらか低いほうで表示されるべきとしている[101]。

　「有形固定資産」は，基本的には公正市場価値で表示されるが，例外も存在する。公正市場価値を決めるのが難しい場合には，公正市場価値の近似値であると考えられる属性が用いられるべきとし，現在価値＜現在原価の場合，または何か他の市場のもとにおいては，現在価値は公正市場価値の近似値だとしている[102]。

　「無形資産」は交換可能性（exchangeability）という特徴が欠如している資産として定義しており，それは資産として報告されるべきではないとしている[103]。

　以上が概ね Arthur Andersen & Co. の主な内容である。なお測定属性に関す

るマトリックスの回答をしている Naval Postgraduate School といった資産負債中心観を支持するものは，単に A, B, C という記入がされているだけで，Arthur Andersen & Co のように測定属性に関して詳細には述べていない。

この他，Arthur Andersen & Co. は非連携観について興味深い見解も示している。非連携観については，財務諸表は連携されるべきであるとして，否定的見解を示している。そしてもし財務諸表が連携されないならば，財務報告の信頼性の欠如となり，財務報告は批判されるだろうとしているのである[104]。

ともあれ Arthur Andersen & Co. の回答・見解は，『討議資料』が基本的には資産負債中心観を採用する場合に提示していた概念を踏襲していると考えてよいだろう[105]。先に述べたとおり，中心観として資産負債中心観が採用されるべきであることを明確に述べており，収益と費用の定義をみても，それは資産と負債の変動結果を述べているに過ぎない項目であり，所有者持分の変動の一部であることを明確に述べているからである。会計の焦点が，資産と負債であると断言している点も資産負債中心観であると確認するものであるといえよう。

第4節　Letter of Comment にみる見解
―概念的フレームワークとの関連も含めて―

本章では，Public Record の Letter of Comment を題材に検討を行ってきた。『討議資料』が様々な企業や会計団体に意見を求め，それに答える形で多くの回答者が Letter of Comment という形で回答を行った。そのなかで，3種類の中心観について各回答者がどの中心観を推薦しているのかは，Ernst & Ernst[106]がいうように，『討議資料』が問題提起していたなかで最も関心が強いものであった。それは中心観の選択により，測定属性の選択問題が規定されていく過程の必然性を重視したからである。

本章の冒頭でも述べたとおり，Letter of Comment の検討結果から明らかになったことは，収益費用中心観を採用すべき，あるいは採用することを推し進める回答者が，資産負債中心観を採用すべきと考える回答者より圧倒的多数であったということである。さらに資産負債中心観をとっていながらも，歴史的

原価を測定属性としていたり，何も回答がなかったりと，測定属性までを"Current Value"として選択している回答者はほとんどなかったといってよい。図表 14「Letter of Comment にみられる中心観と測定属性の分布」のとおりである。

図表 14　Letter of Comment にみられる中心観と測定属性の分布

中心観				測定属性				
収益費用中心観	資産負債中心観	見解なし（その他）	計	取得原価（Historical Cost）	時　価（Current Value）	現在価値（Present Value）	見解なし（その他）	計
189	13	92	294	136	3	2	153	294

　『討議資料』の見解は，これまでみてきた Letter of Comment における指摘からも分かるように，資産負債中心観を主軸に据えようとする意図が窺える[107]。また『討議資料』において突然に中心観の概念があらわれたわけではなかった。1962 年試案をはじめとする資産負債中心観の原型というべき理論研究の諸成果が登場し，このような先行原則の成果を取り入れ吟味した集大成の結果が『討議資料』という形をとって公表された経緯はすでに第 2 章で述べている[108]。しかしこのような FASB の経緯とは反対に，Public Record の Letter of Comment を検討した限り，多くの企業や会計団体は収益費用中心観を採用する立場をとっていたのである。

　概念的フレームワークが『討議資料』の影響を強く受けていたことはすでに述べている。しかし，そうでありながらも SFAC のなかに各種の矛盾が見られるということが問題になっていたはずである。

　『討議資料』が公表された当初，『討議資料』自体は何ら結論を導こうとはしていない立場を公式にはとっていたものの，事実上，資産負債中心観の立場を推し進める内容となっていたと思われる。SFAC はその理論モデルを使用はしているものの（資産負債中心観の立場をとってはいるが），『討議資料』にみられるような純粋理論上のものではなくなっており，実践型資産負債中心観を採用していたのである。

168 第5章 『討議資料』に対する意見

　概念的フレームワークは『討議資料』の影響を受けながらも，原価評価（対応/配分）の考え方が内在していることについてはすでに論じたとおりである。実践型資産負債中心観ではなく，純粋型資産負債中心観であれば，対応/配分概念を考慮に入れる考え方は必要がなく，その測定属性は，「評価」を必要とする時価である。いま一度確認するが，純粋型資産負債中心観では，その背後に想定されている計算体系は，基本的に繰延項目および繰延収益・引当金を歓迎する立場をとらず，これらの項目は将来期間の利益測定において償却され，あるいは繰り入れられることが予定されてはいないのだから，その計算体系は時価主義会計ということになる。よって，原価評価（対応/配分）が内在している概念的フレームワークは純粋型資産負債中心観ではない，ということが理解できよう。

　例えばSFAC第6号[109]では，見越と繰延（配分と償却を含む）について示しており（発生主義会計を前提としている），そのなかで「発生主義会計は，非現金的な事象および環境要因をそれらが発生したときに認識しようと試みるもので，見越のみならず配分と償却をはじめとする，繰延を伴っている。見越は予想される将来の現金受領と現金支出に係わっている。」[110]と述べており，いわゆる収益費用中心観の特徴であった繰延項目について肯定的見解をとっているのである。また，配分の概念についても「配分は，ある計画またはある公式に従って金額を直課または配賦するプロセスである。配分は，期間的な支払または評価減によって金額を減少させるプロセスである償却より広く，償却を含んでいる」[111]と述べており，配分概念を明確に打ち出している。

　さらにSFAC第1号[112]では，企業の業績及び稼得利益に関連して，「期間利益を測定するためには営業活動および企業に影響をおよぼすその他の取引，事象ならびに環境要因から生じるベネフィットとコストを期間的に関連させることが必要である。営利企業は，投資からの利益を得ることのみならず投資の回収のために現金を投資するが，現金の投資とその回収および利益は，必ずしも同一期間には生じない。〈…（略）…〉企業の売上債権および支払債務，棚卸資産，投資，工場設備その他現金以外の資源ならびに債務は，企業の営業活動および企業に影響をおよぼすその他の取引，事象，環境要因と企業の現金収支との連結環である」[113]ということを述べており，その具体例として，労働力

や原材料および設備のような資源などをあげつつ，稼得利益に及ぼす影響について「財貨もしくは用役が提供される期間に識別されなければならない。効益と犠牲の見越を行い，繰延べることの最終的な目標は，単なる現金収支を掲げる代わりに，報告利益が一期間の企業の業績を測定することができるように，成果と努力とを関連づけることにある」(114)としている。これは，まさしくPublic Recordにおいて収益費用中心観を支持する企業がLetter of Commentで述べていた収益費用中心観の費用と収益の対応概念にほかならない（純粋型資産負債中心観とは対極に位置する理論である）。さらにSFACは，発生主義会計の目的が「収益，費用などが発生する期間に，取引その他の事象及び環境要因の財務的影響が認識，測定されうるかぎり，これらが実体に及ぼす影響を計上すること」(115)としている。このような当該期間の実体の業績を反映するように収益，費用，利得及び損失を諸期間に関係づけることを目的(116)とするその考え方は，すなわち「収益と費用の対応の概念」を目的としているといっても過言ではないであろう。

　しかし概念的フレームワークは『討議資料』の資産負債中心観（純粋型資産負債中心観）の影響を受けていたことはすでに明らかにしてある。では資産負債中心観のもとでの評価とともに対応/配分概念を用いるこのようなSFACの考え方，すなわち著者の言う実践型資産負債中心観の考え方は，実際に測定・計算する段階で対応/配分手続なくして期間利益計算を行えないことが明確化したことになる。繰り返すが，それは資産の性質にもよるものの，測定属性が時価と取得原価の混合を意味するものということができる。それがまさしく概念的フレームワークが採用している中心観である。

　このことから，第4章において，『討議資料』と概念的フレームワークとの相違点を3つ掲げた。第1点は，『討議資料』の考え方からすれば，評価が基礎的な概念になるはずであるが，概念的フレームワークでは，評価の側面とともに対応/配分も基礎概念と捉えることができるという点である。第2点は，『討議資料』の資産負債中心観の利益の定義は，para. 194に示されているように，期中における企業の純資産の変動のうち，資本的性質を有する変動分を除いたものである。この定義そのものは概念的フレームワークと本質的に一致しているが，「期間利益」と表現され，「包括的利益」でもなければ，「稼得利益」

でもない。概念的フレームワークでは，既に述べたように，また，周知のように稼得利益を内包する包括的利益である。第3点は，『討議資料』では測定属性は特定されていないが，概念的フレームワークでは，明示されているという点である，と指摘したのであった。

いまや，これら3つの点が，Public Record に寄せられた意見によってどのように影響を受けたかを示すことができる。第1点と第3点は，Ernst & Ernst を筆頭とする収益費用中心観の主張者に対する FASB の配慮であると考えられよう。もちろん，その場合に，第3点に関しては資産負債中心観による測定属性の多様な主張が取り入れられて複数の測定属性を明示したと考えられるであろう。さらに，第2点に関しては，いまひとつの強力な収益費用中心観の主張者であった American Bankers Association の見解を思い起こせばよい。それによれば，資産負債中心観が経営者の意思決定に及ぼす影響を指摘し，経営者が潜在的な収益獲得能力よりも資産の価値の評価を考慮して資産への資金投下を図ることになる。これはまた，投資者による経営者の業績判断において大きな障害になるとするものであった。経営者の業績を判断するためには，収益費用中心観，とりわけ実現主義を原則とする収益費用計算が必要であるということを主張するものといえる。この主張が正当であると認めるならば，それへの対処の方法は，どこかの段階で，実現主義を原則とする利益の計算と開示が行われなければならない。この業績評価を可能にする実現利益の計算・開示が全体の損益計算のどこかの段階で行われることになれば，資産負債中心観に基づく利益の計算は，その業績を表示する利益に，それ以外の資本の増減に関わらないで，その期間に生じた純資産の増減部分を追加して計算開示することが必要になる。したがって，包括的利益の導入は，基本的に資産負債中心観を採用しながら，収益費用中心観の考え方を取り入れざるを得なかった結果であると解釈できる。

こうして，純粋型資産負債中心観から，実践型資産負債中心観へと変化が生じた原因は（『討議資料』から概念的フレームワークへの中心観の変化の原因は），本章において分析された Public Record に要因があることはすでに明白である。Public Record のインパクトによって『討議資料』の純粋型資産負債中心観から概念的フレームワークにおける実践型資産負債中心観に変化してい

第4節 Letter of Comment にみる見解 | 171

った事実を認めなければならない。すなわち，純粋型資産負債中心観から実践型資産負債中心観への変化の要因は利害関係者からの要請ということが Letter of Comment を検討することで明らかになったのである。本章において検討してきた『討議資料』の討論結果をまとめた Public Record が収益費用中心観を採用する回答で占められていたという現実面の影響力がその原因と考えるのが妥当である。

　なお FASB は，SFAC 第 1 号の"Background Information"において，1970 年代以降において財務諸表の基本目的[117]を検討したが，そのうちいくつかの目的に関して，結論を下すことを差し控えると明確に述べている[118](SFAC が設定される主要な経緯については，著者が 1970 年代前半から 1980 年代前半を中心にまとめた「SFAC 設定に関する主要な経緯」の一覧表を図表 15 としてに掲載してあるので参考にして頂きたい)。結論を下すことを差し控えているというのは，例えば，時価及びその変動の報告であったり，財務活動計画書の提供，財務予測の提供であるわけだが[119]，これらのうち「時価およびその変動の報告に関する問題に関しては，討議資料『財務諸表の構成要素およびそれらの測定』において論じられる」[120]ということを明確に述べている。これは『討議資料』において，時価評価等の問題が議論されることを織り込んでいる言葉であると同時に，当然に『討議資料』への意見である Public Record もまたその議論に含まれると解釈できる。なぜならば，すでに本章において示してきたように，Public Record は当該問題を主要問題の一つとして取り上げていたといっても過言ではないからである。純粋型資産負債中心観から実践型資産負債中心観への変化の要因は利害関係者からの要請ということが Letter of Comment を検討することで明らかになったわけだが，SFAC が時価及びその変動の報告に関する問題について『討議資料』を取り上げている点においてからも，Public Record が時価及びその変動の報告に関する問題等に関して，SFAC に影響を及ぼしていた一つの証拠といってよいだろう。

　以上のことをふまえたうえで，それでは実践型資産負債中心観が，意味のある計算体系であるのかということが問題となるだろう。その検討が必要となる。そしてそのためには資産負債中心観を捉えなおす必要がある。資産負債中心観を純粋型資産負債中心観と実践型資産負債中心観とに区別することは，

第5章 『討議資料』に対する意見

図表15 SFAC設定に関する主要な経緯

・Exposure Draftについては，EDと記す。
・Discussion Memorandumについては，DMと記す。

No.	年	月日	種類	公表内容など
1	1973年	10月	報告書	Objective of Financial Statement
2	1974年	6月6日	DM	Conceptual Framework for Accounting and Reporting : Consideration of the Report of the Study Group on the Objectives of Financial Statements
3	1976年	9月23日-24日	公聴会（public hearings）	No.1, No.2の公聴会
4	〃	12月2日	DM	Tentative Conclusions on Objective of Financial Statements of Business Enterprises
5	〃	〃	〃	An Analysis of Issues related to Conceptual Framework for Accounting and Reporting : Elements of Financial Statements and Their Measurement
6	〃	〃	〃	Scope and Implications of the Conceptual Framework Project
7	1977年	8月1日-2日	公聴会（public hearings）	No.4, No.5（第1章-第5章）の公聴会
8	〃	12月29日	ED	Objective of Financial Reporting and Elements of Financial Statements of Business Enterprises
9	1978年	1月16日-18日	公聴会（public hearings）	No.7で討論されなかったNo.5の残部分などの公聴会（資本維持または原価回収，有用な財務情報の質，財務諸表の構成要素の測定などに関して）
10	〃	6月15日	DM	Conceptual Framework for Financial Accounting and Reporting : Objectives of Financial Reporting by Nonbusiness Organizations
11	〃	11月	SFAC No.1	Objectives of Reporting by Business Enterprises （No.8が分割され，その一部がSFAC No.1となる。）
12	1979年	8月9日	ED	Qualitative Characteristics : Criteria for Selection and Evaliatin Financial Accounting and Reporting Policies
13	〃	12月28日	〃	Elements of Financial Statements of Business Enterprises （No.8が分割され，その一部が当該EDの基礎となった。）
14	1980年	3月14日	ED	Objectives of Financial Reporting by Nonbusiness Organizations
15	〃	5月	SFAC No.2	Qualitative Characteristics of Accounting Infomation
16	〃	12月	SFAC No.3	Elements of Financial Statements of Business Enterprises

第4節 Letter of Comment にみる見解 | 173

17	〃	〃	SFAC No.4	*Objectives of Financial Reporting by Nonbusiness Organizations*
18	1981 年	11 月 16 日	ED	*Reporting Income, Cash Flows, and Financial Position of Business Enterprises*
19	1983 年	7 月 7 日	〃	*Proposed Amendments to FASB Concepts Statements 2 and 3 to Apply Them to Nonbusiness Organizations*
20	〃	10 月 30 日	〃	*Recognition and Measurement in Financial Statements of Business Enterprises*
21	〃	11 月 14 日-15 日	公聴会（public hearings）	No.19 の公聴会
22	1984 年	12 月	SFAC No.5	*Recognition and Measurement in Financial Statements of Business Enterprises*
23	1985 年	9 月 18 日	ED	*Elements of Financial Statements*
24	〃	12 月	SFAC No.6	*Elements of Financial Statements*

※ 上記表より主要な ED（1970 年代前期-1980 年代前期）は合計 8 つが公表されていることが分かる。そのうち No.12, No.14, No.18, No.20 については，SFAC No.1-No.6 の"Background Information"の中で説明されてはいないが，各々 SEAC 設定に関わる主要な ED である（No.8, No.13, No.19, No.23 については，SFAC No.1-No.6 の"Background Information"の中で説明されている）。

※ SFAC 第 1 号から第 6 号までの主要な設定経緯であるため，すべての DM あるいは ED を含んでいるわけではない。DM については第 2 章を参照して頂きたい。

『討議資料』でも概念的フレームワークでもできない。よって何らかの方法により資産負債中心観を精緻化して二つの中心観を認識すべきである。その点については，次章以降で検討をしていく。

注

（1）FASB, Position papers submitted in respect of Discussion Memorandum, *Conceptual Framework for Financial Accounting and Reporting: Elements of Financial Statements and Their Measurement, dated December 2, 1976*, PART1, FASB Public Record, FASB, 1977.

（2）FASB, *An Analysis of Issues related to Conceptual Framework for Accounting and Reporting: Elements of Financial Statements and Their Measurement,* FASB Discussion Memorandum, FASB, 1976, pp. 3-25.

（3）*Ibid.*, p. 2.（津守常弘監訳『FASB 財務会計の概念フレームワーク』中央経済社，1997 年，3 頁。）

（4）*Ibid.*, pp. 19-25.（同上書，26-34 頁。）図表 1 は，資産の属性と基本目的および質

的特徴，図表2では，負債の属性と基本目的および質的特徴を，図表3では，資産および負債に適用可能な属性の要約を，図表4では，一般購買力変動の代替的認識水準と属性との関係を，それぞれ示している。マトリックスは，A（選択された属性は，この質的特徴に対して非常に適合する），B（選択された属性は，この質的特徴に対して十分に適合する），C（選択された属性は，この質的特徴に対して適合しない）として各々ランクを回答者が記入できるようになっている。

(5) 津守常弘「FASB『概念的枠組』の形成と測定属性の問題」『會計』第137巻第6号，1990年6月参照。

(6) Price Waterhouse & Co., "Letter of Comment No. 85," Position papers submitted in respect of Discussion Memorandum, *Conceptual Framework for Financial Accounting and Reporting : Elements of Financial Statements and Their Measurement, dated December 2, 1976*, PART1, FASB Public Record, FASB, 1977.

(7) *Ibid.*, p. 591.　　(8) *Ibid.*, p. 592.

(9) FASB, 1976, *op. cit.*, paras. 48-52（津守監訳，前掲書，1997年，51-61頁。）

(10) Price Waterhouse & Co, 1977, *op. cit.*, p. 592.

(11) *Ibid.*, p. 592.　　(12) *Ibid.*, p. 593.　　(13) *Ibid.*, p. 593.

(14) *Ibid.*, pp. 593-594.　(15) *Ibid.*, p. 594.　(16) *Ibid.*, p. 594.

(17) *Ibid.*, p. 594.

(18) See, FASB, 1976, *op. cit.*, pp. 2-17.（津守監訳，前掲書，1997年，3-25頁参照。）

(19) Ernst & Ernst, "Letter of Comment No. 151," Position papers submitted in respect of Discussion Memorandum, *Conceptual Framework for Financial Accounting and Reporting : Elements of Financial Statements and Their Measurement, dated December 2, 1976*, PART1, FASB Public Record, FASB, 1977.

(20) *Ibid.*, pp. 1281-1402.　(21) *Ibid.*, p. 1282.　(22) *Ibid.*, p. 1282.

(23) *Ibid.*, p. 1374.　　(24) *Ibid.*, p. 1374.

(25) See, FASB, 1976, *op. cit.*, paras. 14-47.（津守監訳，前掲書，1997年，41-59頁参照。）

(26) *Ibid.*, para. 14（同上書，41-42頁。）

(27) *Ibid.*, para. 14（同上書，41-42頁。）

(28) *Ibid.*, para. 47.（同上書，58-59頁。）

(29) Ernst & Ernst, 1977, *op. cit.*, p. 1285.　　(30) *Ibid.*, p. 1285.

(31) *Ibid.*, p. 1290.

(32) 津守，前掲稿，1990年6月参照。

(33) Ernst & Ernst, 1977, *op. cit.*, p. 1328.

(34) Ernst & Ernst は Letter of Comment のなかで Historical Cost のことを Hist. Cost と省略している。

(35) Ernst & Ernst, 1977, *op. cit.*, p. 1329. (36) *Ibid.*, p. 1328.　　(37) *Ibid.*, p. 1328.

(38) *Ibid.*, p. 1328.　　(39) *Ibid.*, p. 1328.　　(40) *Ibid.*, p. 1303.

(41) 津守，前掲稿，1990年6月参照。

(42) Peat, Marwick, Mitchell & Co.（Peat, Marwick, Mitchell & Co., "Letter of Comment No. 19," Position papers submitted in respect of Discussion Memorandum, *Conceptual*

Framework for Financial Accounting and Reporting: Elements of Financial Statements and Their Measurement, dated December 2, 1976, PART1, FASB Public Record, FASB, 1977.
(43) *Ibid.*, p. 131.　　　(44) *Ibid.*, p. 131.　　　(45) *Ibid.*, p. 131.
(46) *Ibid.*, p. 131.　　　(47) *Ibid.*, p. 132.　　　(48) *Ibid.*, p. 132.
(49) *Ibid.*, p. 132.
(50) Haskins & Sells, "Letter of Comment No. 31," Position papers submitted in respect of Discussion Memorandum, *Conceptual Framework for Financial Accounting and Reporting: Elements of Financial Statements and Their Measurement*, dated December 2, 1976, PART1, FASB Public Record, FASB, 1977.
(51) Coopers & Lybrand, "Letter of Comment No. 150," Position papers submitted in respect of Discussion Memorandum, *Conceptual Framework for Financial Accounting and Reporting: Elements of Financial Statements and Their Measurement*, dated December 2, 1976, PART1, FASB Public Record, FASB, 1977.
(52) Haskins & Sells, 1977, *op. cit.*, p. 196.　　　(53) *Ibid.*, p. 196.
(54) Coopers & Lybrand, 1977, *op. cit.*, p. 1276.
(55) *Ibid.*, p. 1272.　　　(56) *Ibid.*, pp. 1272−1276.
(57) 「参考文献」の「Ⅱ Public Record」における「1. 収益費用中心観」を参考にして頂きたい。
(58) AAA, Executive Committee, "Accounting Concepts and Standards Underlying Corporate Financial Statements-1948 Revision," AAA, *The Accounting Review*, Vol. 23, No. 4, October 1948. (中島省吾訳編『増訂 A. A. A 会計原則—原文・解説・訳文および訳注—』中央経済社, 1984年。)
(59) AAA, Committee on Accounting Concepts and Standards, "Accounting and Reporting Standards for Corporate Financial Statements-1957 Revision," *The Accounting Review*, Vol. 32, No. 4, October 1957. (中島訳編, 前掲書, 1984年。)
(60) Gerhardt, P. L., "Letter of Comment No. 196," Position papers submitted in respect of Discussion Memorandum, *Conceptual Framework for Financial Accounting and Reporting: Elements of Financial Statements and Their Measurement*, dated December 2, 1976, PART1, FASB Public Record, FASB, 1977, pp. 1752−1755.
(61) *Ibid.*, pp. 1752−1755.　　　(62) *Ibid.*, p. 1755.
(63) FASB, 1976, *op. cit.*, para. 62. (津守監訳, 前掲書, 1997年, 66頁。) 利益測定値を得るために, 経常的業績の測定に適合しない事象の財務的影響を排除し, 企業業績に対して長期的にのみ作用する事象の財務的影響を平均化することが発生主義会計には求められる。
(64) Gerhardt, P. L., 1977, *op. cit.*, p. 1758.　　(65) *Ibid.*, p. 1759.　　(66) *Ibid.*, p. 1759.
(67) 「参考文献」の「Ⅱ Public Record」における「1. 収益費用中心観」を参考にして頂きたい。
(68) Alexander, W. W., "Letter of Comment No. 16," Position papers submitted in respect of Discussion Memorandum, *Conceptual Framework for Financial Accounting and Reporting: Elements of Financial Statements and Their Measurement*, dated December 2,

1976, PART1, FASB Public Record, FASB, 1977, p. 104.
(69) *Ibid.*, p. 104.　　　　　(70) *Ibid.*, p. 104.　　　　　(71) *Ibid.*, p. 104.
(72) *Ibid.*, p. 104.　　　　　(73) *Ibid.*, p. 104.　　　　　(74) *Ibid.*, p. 104.
(75) *Ibid.*, p. 104.
(76) 津守，前掲稿，1990 年 6 月参照。
(77) Alexander, W. W., 1977, *op. cit.*, p, 97.
(78) 「参考文献」の「Ⅱ Public Record」における「1. 収益費用中心観」を参考にして頂きたい。なお「Ernst & Ernst」という言葉はなくとも，その Letter of Comment の内容から影響されたであろう企業も当然存在する。その点については，第 5 章第 1 節の要約を参照して頂きたい。
(79) 「Ernst & Ernst の影響」の一覧表に掲載されている Letter of Comment No. 250 の World Airways, Inc.（World Airways, Inc., "Letter of Comment No. 250," Position papers submitted in respect of Discussion Memorandum, *Conceptual Framework for Financial Accounting and Reporting : Elements of Financial Statements and Their Measurement, dated December 2, 1976*, PART1, FASB Public Record, FASB, 1977.）などがあげられる。
(80) ただし，資産負債中心観を推奨する監査法人（Arthur Andersen & Co.）においてもセミナーは開催されていたことを証明する Letter of Comment も存在する。上記一覧表に掲げてある Letter of Comment No. 197 の Dan River Inc.（Dan River Inc., "Letter of Comment No. 197," *Position papers submitted in respect of Discussion Memorandum, Conceptual Framework for Financial Accounting and Reporting : Elements of Financial Statements and Their Measurement, dated December 2, 1976*, PART1, FASB Public Record, FASB, 1977.）があげられる。
(81) 津守監訳，前掲書，1997 年。
(82) 「参考文献」の「Ⅱ Public Record」における「2. 資産負債中心観」を参照して頂きたい。
(83) Arthur Andersen & Co., "Letter of Comment No. 87," Position papers submitted in respect of Discussion Memorandum, *Conceptual Framework for Financial Accounting and Reporting : Elements of Financial Statements and Their Measurement, dated December 2, 1976*, PART1, FASB Public Record, FASB, 1977.
(84) *Ibid.*, p. 609.　　　　　(85) *Ibid.*, p. 609.　　　　　(86) *Ibid.*, p. 621.
(87) *Ibid.*, p. 621.　　　　　(88) *Ibid.*, p. 624.　　　　　(89) *Ibid.*, p. 628.
(90) *Ibid.*, p. 628.　　　　　(91) *Ibid.*, p. 629.　　　　　(92) *Ibid.*, p. 630.
(93) *Ibid.*, p. 630.　　　　　(94) *Ibid.*, p. 630.　　　　　(95) *Ibid.*, p. 630.
(96) *Ibid.*, p. 635.　　　　　(97) *Ibid.*, p. 635.　　　　　(98) *Ibid.*, p. 636.
(99) *Ibid.*, pp. 639–645.
(100) *Ibid.*, pp. 640–641.　　(101) *Ibid.*, pp. 640–641.　　(102) *Ibid.*, pp. 642–643.
(103) *Ibid.*, pp. 645.　　　　(104) *Ibid.*, pp. 623–624.
(105) FASB, 1976, *op. cit.*, pp. 2–17.（津守監訳，前掲書，1997 年，3–25 頁。）
(106) Ernst & Ernst, 1977, *op. cit.*
(107) FASB, 1977, *op. cit.*

(108) 用語など若干の違いはあるものの，全て資産の本質を経済的便益という概念によって定義づけされ，このように定義づけされた資産から，財務諸表要素の定義の体系を基礎づけていくという構成の体系は，1962年試案，1976年の『討議資料』などの共通事項であった。
(109) FASB, *Elements of Financial Statements*, SFAC No. 6, FASB, December 1985.（平松一夫・広瀬義州 訳『FASB 財務会計の諸概念』中央経済社，1994年。）
(110) *Ibid.*, para. 141.（同上書，351頁。）なお，大日方教授は，大日方隆「キャッシュフローの配分と評価」斉藤静樹編著『会計基準の基礎概念』中央経済社，2003年のなかで，198-226頁の表の備考欄についてそのことに触れている。
(111) *Ibid.*, para. 142.（同上書，352頁。）
(112) FASB, *Objectives of Reporting by Business Enterprises*, SFAC No. 1, FASB, November 1978.（平松・広瀬訳，前掲書，1994年。）
(113) *Ibid.*, para. 45.（同上書，33頁。）　　(114) *Ibid.*, para. 45.（同上書，33頁。）
(115) FASB, 1985, *op. cit.*, para. 145.（平松・広瀬訳，前掲書，1994年，354頁。）
(116) *Ibid.*, para. 145.（同上書，354頁。）
(117) AICPA, Study Group on the Objectives of Financial Statement, *Objectives of financial statements*, AICPA, 1973.（川口順一訳『アメリカ公認会計士協会・財務諸表の目的』同文舘出版，1976年。）
(118) FASB, 1978, *op. cit.*, para. 60.（平松・広瀬訳，前掲書，1994年，42頁。）
(119) *Ibid.*, para. 60.（同上書，42頁。）　　(120) *Ibid.*, para. 60.（同上書，42頁。）

第6章　わが国の財産法と損益法

第1節　わが国の財産法と損益法を論じる前に

　しばしば指摘してきたように,『討議資料』は特に意見を表明したものではなく,『討議資料』作成以前に存在した様々な意見の概略を整理したものである。この『討議資料』に寄せられた各界の意見を取りまとめたものが Public Record である。Public Record に収録されている各種の Letter of Comment に含まれる意見は, SFAC を作成するに当たって FASB 内部で慎重に検討されたものと考えることができる。したがって, Letter of Comment をみることで, 当初の『討議資料』が SFAC においてどのように生かされ, あるいは制約され, それを受けてどのような SFAC になっていったのかが明らかになる。

　Public Record に含まれている意見を採用することによって SFAC が変質したのなら, 例えば「積み木細工」の一つのブロックが異質である場合のように, SFAC 全体の構成にひずみを生ずることもあり得, そして, この概念的フレームワークを基礎として一定の財務会計の体系が形成されて来たのであるならば, そこでの財務会計の体系のなかで矛盾が生じることも充分に考えられる。

　ここで注意しなければならないことは,『討議資料』によって示されていた資産負債中心観が純粋にそのままの形で SFAC に継承されたのかどうかという問題である。換言すれば,『討議資料』においては,「連携」の下での利益観に関連して二つの見解が示されたのであったが, その一つである収益費用中心観を代表する学説を, 仮に W. A. Paton and A. C. Littleton とし, 別の一つである資産負債中心観を代表する学説を R. T. Sprouse and M. Moonitz とすれば, FASB はこの両者からのいわば, 二者択一ではなく, 折衷的な選択, つまり三

者択一をも考慮に入れる必要があろう。第三の途は，資産負債中心観の内容の変更を迫ることになる。

もしもこの資産負債中心観に変更が加えられ，それが全体としての整合性に瑕疵を生じさせるものであれば，ここには大きな問題が存在することになる。しかし，その変更が全体としての整合性にとって問題のない，新たな財務会計の体系を生み出す可能性は否定できない。このような意味で，『討議資料』からSFACへの間に存在するPublic Recordを検討することには意義があると考えられる。『討議資料』から概念的フレームワークにおいて資産負債中心観に変化があったならば，当然にPublic Recordによるインパクトが起因していると考えられるからである。その事実を認めた上で，概念的フレームワークにおける資産負債中心観がどのようなものであり，そしてさらに意味のある計算体系を導くものであるか否かの検討が必要となり，そのためには資産負債中心観のもつ内容を捉え直す必要が生じるのである。

ただし注意しなければならないことは，『討議資料』の資産負債中心観と概念的フレームワークの資産負債中心観に違いがあるならば，その区別を識別するための理論構造，すなわち，それから導き出される判断基準がなければならないということである。しかし，その基準は『討議資料』には準備されていない。なぜならば，第三の途は想定されていなかったからである。また，SFACでも同様に，そのような基準は考慮されていないはずである。なぜならば，もしも，SFACが第三の途を選択していたならば，選択の基準を明らかにする必要はすでに存在しないからである。よってこれらの検討は，『討議資料』及び概念的フレームワークを離れた外在的な検討による以外にない。

そこで著者は，資産負債中心観の内部に異なるものがあり得ることを認識し，それらを識別するための理論，及びそこから導かれる判断基準を新たに設定する必要があると考える。その鍵は，利益計算方法にある。利益計算方法に注目するのは，わが国に存在する財産法・損益法という利益計算方法の考え方に相当するものが米国には存在しないためであり，また『討議資料』において明らかなように，二つの中心観は，本来，利益観として捉えられ，いずれの考え方をとる場合であっても利益計算の重要性は否定されるものではないと考えられているためである。

すなわち損益法と財産法の組み合わせの論理で資産負債中心観を精緻化し，細分化して，それぞれの資産負債中心観のもつ性格を明確にとらえ，識別していく作業を行うこととなる。そのためには，資産負債中心観＝財産法，収益費用中心観＝損益法という単線的な結合関係には意味がないことを明らかにし，損益法と財産法の統合形態で考えなければならないことを証明する。よって本章では，財産法や損益法は特定の利益概念を想定したものではなく，どのような利益概念にも採用できる単なる利益計算方法というものに過ぎないということを証明することになる。これらの利益計算方法を彩色するためには別個の概念装置が必要だという結論を導き出すために，岩田巖教授と武田隆二教授の考え方を用いて，わが国における伝統的会計の利益計算方法を検討する。

第2節　財産法と損益法の関係に関する岩田巖教授の理論

　財産法と損益法の関係に関する岩田巖教授の説を最もよく表したものとして『利潤計算原理』[1]があげられる。『利潤計算原理』は，まず静態論と動態論の貸借対照表の本質が異なっていることを指摘している[2]。一般的に見ても，元来，静態論は債権者保護目的を持ち，典型的な形態としては，貸借対照表完全性の原則と貸借対照表真正価値の原則によって作成されるものと考えられてきた。積極財産と消極財産の完全な記載と，財産価値を期末時点での強制売却価値によって記載することが要請されたのである。他方，動態論においては，貸借対照表は，Schmalenbach. E の指摘を待つまでもなく，連結環として機能し，利益計算のための補助手段として捉えられるか，あるいは，独立の損益計算の機能をもつものと考えられる。いずれにせよ，静態論における貸借対照表とはその性格をまったく異にしていることは明らかである。しかし，貸借対照表論争は，制度的に作成される一つの貸借対照表がいかなる性格をもつかをめぐっての論争であることに注意しなければならない。

　しかし，岩田教授は，この意味での相違ではなく，貸借対照表論争とよばれている静態論と動態論との対立は，実は別々の貸借対照表を問題にしていたといわれるのである。元々本質が異なるものであるにもかかわらず，それを１つ

の貸借対照表の視点でしかみてこなかったため，様々な混乱がおきたとされる。したがって，貸借対照表論争の意味そのものが一般的に考えられていたものとは明らかに相違していることになる。

岩田教授は元来の静態論の貸借対照表の意味について「静態論は貸借対照表のなかに，財産法のイスト・ビランツを凝視しているのである。つまり期末財産の資産負債を，帳簿記録に関係なく，実際の事実について確定し，これを分類集計することによって作成する貸借対照表を考えているということである。この作成手続の特徴から一時点の状態表示という，貸借対照表本質観はみちびきだされたのであった。静態論とは，この本質観と財産法の対照表との結び付きの上に成立する，貸借対照表学説にほかならない。」[3]とされる。

ここでのイスト・ビランツの意味は，現に存在するものの集約表としての貸借対照表ということであろう。現に存在するものは実地棚卸によって確認されることになる。この意味で，貸借対照表上の数値は，その金額であるはずという数字ではなく，現にある数字である。数量でいえば，帳簿上ではこれこれの数量が存在するはずになっているという数量ではなく，実際に調査をしたところ，これこれの数量があったという，その数字である。その場合，付される金額は期末時点に実現される金額，とりわけ，通常の営業過程において現在，あるいは将来販売されるときの価格ではなく，強制的な処分価格である。この貸借対照表は，基本的には，財産状態の計算を目的としていると解されるが，損益計算も可能であるとされる。通常，それは財産法といわれるものである。

しかし岩田教授は注意すべきこととして，静態論と財産法の結びつきが常に成立するとは限らないといわれる[4]。そもそも財産法の貸借対照表は，本来2つの計算機能を有しているとされ，それは，①資本計算（決算日現在の資産負債の在高を比較して，その差額として正味資産すなわち期末資本の額を算定する機能，いわゆる財産計算）と，②利潤計算（決定された正味財産を元入資本と比較し，その差額として当該期間の純損益を算定する機能)[5]としている。この点に関してはおそらく異論は存在しないであろう。

さらに続けて岩田教授は，静態論においては，貸借対照表は①の資本計算に重点がおかれ，②の利潤計算の機能は資本計算から派生する副産物にすぎない[6]とされる。企業の財産が貨幣資産の諸項目だけから成立するような単純

第2節　財産法と損益法の関係に関する岩田巌教授の理論　183

な構成の場合には財産法の対照表は状態表示の性質を高度に備えるが，しかし企業の財産構成が複雑となり棚卸資産の諸項目が重要になってくると静態論的な性格は希薄となると岩田教授は指摘される[7]。また岩田教授は各資産の特徴について，貨幣資産はその現在高を事実に基づいて確定し正しい資本計算を行うことが利潤計算の前提となるから貨幣資産のみを内容とする貸借対照表においては静態論をつらぬくことが可能だが（例えば現金は数量を決定すれば，同時に価値を決定することになる），棚卸資産については貨幣資産と異なり数量計算が同時に価値計算とはならない（評価の手続きは棚卸手続から独立している）ということを強調されるのである[8]。

　静態論では，棚卸資産は期末現在の価値をもって評価されるが，それを岩田教授は時価主義による資産評価であるといわれる[9]。時価評価を基礎とした資本計算の結果が，貨幣資産におけると同様に，正しい利潤の算定となるならば問題はないが，棚卸資産の場合はそうならないとし，それは評価額と原価または簿価との差額が，未実現損益となって，実現された損益に混入するからであるとされる（未実現損益は営業成績を曖昧にする）[10]。このことから「時価主義は利潤計算にとって不適当な評価基準である。そこでもし利潤計算のために，未実現損益を回避しうるような評価基準をもとめるとすれば，取得原価または帳簿価格によるほかない」[11]とされ，それが原価主義なのである。

　このようなことから資本計算のための評価は利潤計算の障壁となり，利潤計算のための評価は資本計算の正確性を犠牲にするというジレンマがおこると，岩田教授はいわれる[12]。

　すなわち静態論は，債権者保護の見地から貸借対照表目的として資本計算を重要視したことになるが（貸借対照表は債務に対する弁済能力を算定表示すべきもの），これに対して企業主・経営者は，次第に利潤計算の目的に重点をおくようになり，貸借対照表は利潤計算を主たる目的として作成されるべきであるため，資本計算は利潤計算の障壁にならない程度で良いという見解にたっていると岩田教授は指摘される[13]。この利益計算目的を中心に考える理論を静態論に対立するものとして，動態論と岩田教授はいわれる。そしてこの動態論の見地から棚卸資産評価は未実現損益の計上を嫌い原価主義に固執すると述べておられる[14]。

これは静態論と動態論の会計目的の違いを説明したものであるといってもよいだろう。すなわち，ここでの静態論における会計目的は債権者保護の立場からにおける財産計算であったのに対して，動態論での会計目的は，投資家保護の見地からの損益計算であるということになる。

岩田教授は，結局これらの静態論と動態論の対立の根元は，財産評価問題にあると指摘され，利潤計算のための評価は資本計算の正確性を犠牲にするというジレンマがあると述べられるが，その解決を，貸借対照表をめぐる立場の選択に求めようとしたところに両者の対立が顕著になったとされる（ただし対立の原因は評価問題だけではなく，どの項目を対照表に計上すべきか，財産負債をいかに分類すべきかという問題もあげられる）[15]。

岩田教授は，以上のように静態論にしても動態論にしても貸借対照表をいかに作成するかということが重要であり，ここでの動態論が帳簿から独立に作成される貸借対照表の問題を取り扱っているので，財産法のイスト・ビランツに立脚したものが動態論だということができるとされる。しかし固定資産が無視しえないほどの比重をもって財産構成に割り込んでくると事情は異なってくるとし，貸借対照表は部分的にイスト・ビランツ→ゾル・ビランツとなる，と岩田教授は解される[16]。会計上の固定資産については，減価償却が行われるのが通例であり，帳簿記録に基づいてまず費用を計算し，その費用と帳簿価格との差を固定資産の期末残高とし，固定資産は損益法の手続で処理されているのである。よって岩田教授は静態論は棚卸評価の手続を固定資産についても押し通そうとしたことに問題があるとし，そこに貸借対照表問題の混乱が考えられると指摘される[17]。

また岩田教授は，棚卸資産ばかりでなく固定資産までも時価評価でつらぬこうとする静態論に対して，資産の種類により評価基準を区別しようとする静態論があるとしたが，減価償却処理の本質を見極め，これが貸借対照表に及ぼすゾル・ビランツ化という影響を正しく認識するまでには至らなかったとされる[18]。その理由は，貸借対照表をもって財産状態の表示とみる静態論的本質観はあくまでこれを固持してゆずらなかったからであり，そこで当然の結果としてこの本質観と固定資産処理との矛盾を何らかの方法で調和する必要にせまられたのであるが，その調整結果は評価基準の二元性にゆきついたとされ

る[19]。

　岩田教授は固定資産の占める割合が拡大するにつれて実地棚卸問題が生じ，貸借対照表は，ゾル・ビランツの性格を次第に濃く帯びるようにならざるをえないとし，貸借対照表は静態論が指摘するような財産状態の一覧表ではなく，むしろ利潤計算に対して間接に役立つ補助手段にすぎないとされる[20]。そして貸借対照表は，独立の意義ある財務表ではなく，損益計算書の付属表であるという結果となり，それを岩田教授は動態論であるとされるのである[21]。

　このことから損益法の対照表に基礎をおく動態論と財産法の対照表に立脚する動態論という二つの動態論が出現し，前者は収益費用の比較による損益法の計算を問題とし，後者は財産資本の比較による財産法の計算を問題にする[22]。よって岩田教授は静態論に対する動態論の対立といっても，その関係は複雑であって目的や評価問題で対立する関係と本質問題で対立する関係とでは，対立の場が異なるとされる[23]。岩田教授によれば，前者においては，2つは財産法のイスト・ビランツという共通の場で対立するに反して，後者においては，動態論は損益表のゾル・ビランツ，静態論は財産法のイスト・ビランツとそれぞれディメンションを異にした場に立って対立しているのである[24]。このように岩田教授の理論を分析してきたわけだが，さらに理解を容易にするために，いままで述べてきた岩田教授の静態論と動態論の対立問題を，著者なりに整理すると図表1のようなものになるだろう。

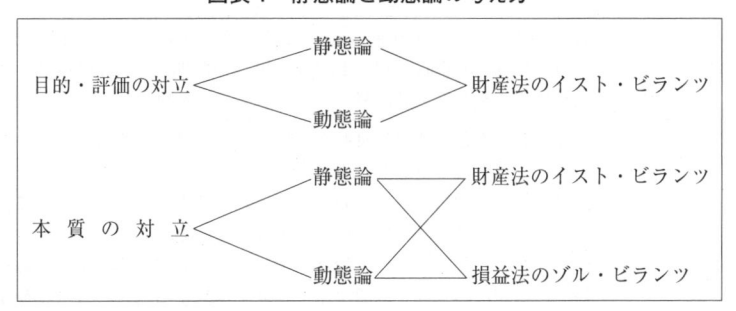

図表1　静態論と動態論の考え方

```
目的・評価の対立 ＜ 静態論 ＞ 財産法のイスト・ビランツ
                  動態論

本　質　の　対　立 ＜ 静態論 × 財産法のイスト・ビランツ
                    動態論   損益法のゾル・ビランツ
```

　その後，財産法と損益法の関係について岩田教授は「損益法と財産法は，本質に異なる利潤計算であって，両者の結果は必ずしも一致するとはかぎらな

い，この二つの計算は，単純に貸借対照表と損益計算書に分れて行われるというよりは，むしろもっと複雑な関係において，相互に絡みあっているのである。」[25]としており，損益法と財産法の相互補完的な関係を示している。すなわち静態論と動態論の関係を考えれば，その関係は導き出されるものと思われる。以下，岩田教授がいう財産法と損益法に関わる会計的本質・貸借対照表の特徴，また財産法と損益法との結合手順について，著者がまとめると図表2・図表3のとおりとなる[26]。

　岩田教授の考え方で注目すべきことは財産法が動態論と結びつくということである。すなわち，財産法自体が静態論と必然的に結びつくという理論に対して，岩田教授は否定的な見解をとっていることになる。本質的な問題としては，損益法の貸借対照表に基礎をおく動態論と財産法の貸借対照表に立脚する動態論が存在し，前者は収益費用の比較による損益法の計算を問題とし，後者は財産資本の比較による財産法の計算を問題にする。図表1のように，財産法のイスト・ビランツは，目的・評価・本質の対立にしても動態論に結びつく。そのため財産法は動態論とも結びつく。このことは財産法が1つの計算方法であり，当然利益概念ではなく（それを構成するのに不可欠な一部ともいえる），それ以外の何者でもないということを意味している。すなわち，利益計算方法（財産法・損益法）は，図表2のようにそれぞれの特徴をもつが，特に定めら

図表2　財産法と損益法に関わる会計的本質・貸借対照表の特徴

	財　産　法	損　益　法
会計的本質	資本の実際在高（Istbestand）と帳簿残高（Sollbestand）との比較に原点をおく利潤計算。	給付に対する収入と，費消に対する支出との配偶[27]（Matching）。費用と収益の比較計算。
貸借対照表の特徴	財産目録にもとづく貸借対照表であって，そこで計算される利潤は，利潤に相当する資産の実際在高（事実上の利潤）。資本の実際在高と帳簿残高の比較という，財産法の原理を展開することで損益法によらざる財産法独自の損益計算書を作成することが可能。	まず損益計算書を作成。ここに算定された利潤は財産法の利潤とは性質を異にするものであり，利潤に相当する資産の帳簿残高（計算上の利潤）。損益法によれば，収入支出から費用収益を選択する場合，費用収益ならざる収入支出が後に残るが，この残余項目に集計して一表に示すとき，貸借対照表が作成される。

図表3　財産法と損益法の結合手順

```
損益法の原理にしたがい簿記の記録を基礎とし，費
用収益を選択集計配偶して損益計算書を作成すると
ともに計算上の貸借対照表を作成。
          ↓
財産法の原理にしたがい，資産負債の棚卸評価によっ
て事実上の貸借対照表を作成。
          ↓
損益法の損益計算書における計算上の利潤と，財産
法の貸借対照表における事実上の利潤とを照合。一
致すれば計算終了。
          ↓
利潤に差異がある場合は，損益法による計算上の貸
借対照表と，財産法による事実上の貸借対照表をもっ
て比較貸借対照表を作成し資産負債の各項目毎に増
減を求め利潤差異を個別差異に分析（利潤差異分析
表）。
          ↓
個別差異の性質を検討し，適当な科目を附して前記
の損益計算書（科目によっては貸借対照表または剰
余金計算書）に追加記入。損益法の損益計算書と財
産法の貸借対照表との利潤を一致させる。
```

れた利益を計算するための利益計算方法ではなく，様々な利益を計算することのできる普遍性のある，単なる計算方式にすぎないということになる。また岩田教授はそれぞれの利益計算方法，すなわち財産法と損益法が本来結合されるべきものだと述べられている点にも注目しておきたい。

　静態論が財産法と結びつき，動態論が損益法と結びつくという考え方を岩田教授は否定される。わが国の取得原価主義会計の確立過程において論争のあった静態論（時価主義を前提としたもの）＝財産法，動態論（取得原価主義を前提としたもの）＝損益法という論理は，岩田教授の見解によれば，2つの貸借対照表の存在を見落としていたために起こる事象なのであり，それらの固有の結びつきは認められないと解すべきことになる。よって財産法・損益法自体は利益計算方法のなかの1つにすぎず，それ以外の何者でもないことになる。

第3節　財産法と損益法の関係に関する武田隆二教授の理論

　本節では財産法と損益法の関係に関する武田隆二教授の説を検討する。武田教授は，財産法は企業会計における利益計算方法の1つであるとされ，「実在する資産と負債の側からアプローチし，純財産額の確定を通じて，二時点間の純財産の比較により，純財産増加分としての利益を確定しようとするものである。〈…(略)…〉財産法は純財産の変動から間接的に利益を決定するものであるから，いわば間接的な利益決定」[28]と述べられている。すなわち期首と期末における純財産の比較による利益の確定が財産法であるが，武田教授はこの形態は財産法のなかで重要な役割を果たしていると一定の評価はされるものの，そのような方式以外にも数多くの方式があり，あるいは制度化せられている点に注意しなければならないことを指摘される[29]。武田教授が示される基本的な財産法の利益計算方式の一部は以下の通りである[30]。

(1) 棚卸計算法ともいわれ，損益法（誘導法）と対立する方式。

(2) 財産・債務の棚卸計算が前提におかれるところから，資産・負債の範囲はごく限定され，把握可能な財産・権利および法的に確定した負債のみが，純財産決定の基礎となる。

(3) 真正価値とは売却時価を意味するところから，財産法における評価基準は，時価主義にならざるをえない。

(4) (1)〜(3)で正しい純財産額が確定される。資産・負債の実地・棚卸計算，確定された資産・負債の正しい評価，という一連の過程から得られた期首と期末の時点比較ないし距離比較によって具体的実在量としての利益が確定する。

(5) (1)〜(4)の財産比較の方式は，把握可能な経済財の時価評価に基づく一括的利益確定の方式であるから，原理的には静態論をその基底にもつ。

　武田教授は上記(1)〜(5)を本来的財産法とし，この特質が今まで多くの論者によって強調されてきたと指摘され，財産法の基本型としての性格をもつものであるということを否定されていない。そしてこのような財産法形式の特質

第3節　財産法と損益法の関係に関する武田隆二教授の理論

は古くから商人の実務慣行のなかに存在していることを述べられ，さらには財産法の一典型として，1861年のドイツ普通商法典の計算規定にそれを求めることが出来るとされている(31)。このようなことから「純財産増加分としての利益を期間作用的利益と期間非作用的利益とに分離するという会計思考を通じて，期間損益計算における発生原則が吸収されていく過程」(32)を述べられ，その発展の跡づけを行われた。ただしここで，財産法が静態論と必然的に結びつくものであるのだろうか，また財産法が動態論と接合可能性が存するのかどうか，という疑問を武田教授は提示されている。

この利益概念と利益計算方法の必然的な結びつきに対する疑問は岩田教授と同様であるといってよい（岩田教授の場合は，その必然性は否定されていたはずである）。すなわち武田教授は，財産法は静態論だけに必然的に結びつかず，財産法は動態論にも接合可能とされる(33)。利益計算方法を単なる一般的な計算方式に過ぎないとしている点においても岩田教授が示す結論と同様である。それではこの点を明らかにしてみよう。

まず財産法が静的貸借対照表観の上に確立されたものであるとする見解の論拠として武田教授は1925年ドイツにおける所得税法草案，1948年最高財務裁判所の判決文を引きながら以下の2点をあげておられる(34)。

(1) 財産法は財産比較による利益計算法である。1925年所得税法草案のなかで「財産の変動」（Veränderung des Vermögens）という言葉が用いられている。

(2) 財産法は「個々の経済財の評価」に基づくものである。1948年の最高財務裁判所の判例のなかで「独立に評価可能な財貨」（ein Gut, das selbständig bewertungsfähig ist）が経済財の概念として画定され，そのような経済財が財産法の対象とされている。

武田教授は以上のような財産法は独立に評価可能な経済財の評価に基づく財産比較による利益計算方式である，という理由から静態論との結びつきが強固に論じられてきたとされ，その結果，財産法が財産比較の方式をとるからといって，静的貸借対照表観との結びつきを主張するのは誤っていることを指摘される(35)。すなわち，財産比較という方式はそれ自体無色のものであって財産の解釈いかんによって静態論に対すると同じように動態論に対しても妥当する

ものであると述べられているのである(36)。そして，静態論と動態論の一連の関係を「静態論―棚卸計算法―財産法―時価主義」「動態論―誘導法―損益法―原価主義」と示し，それぞれ「理論範疇」，「手続範疇」，「方法範疇」，「評価範疇」とされる(37)。

この区別から，武田教授は，諸範疇は一定の結びつきを理念的に想定することは可能であるとし，このような関連は静態論および動態論をそれぞれ極限的な姿として措定した場合に考えうる結びつきであって，現実にはこの関連があらゆる場合に常に妥当するとはかぎらないのであることを指摘されるのである(38)。では，なぜ常に妥当するとはかぎらないのか。その理由を武田教授は「会計学の発展は，古い静態論とくに時価評価を背景とする1861年ドイツ普通商法典にみられる静態論（財産法静態論）から漸次新しい静態論とくにル・クートル（およびドイツ所得税法）によって代表される。原価評価思想を背景とする，静態論（損益法静態論）へ移行し，その間に損益法動態論（ケルン学派の動態論）が確立され，それが今日支配的な地位を占めるに至るのである。したがって，前述の一連の関連は，現実においては，種々の結びつきのもとに，それぞれ特有のビランツ・レーレを形成している。」(39)と説明される。

すなわち武田教授によれば財産法は利益計算の方法範疇としてそれ自体無色の存在であり，それに実質的内容を与えるものが静態論であり，動態論であるとしていると考えられるのであり「財産法は静態論にも動態論にも共通の利益計算方式」(40)「財産法は利益計算方法の方法範疇としてそれ自体無色の存在」(41)と明確に述べられている。すなわち財産法・損益法を取り上げる際の一つの混乱として，財務表作成の手続範疇たる棚卸法・誘導法とを同一視することによって生ずるとし，この一対の二つのカテゴリーは，一定の関連はあるにせよ，概念的に区別されるべき範疇とされるのである(42)。

武田教授の考え方で注目すべきことは，財産法として特質づけられてきた利益計算方法として，財産法の基本型としての性格を示しつつ，そこでの利益計算方法が静態論と必然的に結びつくものであるか，動態論との接合可能性があるのかという点を指摘されたところにある。利益計算方法は武田教授のいわれる「方法範疇」であるが，これは，「理論範疇」「手続範疇」「評価範疇」との一定の結びつきを否定しない立場をとりつつも，その結びつきは常に妥当はし

ないと述べている。ただ著者は，武田教授がいわれる「方法範疇」が，すでに「理論範疇」内在の問題としては位置づけられず，別個の形として存在している時点で，「方法範疇」は単体の計算方法としてのみ存在すると考える。ドイツ普通商法典を取り上げ，それが長年にわたり支配的な位置を示してきた原因としているものの，あくまで利益計算方法は，「方法範疇」として武田教授のいう「無色」のものであり，それは静態論とも動態論とも結びつくという点を指摘した点は非常に重要である。利益計算方法は単なる計算方法であり，著者が考えるに，資産・負債の金額や範囲は，利益計算方法によって計算される利益をどのようにするかが決定された結果として決められるものであると思われる。武田教授のいわれる「理論範疇」がその役割を果たすのであり，そこで機能する利益計算方法は，一般的な計算方法ということになる。

第4節 財産法と損益法の関係に関する結論

岩田教授及び武田教授の考え方から，静態論＝財産法，動態論＝損益法という見解は否定されることになった。これらの結びつきは必然的ではないことが判明したといってよい。岩田教授は財産法が動態論と結びつくことが可能であり，財産法自体が静態論と必然的に結びつくという理論に対して否定的な見解をとられる。財産法と損益法の会計的本質問題に関しては，損益法の貸借対照表に基礎をおく動態論と財産法の貸借対照表に立脚する動態論が存在し，前者は収益費用の比較による損益法の計算を問題とし，後者は財産資本の比較による財産法の計算を問題にされる。財産法のイスト・ビランツは，目的・評価・本質の対立にしても動態論に結びつく。わが国の取得原価主義会計の確立の過程において論争のあった静態論（時価主義を前提としたもの）＝財産法，動態論（取得原価主義を前提としたもの）＝損益法という論理は，岩田教授によれば，2つの貸借対照表の存在を見落としていたために起こる事象なのであり，それらの固有の結びつきは認められないことになる。このことは財産法が「単なる1つの計算方法」であり，それ以外の何者でもないということを意味する。

武田教授は財産法自体があくまで計算方法であり，それ以外の何ものでもな

いことを明確に述べられいる。財産法という計算方法に実質的な内容を与えるものが静態論であり，動態論であるため，財産法が静態論と当然に結びつくわけではないということを意味していた。要するに武田教授は財産法という形式はまったく「無色」のものであり，資産・負債の解釈により，実質的内容が与えられるものと解釈されており，それゆえ，財産法は静態論にも動態論にも共通の利益計算方式であるとしていると解されていたのである。

　これは財産法のみならず，損益法にもいえることであるが，岩田教授や武田教授が論じられているとおり，両者は単なる利益計算方法に過ぎない。よってこれらの利益計算方法を彩色するためには別個の概念装置が必要なのである。このようなことからも，資産負債中心観＝財産法という単線結合は否定されなければならないことが分かる。

注

（1）岩田巖『利潤計算原理』同文舘出版，1987年。それまでの岩田教授の論文としては主に次のものがあげられる。岩田巖「シュミット有機的時価貸借対照表」『會計』第27巻第4号，1930年10月。岩田巖「ゲルドマツヘル・成果計算論」『會計』第29巻第4号，1931年10月。岩田巖「貸借対照表継続性の原則」『會計』第34巻第2号，1934年2月。岩田巖「名目資本維持説の破綻」『會計』第34巻第4号，1934年4月。岩田巖「濁逸の株式会社決算諸表標準形式解説」『會計』第35巻第2号，1934年8月。岩田巖「財産目録と数量計算」『會計』第36巻第4号，1935年4月。岩田巖「静態論と動態論の対立」『會計』第37巻第1号，1935年7月。岩田巖「貸借対照表能力論の一考察」『會計』第37巻第2号，1935年8月。岩田巖「貸借対照表計算の二方向―静態論と動態論の対立―」『會計』第37巻第3号，1935年9月。岩田巖「静的評価論の変遷」『會計』第37巻第4号，1935年10月。岩田巖「二つの簿記学―決算中心の簿記と会計管理のための簿記―」『産業経理』第15巻第6号，1955年6月。岩田巖「損益法の構造」『産業経理』第16巻第1号，1956年1月。岩田巖「財産法の構造」『産業経理』第16巻第2号，1956年2月。
（2）岩田巖，前掲書，1987年，64-106頁。
（3）同上書，86-87頁。　（4）同上書，88頁。　（5）同上書，87頁。
（6）同上書，88頁。　　（7）同上書，88頁。　（8）同上書，89頁。
（9）同上書，89頁。　　（10）同上書，89-90頁。（11）同上書，90頁。
（12）同上書，90頁。　　（13）同上書，91-92頁。（14）同上書，92頁。
（15）同上書，92頁。　　（16）同上書，93頁。　（17）同上書，93-94頁。
（18）同上書，98頁。

(19) 同上書，98頁。しかし，これらは矛盾があるとされる。理由はイスト・ビランツとゾル・ビランツとが混合する貸借対照表の二面性を見落とし，強引に貸借対照表をイスト・ビランツ的に観念し，取扱おうとした結果とされる。
(20) 同上書，101頁。　　(21) 同上書，101頁。　　(22) 同上書，101-102頁。
(23) 同上書，102頁。　　(24) 同上書，102頁。　　(25) 同上書，158頁。
(26) 同上書，158-162頁。
(27) 岩田教授はMatchingを「配偶」とされる。
(28) 武田隆二「財産法の近代的解釈」『會計』第84巻第1号，1963年1月，26頁。
(29) 同上稿，29頁。　　(30) 同上稿，29-30頁。
(31) 同上稿，31-32頁。なお，財産法による利益計算方式についての具体的な規定はみられないものの，正規の簿記の諸原則を前提にはしない財産目録計算が経理体系の基礎となっている。
(32) 同上稿，37頁。　　(33) 同上稿，38-39頁。　　(34) 同上稿，39頁。
(35) 同上稿，40-43頁。　　(36) 同上稿，40-43頁。
(37) 武田隆二「原初的財産法から近代的財産法へ」『會計』第84巻第7号，1964年7月，41頁。武田隆二「財産法と損益法の類型的考察」『国民経済雑誌』第103巻第3号，神戸大学経済経営学会，1961年3月，81頁。
(38) 武田，前掲稿，1964年7月，41頁。武田，前掲稿，1961年3月，81頁。
(39) 武田，前掲稿，1963年1月，41頁。
(40) 同上稿，41-43頁。　　(41) 同上稿，41-43頁。　　(42) 同上稿，43頁。

第7章 中心観を基軸とした計算体系の検討

第1節 あるべき中心観
─中心観の視点から選択される計算体系─

　前章において検討した伝統的利益計算方法について，岩田教授によれば，わが国の，取得原価主義会計の確立過程において論争のあった静態論（時価主義を前提としたもの）＝財産法，動態論（取得原価主義を前提としたもの）＝損益法という捉え方は，2つの貸借対照表の存在を見落としていたために起こる事象であり，それらの固有の結びつきは本来認められないものであるとされた。武田教授も，財産法自体は「無色」なものであり，資産・負債の解釈によっては財産法は静態論にも動態論にも結びつきが可能であると述べられている。

　換言すれば，伝統的会計における財産法はあくまで利益計算方法であり，財産法という利益計算方法に実質的な意味を与えるものが当時の静態論であり，動態論であった。そして利益計算方法という形式はまったく「無色」のものであり，資産・負債の解釈によっては，財産法は静態論にも動態論にも結びつきが可能であるとしていた。すなわち財産法にしても損益法にしてもおのおのが1つの単なる利益計算方法にすぎず，それ以外の何ものでもない[1]。よって，利益概念と利益計算方法の混迷の結果である，財産法・資産負債中心観を同一視する考えは，否定せざるをえない（財産法≠資産負債中心観）。

　静態論的財産法（ストック比較財産法）は，原初的財産法であるので，これは当然資産負債中心観とは結びつかない。一見，資産負債中心観と結びつきそうではあるが，これは資産負債の増減の記録があればこと足りるのであり，財産法自体がどの利益概念とも結びつくのであるから，資産負債中心観と財産法

は同一ではない。よって財産法と資産負債中心観はその構造自体は全く別のものであり、財産法・資産負債中心観を同一視する理論は、否定されることになるのである。このようにわが国固有の伝統的利益計算方法の視点を取り入れたことにより、利益概念と利益計算方法を同一視する考えは否定される。

ところで『討議資料』の資産負債中心観は純粋型資産負債中心観であるが、収益費用中心観を擁護する Public Record の存在により、その後の FASB における概念的フレームワークに影響があらわれていることがこれまでの検討の結果から明らかとなった。資産負債中心観の立場をとりながらも純粋型資産負債中心観を維持しようとするかぎり、SFAC のなかに各種の矛盾が生じ、そのため、資産負債中心観は実践型資産負債中心観に変容してきた。Letter of Comment を取り入れたことによる純粋型資産負債中心観から実践型資産負債中心観への変容である。このような背景から資産負債中心観というものを捉え直す必要が生じる。『討議資料』の資産負債中心観と概念的フレームワークの資産負債中心観に違いがあるとして、それらの比較検討は『討議資料』によっても概念的フレームワークによっても充分ではない。そこで、著者はわが国における伝統的会計の利益計算方法を検討し、わが国の財産法・損益法の考え方を示してきた。同時に資産負債中心観と財産法を同一視する傾向については、利益概念と計算方法の混迷が起きている状況を説明し、単線結合を批判し（資産負債中心観≠財産法、収益費用中心観≠損益法）、それにかわる統合形態の必要性を述べた。

よってこの利益計算方法と中心観の問題との関係を考えなければならないであろう。資産負債中心観（純粋型資産負債中心観・実践型資産負債中心観）と収益費用中心観、双方ともに、最初に利益概念を定義するところから始まっている。資産負債中心観からいえば、利益概念を定義した後に、資産・負債の定義が行われ、それに沿った収益・費用が定義され、さらにそれに見合う計算体系が構築される。収益費用中心観においても、利益概念を定義した後に、収益・費用が定義され、資産・負債が定義され、それに見合う計算体系がいわば一蓮托生的なものとして、構造上に組み込まれている。

資産負債中心観でいえば、この中心観は利益概念と利益計算方法をまとめあげている1つの概念、したがって、資産負債中心観の概念規定が行われる際、

両者の対象物が包含され，資産負債中心観という考え方を成り立たせている。連携を前提とする限り，中心観は特定の測定基準と自動的に結びつくことがないとしているが，利益概念と利益計算方法は統合されていることになる。これらの相互関係が前提となり得る限り，資産負債中心観は成り立つといえる。そしてここでの計算目的は財政状態を明らかにするための財産計算（財政状態計算)[2]・損益計算であるから，財政状態計算・損益計算も連携を前提としていることになる。つまり，この計算方法が連携しているのであれば，資産負債中心観は連携している財産法と損益法とを包含するものとなる（図表1）。以上の理由により，資産負債中心観で考えれば，資産負債中心観と財産法・損益法は一体化していることとなる。

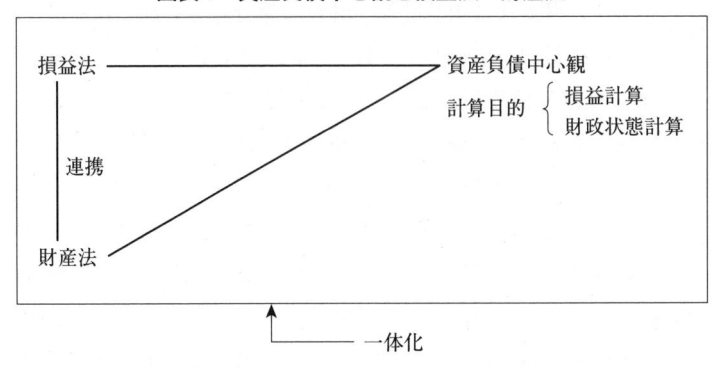

図表1　資産負債中心観と損益法・財産法

損益法 ────────── 資産負債中心観
　│　　　　　　　　　　計算目的 ┃ 損益計算
連携　　　　　　　　　　　　　　┃ 財政状態計算
　│　　　　　　／
財産法 ─────
　　　　　↑
　　　　─── 一体化

このように資産負債中心観の下では，連携を前提にすることにより，財産法および損益法が矛盾なく一つの計算体系として統合されているといわなければならない。しかも，このように統合された計算の体系は，想定され得る計算目的としての財政状態計算と損益計算の双方を達成しうるように統合される必要を生じ，したがって資産負債中心観は，計算目的，計算方法を包含し，一体化した観点であるということになる。

損益計算書と貸借対照表の相互関係を前提とする限り，そこでの計算目的は財政状態計算・損益計算であるわけだから，財産法と損益法も連携が前提となる。この計算方法が連携していれば，資産負債中心観は財産法と損益法に結びつくはずであり，よって資産負債中心観と財産法・損益法は一体化しているの

ではないかと先述した。また，損益法・財産法と包括的利益の関係についても，純利益は損益法によって計算され，包括的利益全体を財産法によって計算すると捉えることができるため，損益法と財産法は資産負債中心観と一体化していることになる。財産法は「利益計算方法」であり，資産負債中心観は「利益概念」と「利益計算方法」の統合である。そうであるならば，両者は一見似ているが構造自体が異なる。そして資産負債中心観は利益概念規定をその中心に据えてはいるが，それに留まらず，その他に利益計算をも想定しているのであって，その計算は，財政状態計算，損益計算を前提とする財産法・損益法なのである。

FASBが想定している資産負債中心観（実践型資産負債中心観）に基づいて考えてみると第3章で述べたとおり，包括的利益＝純利益＋その他の包括利益であれば，損益法と財産法は損益計算・財政状態計算をそれぞれ前提としているので，純利益は損益法を前提とする概念であり，包括的利益は財産法をとる形になる。よって，包括的利益全体を財産法と捉えることができる。そのため，包括的利益の計算は，損益法による利益計算に含めて考えることはできない。

この点をSFAC第5号にしたがって明らかにしてみる。SFAC第5号によれば，稼得利益は営業循環過程が完了した際の資産流入額が資産流出額を超過したものをいい，当該会計期間の業績の測定値であるとされる。したがって，稼得利益は，企業の産出物の対価として取得したもの，取得すると合理的に見積もられるもの，当該産出物を生産し，分配するために犠牲にされたものなどから成り立っている。換言すれば，収益，費用，利得，損失から計算される差額であることになる[3]。これらは，損益法を構成する諸要素であり，それら諸要素によって計算される利益は損益法による利益に他ならない。

他方，包括的利益は出資者による投資及び出資者への分配から生じる持分（純資産）の変動を除き，取引その他の事象および環境要因からもたらされる一会計期間の企業の持分について認識されるすべての変動であると考えられ，それには，①稼得利益，②純利益から除かれる項目（会計原則の変更に伴う累積的影響額のような前期損益修正の影響額），③特定の保有利得及び保有損失（固定資産としての市場性ある有価証券の時価変動，外貨換算調整勘定等の純

第1節　あるべき中心観─中心観の視点から選択される計算体系─ | 199

資産の変動額）を含むものとされている[4]。

　このことから明らかなように，包括的利益は出資者との間に生じた資本取引を除いた純資産の変動額であり，稼得利益はそれを構成する要素にすぎない[5]。包括的利益の測定は損益法によっては行うことができない。なぜならば，上記の②及び③に示される項目の内には，収益，利得の認識に関連する実現あるいは実現可能という条件を充足しないものが存在するが，稼得利益に含まれる項目は実現あるいは実現可能という条件を充足する純資産の増加である。こうして，稼得利益の計算にまで用いられる損益法は，包括的利益の計算にまで拡張することはできないことになる。

　なぜ，このような特異な「統合形態」を持つ必要があるのであろうか。それを解く鍵は「その他の包括的利益」にあるといえる。FASBによれば，その他の包括的利益は，次のものからなる。それは，外貨項目，最小年金負債調整，及び特定の負債証券及び持分証券への投資に係る未実現損益である[6]。FASBでは稼得利益は実現したものに限るが，部分的に未実現利益の計上を認めていることが分かる。未実現利益を計上するためには時価評価を必要とするわけであるから，そうであるならば，未実現利益を包括的利益に包含するために損益法を並列ではなく，財産法に包含させなければならないと考えられる。実現利益は損益法によって計算され，未実現利益を含む利益が包括的利益とされることになる。この包括的利益は実現部分を含めて実現可能性基準が考えられているという意味で，これを実現可能性利益と呼ぶことができるであろう。実現可能性利益を考えることにより，そこでの損益法と財産法の統合形態は財産法が損益法を包摂するものとなり，それがFASBの実践型資産負債中心観の一つの重要な特徴であるということができる。

　ここで注意しなければならないことは，先述のように包括的利益を計算する過程で稼得利益が問題にされているという事実である。純利益（稼得利益）を含む包括的利益の，すべての構成要素の合計金額をさして，包括的利益という用語を使用している。ここに問題が生ずる。稼得利益までが損益計算書に記載されるべきものとされている。よって損益計算書のボトムラインは稼得利益であって包括的利益ではない。しかし貸借対照表での利益は包括的利益が記載される。すなわち損益計算書と貸借対照表での利益が一致しないのである。これ

は,「連携」が成立しないことを意味するのであろうか。そうではなく,ここに特殊な「連携」が組み込まれていることになり,損益計算書と貸借対照表の連携を可能にするために両者の間に第三の計算書,例えば包括的利益計算書を存在させることになる。言い換えればFASBの想定する計算体系では二つの利益概念が併存するが,一方は他方を包含する関係にある。すなわち,包括的利益の計算では損益法（稼得利益の計算）と財産法（包括的利益の計算）の組み合わせ関係が考えられなければならないから,FASBのとる実践型資産負債中心観においては財産法だけでは説明できないということになる。そこでいわゆる評価中立的と対極をなす評価特定的な中心観を組み立てることが必要になる。

このように,実践型資産負債中心観では二つの利益概念が併存するが,一方（包括的利益）は他方（稼得利益）を包含する関係にある。これを計算方法の問題として述べれば,稼得利益の計算に関わり損益法が包括的利益を計算する財産法に包摂されているということになる。財産法と損益法の統合形態は,財産法が損益法を包摂している状態なのであり,そして現在それがSFACによって採用されている立場であるため,FASBのとる見解であると推察される（図表2）。

図表2　実践型資産負債中心観と損益法・財産法

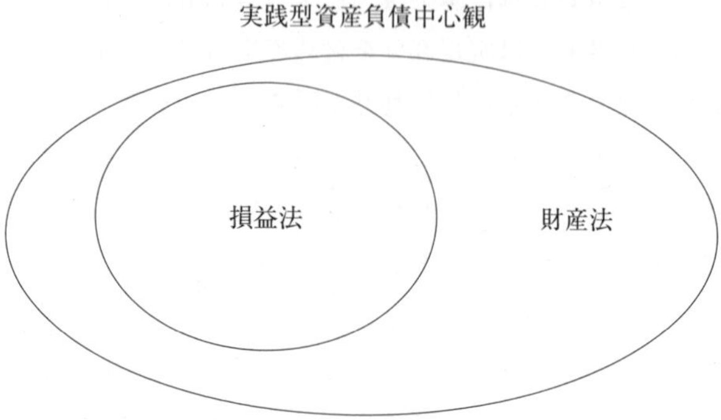

実践型資産負債中心観

（損益法が財産法に包摂される図）

このような損益法と財産法との統合形態を認めるならば,さらに,中心観—そして,それを基礎として形成される計算体系—を明らかにするために,損益法と財産法の関連の仕方を意味する統合形態に関して検討を加える必要が生ず

第1節 あるべき中心観―中心観の視点から選択される計算体系―

る。それらの統合形態は，経験的な対応をもたない想像，仮定および純粋理性に依拠する概念であり，被解明項としての経験を解明し説明するための概念である分析概念として形成されうると考えるからである。財産法が損益法を包摂するという統合形態がFASBのとる資産負債中心観（著者のいう実践型資産負債中心観）であり，時価会計といわれる計算体系であることを解明したように，計算体系という経験概念を解明するための分析概念として利用することが可能であると考えるのである。

財務諸表間での連携を想定するならば，財産法と損益法は何らかの形で統合していることになる。FASBがとっている実践型資産負債中心観においては，すでに明らかにしたように，その統合形態は，並列的ではなく，財産法によって損益法が包摂されていた。なぜならFASBの考え方によれば，損益計算上の稼得利益は包括的利益そのものではなく，稼得利益にその他の包括的利益を加えて包括的利益とされているからであった。包括的利益の定義によるかぎり，包括的利益の計算に資本比較が行われていることは明らかであり，資本比較法としての財産法が想定されていると解さざるを得なかったからである。したがって，包括的利益を計算するもっとも基本的な利益計算方法は財産法にあるというべきであろう。

では時価主義会計の場合はどうであろうか。時価主義会計といわれるものは多種多様であり，一概に規定することは困難であるが，純粋型資産負債中心観にみられる時価主義会計，すなわち収益・費用・資産・負債・資本すべての認識において発生主義を採用して経営成績と財政状態とを計算する体系を理念型として想定すれば，時価主義会計の場合にはすべての資産・負債に時価を適用し，それを発生主義で捉えることになる。その場合には，実現・未実現の問題は全くないのであるから，「その他の包括的利益」を別立てする必要は生じないはずである。したがって，稼得利益は実現・未実現の双方を含むのであり，その場合には稼得利益は，包括的利益と区別する意味はない。こうして，利益は，財産法であれ損益法であれ計算可能であり，そこで計算される利益は同額となる。よって，財産法と損益法とは「並列」の関係として捉えられる。

時価主義会計の場合は，損益法による純利益の計算は財産法による利益計算に包摂されると考えることはできない。時価会計では，上記のように，利益概

念において包括的利益，稼得利益と，常に二元的階層になっているため，評価基準として全て時価主義を採用し，認識基準として発生主義を採用する必然性はないことになる。したがって，時価主義会計は，財産法および損益法のどちらかが他方を包含しているのではなく，両計算方法が並列の状態で統合していることが，必要となってくる。利益概念が二元的階層ではなく一元的な状態であることが純粋型資産負債中心観の時価主義会計ということになる。

ここでいう一元的とは，利益の概念が単数であることを意味している。それは，先に示した理念型のもとで見られるように資産及び費用の認識に関して発生主義がとられ，評価に関して，例外なく時価主義が採用されることを意味するものに他ならない。評価に関して時価を付すべきものと原価を付すべきものとが混在する状態，つまり二元的な利益の必要性をもたらさないということになる。それがいわゆる純粋型資産負債中心観の一つの重要な特徴である。

では取得原価主義会計についてはどうであろうか。取得原価主義会計については，著者はFASBが想定する時価会計とは逆の位置づけに置かれると考える。わが国における山下勝治教授の財産法と損益法の関係に関する考え方が良い例である。山下教授は損益法の下でみられる財産計算の性格は，その財産計算が発生主義に立つ期間損益計算の原則に服し，損益法の立場に自己を適応させようとするものであるとし，損益法の下において考えうる財産計算は，もちろん通常の意味における財産でもなければ，財産のもつべき価値計算でもないとされる[7]。

さらに山下教授は財産法の下においては，財産の現金化計算から純財産額を算出し，そこからのみ純財産変動分としての利益を算定するという機能を持つものであるのに対し，損益法の下に考えられる財産計算の機能は，そのようにして利益を算定しようとするものではないとされる[8]。すなわち利益はすでに損益計算から算出されているので，財産計算のもつ機能はその利益計算を，現金化計算を通じて具体的に実証するところにあるとされる[9]。このように山下教授は損益法の下で考えられる財産法（近代的財産法）とそうではない財産法が存在していることを述べられ，前者は損益法の下で機能する財産法と考えられるので，損益法が近代的財産法を制約している関係にあるとされる[10]。

本書でいう実践型資産負債中心観は，時価会計とも呼ばれているが，この時

第1節 あるべき中心観―中心観の視点から選択される計算体系―

価会計は取得原価主義会計の延長線上にあるといわれることがある。取得原価主義会計と時価会計の相違点を明らかにするために，取得原価主義会計における損益法と財産法の統合形態に関していま一つの理論を検討しておこう。それは，飯野利夫教授の所説である。飯野教授は，貸借対照表の機能として損益計算機能を認めておられる。武田教授も『会計学一般教程』のなかで貸借対照表に損益計算機能を認めるが，そこでの貸借対照表は，通常公表されていた貸借対照表（有高貸借対照表）ではなく，運動貸借対照表である。飯野教授は公表されていた貸借対照表における損益計算のメカニズムを解明されているのである[11]。

それによれば，貸借対照表貸方は投下資本の総額を示すものである。この投下資本の総額は借方をみることによって二つに分類できる。一つは投下が持続しているものであり，二つめは投下から回収に向かったものである。回収された投下資本は回収済資本とされる。それは，回収された現金や受取手形，売掛金等の受取債権である。投下が持続しているものは棚卸資産，固定資産，繰延資産である。利益の計算は，回収済資本から，投下資本総額から投下持続額を差し引いた残額を差し引くことによって計算されるという。投下資本総額から投下持続額を差し引いたものは投下資本額中の費消された部分である。したがって，回収済資本から費消され，投下が解除された投下資本額を差し引くことによって計算されていることになる。これを計算式で表せば，

損益＝期末資本－期首資本
　　＝（期末資産－期末負債）－期首資本
　　＝期末資産－（期末負債＋期首資本）
　　＝（資本回収済額＋未回収投下資本額）－投下資本額
　　＝資本回収額－（投下資本額－未回収投下資本額）
　　＝資本回収額－投下資本額中の回収投下資本額

この最後の式は何を意味するであろうか。資本回収額は上記のように回収した現金・預金，受取債権等である。いわば，収益を財の側からみたものということができる。それに対して，資本額中の回収投下資本額は投下資本のうち費消された回収しなければならない額をあらわすものであり，費用を費消された

価値の側から見たものであるといえよう。このようにみることができるならば，この式は，実は，収益－費用の計算によって損益を計算しているのと同じことを意味するはずである。

　言い換えれば，財産法の計算式でありながら，損益法と同じ意味を持つに至っているのである。すなわち財産法が損益法に包摂されたということができるのである。ただ，棚卸資産について回収可能額を考えている点で問題が生ずるが，それをも未回収投下資本額に含めているので，財産法の計算式が実質的に損益法になるという主張に対して大きな障害にはならないと考える。

　繰り返すがFASBが述べている時価会計は，二つの利益概念が併存するけれども，一方は他方を包含する関係にある。これを計算方法の問題として述べれば，稼得利益の計算に関わり損益法が包括的利益を計算する財産法に包摂されているということになる。財産法と損益法の統合形態は，財産法が損益法を包摂している状態なのであり，そして現在それがFASBのとる見解である。時価会計といいながらも，損益計算が組み込まれている状態であり，原価配分の概念が消滅することはない。そうであれば，配分機能を備えもつ取得原価主義会計なのではないのか，という疑問が湧きがってくる。しかし，ここで著者のいう中心観のもつ統合の概念を想起することに意味が生ずる。実践型資産負債中心観にしても，収益費用中心観にしても，結局のところは，利益概念と利益計算方法の統合形態なのであり，その点で，両中心観は同質のものである。しかし前者は財産法が損益法を包含する形をとり，後者は損益法が財産法を包含する形をとる。それが両中心観の大きな違いのひとつである。

　以上をまとめれば，ここでの考え方は，利益概念によって規定される利益計算の「統合形態」そのものを捉えて「中心観」と考えるのであり，利益の計算を二元的なものや一元的なものとに区分する。財産法の中に，損益法が包含されている状態であれば，当然に二元的にならざるをえなくなり，それが時価会計を特徴づけていると考えられる。構造的には同様に，損益法の中に財産法が包摂されているのであれば，包摂の意味合いにもよるが，これも二元的になる可能性が高まり，取得原価主義会計を位置づける。しかし財産法と損益法が，並列になっている状態，つまりいずれの計算方法によって計算しても利益が一致している状態は，時価主義会計を特徴づけていることになる。

第1節　あるべき中心観―中心観の視点から選択される計算体系―

　これまで中心観の役割として様々な問題を取り上げ，それに対する回答を述べてきた。『討議資料』での問題の提起が不明瞭かつ不十分であったために資産負債中心観という立場をとりながら，SFACのなかに各種の矛盾がみられた。したがってそうした矛盾を解消するために資産負債中心観をリファインする必要があり，そのリファイン結果が「統合形態」ということになる。この統合形態は，わが国にある財産法と損益法の考え方を中心観にとりいれたものであり，本来ならばそれこそが中心観がもつべき形態だったはずである。例えば収益費用中心観での利益概念というものは，収益概念及び費用概念を支配するということである。「収益－費用」で，そこで初めて利益の計算が可能になるのではあるが，そこで計算される利益はあらかじめ特定の性格をもつ利益として特定化されているということになる。換言すると，収益の認識と測定，費用の認識と測定は，そこで計算されることが想定されている利益概念によって規定されることになり，独立してその適否を判断することはない[12]。

　純粋型資産負債中心観，実践型資産負債中心観，収益費用中心観は，それぞれ体系的には連携を前提とした財産法・損益法を含んでおり，その計算目的は損益計算と財政状態計算であることは同じであるが，財産法と損益法の組み合わせが異なることになる。

　FASBのとる実践型資産負債中心観は，財産法が損益法を内在する形をとるとき統合形態の形を選択する。包括的利益概念の特徴はすでに述べたが，それは資産概念を一種の経済的便益と考えるところから出発しており，そしてこの資産の概念の前提として，ついで負債概念の定義をし，その差額として持分を規定し，最後に一期間中の，営利企業の持分の変動として包括的利益を定義していた。

　言い換えれば，資産，負債，持分，持分の変動という順序で利益概念が規定されるのである。すなわち包括的利益全体を財産法によって捉らえることができるのであるから，それを前提とすれば実践型資産負債中心観の認識対象を経済的資源として考えることができよう。そしてこれらの認識過程は金融・資本市場を想定している情報操作過程（SFACにおいては，定義・測定可能性・目的適合性・信頼性の四つの規準を示していたわけだが，それは一種の情報操作過程だと考える）であるから，必然的にそれを受けて計算要素となっている項

目に関する情報が必要とされることになると考える。この場合，その会計情報は企業が生み出すキャッシュ・フローであるはずであり，それは将来予測も含むことになる（将来収益と将来費用の差額の正味キャッシュ・フローである。将来収益は将来のキャッシュ・フロー獲得能力という資産であり，将来費用は将来のキャッシュ・フロー獲得能力の喪失という負債である）。よってそのあるべき測定方法は，正負の経済的資源をキャッシュ・フローで測定することという結果になると著者は考える。

収益費用中心観は損益法が財産法を内在している状態である。そこでは企業の経済的資源をあらわさない項目，あるいは他の実体に資源を引き渡す義務をあらわさない項目が，資産・負債またはその他の構成要素として記載されることがあるとしていた。それは収益と費用を対応させるために必要なものとして貸借対照表上に計上される見越・繰延項目を想定しているのである。よってそこで想定されているのは，企業における経済的便益でなくて，投下された資金の動きということになる。そうであれば，収益費用中心観の認識対象は投下された資金（当初資金）である。そこでは当初の収入額が重要であるから，資産負債中心観と異なりその貨幣の動き自体には直接的に関係のあるものではない。よってそのあるべき測定方法は資金の貨幣的な動きをあらわす収入・支出を測定する（跡付ける）こととなる。すなわち投下された資金で「獲得」されたものを対象としているのではなく（資産負債中心観のように経済的資源を認識対象としているのではなく），投下された資金が単に貨幣的にどのように動いたかをみる概念ということになろう[13]。

このように財産法・損益法という考え方を取り入れた「統合形態」として中心観を捉えることにより認識・測定対象が明確化し，SFACが残してきた認識問題の拡大については，その認識対象を不確定的に広げることもなくなり，属性の共存の可能性もなくなる。わが国にある財産法・損益法の統合形態に関する考え方が米国には存在しなかったことからSFACにおける認識・測定での曖昧さを作り出したことになり，わが国の財産法と損益法の考え方がこれらの問題解決の鍵概念となるのである。以上の考え方を図表3としてまとめておく。

図表3 中心観の類型

純粋型資産負債中心観（評価）

利益計算方法の組み合せ	計 算 体 系	測 定 属 性
財産法と損益法の並列	時価主義会計	時　　　価

実践型資産負債中心観（対応/配分・評価）

利益計算方法の組み合せ	計 算 体 系	測 定 属 性
財産法のなかに損益法を包含	時 価 会 計	時価・取得原価

収益費用中心観（対応/配分）

利益計算方法の組み合せ	計 算 体 系	測 定 属 性
損益法のなかに財産法を包含	取得原価主義会計	取 得 原 価

第2節　中心観に関連する理論
―財務報告と結びついての計算構造―

　第1章にて述べたとおり，脆弱な理論基盤の上にたてられた基準は，地盤のゆるい土地に建てられた家と同じであり，軽度の地震で崩れかねない危険性がある。本書は中心観の視点をとりいれ，これまで理論基盤の検討を行ってきたが，さらに財務会計論の体系の概観を前提として中心観を検討していきたいと考える。なぜなら理論的整合性を省みずに，新規に導入される部分領域内での合理性だけを見つめ（会計基準の個々の解釈だけに追われ），その結果，計算体系の全体としてみるとき，論理矛盾を引き起こすことだけは避けなければならないからである。このようなことから，本節では井上良二教授の財務会計論の体系を基軸として，中心観を検討していきたい。

　井上教授は，財務会計論の体系の概観として，「日立の樹」[14]を取り上げている（図表4）。図表4では，財務会計の理論が「根」「幹」「枝」「葉」の部分からなり，それらが結びつき「記号論理学でいう『全称条件法命題（言明）』$((x)(Px \supset Qx)$：すべての x について，x が P ならば，x は Q であるという命題）の連鎖を明らかにする」[15]内容が表現されている。

208 第7章　中心観を基軸とした計算体系の検討

図表4　日立の樹の図

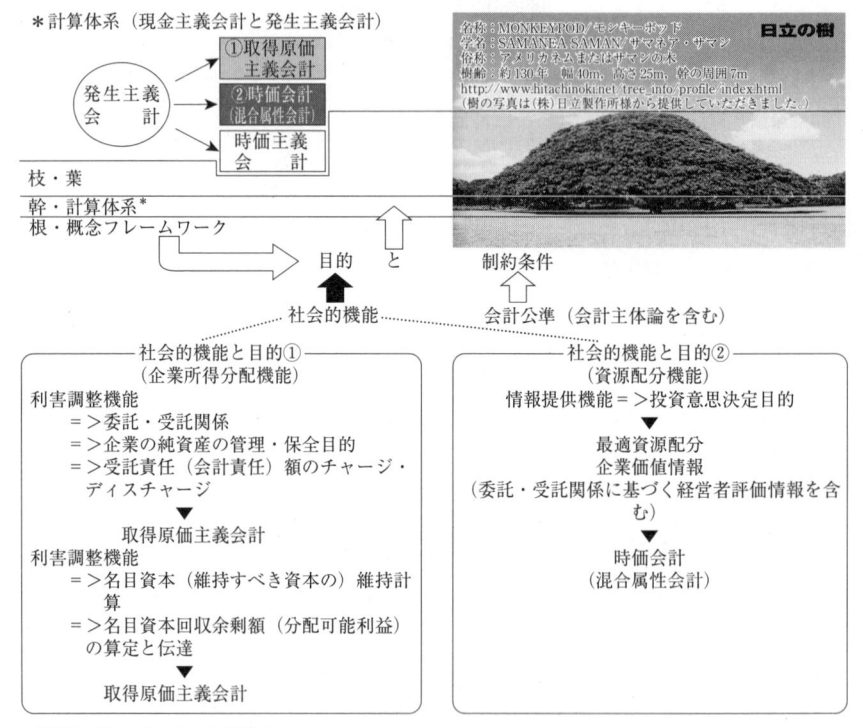

＊計算体系（現金主義会計と発生主義会計）

```
                    ┌─ ①取得原価
                    │   主義会計
発生主義 ────────────┼─ ②時価会計
会　　計            │   （混合属性会計）
                    └─ 時価主義
                        会　計
```

枝・葉
幹・計算体系＊
根・概念フレームワーク

　　　　　　　　　目的　　と　　制約条件
　　　　　　　社会的機能　　　　会計公準（会計主体論を含む）

```
┌─ 社会的機能と目的①──┐   ┌─ 社会的機能と目的②──┐
│   （企業所得分配機能）  │   │   （資源配分機能）      │
│ 利害調整機能            │   │ 情報提供機能＝＞投資意思決定目的 │
│  ＝＞委託・受託関係     │   │                         │
│  ＝＞企業の純資産の管理・保全目的 │ 最適資源配分            │
│  ＝＞受託責任（会計責任）額のチャージ・│ 企業価値情報            │
│     ディスチャージ      │   │ （委託・受託関係に基づく経営者評価情報を含む） │
│        ▼                │   │        ▼                │
│     取得原価主義会計    │   │     時価会計            │
│ 利害調整機能            │   │     （混合属性会計）    │
│  ＝＞名目資本（維持すべき資本の）維持計算 │                  │
│  ＝＞名目資本回収余剰額（分配可能利益）の算定と伝達 │        │
│        ▼                │   │                         │
│     取得原価主義会計    │   │                         │
└─────────────────────────┘   └─────────────────────────┘
```

（出所：井上（2008，中表紙））

　井上教授は，「すべてが財務会計論の基底である『根』の部分と関連している」[16]とし，財務会計論の体系の概観を謳われている。すなわち「会計基準の個々の解釈に追われ，ともすれば，全体の体系の吟味が遅れがちになっている」[17]という現代における財務会計論[18]の問題を示されている。

　それではどのような視点から理論基盤について検討していけばいいのだろうか。著者はこれまで，財務会計論の最も適切な理論基盤として「中心観」を取り上げてきた。

　米国では「完全競争市場として成立することを助長するような会計情報の開示が最重要課題となった。しかも，そこでの会計情報は，投資者が投資対象企業の企業価値を推定するために有用な情報である必要が強調された。そこで想定される企業価値は企業の将来のキャッシュ・フロー能力であると考えられて

第2節　中心観に関連する理論―財務報告と結びついての計算構造―

いる。情報利用者が企業による利益分配について期待を形成しうる利益分配モデルの形成を前提とすることになるが，企業のキャッシュ・フロー能力を知ることにより，投資者が将来受け取ることのできるキャッシュ・フローを推定することが可能」[19]であり。そもそも米国では，競争が社会的善であるとし，市場での競争を前提としていた部分があり，それに関してわが国においては，間接金融から直接金融への変化，直接金融の多様化という点で，米国に追随するような形になってきたと思われる。

　井上教授は，認識・測定対象があって初めて会計目的が規定されるとし，会計目的そのものを検討するに先立って，会計が行われる場としての企業あるいは企業集団をどのようなものと考えるか，そして，そこで行われている財務会計という行動は社会に対してどのような役割を演じているかを考察する必要があるとされる[20]。

　財務会計という行動がどのような社会的機能を果たしているのか，すなわち，財務会計論の体系の概観として，現代の財務会計論の基盤を成している意思決定―有用性アプローチについて井上教授は，図表5を提示される。

　図表5において井上教授は，現代の財務会計論の基盤を成している意思決定―有用性アプローチに従い社会の情報要求（社会が財務会計に与える社会的機能）を把握し，その情報要求に応えて（その情報要求の提供を目的とする）それに適う具体的な計算体系の特定を行うという順序で，図表下部から上部に向けて描かれているとされる[21]。さらにここでは投資意思決定に資する情報提供を，企業成果の予測と企業価値評価の情報提供という財務報告目的に具体化して示されている。この部分は図表4の「日立の樹」でいう根の部分である。この企業価値評価は企業の将来キャッシュ獲得能力と大きな関連を持つ。そのために，キャッシュ・フロー情報の提供の重要性が認識され，それに適う時価会計という計算体系が採用されることが分かり，この計算体系は，「日立の樹」でいう幹にあたる。さらに，この計算体系は財産法，損益法に分類される[22]。

　図表5からもわかるように，井上教授は，経済的環境と時価（公正価値）会計との関係を明らかにしている。取得原価主義会計においては，「財務会計の企業所得分配機能，したがって，利害調整機能を想定した理論である。最近までのわが国のように企業間あるいは金融機関による株式の相互持合を通じて経

図表5　体系図

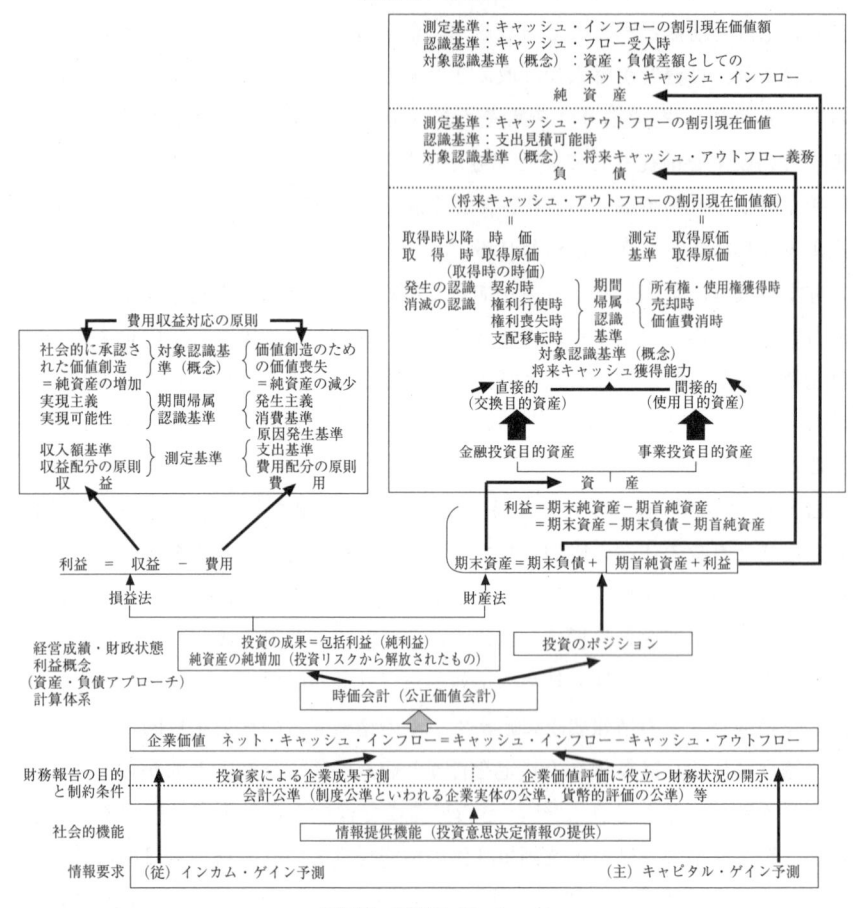

測定基準：キャッシュ・インフローの割引現在価値額
認識基準：キャッシュ・フロー受入時
対象認識基準（概念）：資産・負債差額としての
　　　　　　　　　　　　　　ネット・キャッシュ・インフロー
　　　　　　　　　純　資　産

測定基準：キャッシュ・アウトフローの割引現在価値
認識基準：支出見積可能時
対象認識基準（概念）：将来キャッシュ・アウトフロー義務
　　　　　　　　　負　　債

（将来キャッシュ・アウトフローの割引現在価値額）
　　　　　　　　　　　　　＝
取得時以降　時　価　　　　　　　　　測定　取得原価
取　得　時　取得原価　　　　　　　　基準　取得原価
　　　（取得時の時価）
発生の認識　契約時　　　　　期間　　　所有権・使用権獲得時
消滅の認識　権利行使時　　　帰属　　　売却時
　　　　　　権利喪失時　　　認識　　　価値費消時
　　　　　　支配移転時　　　基準
　　　　　　　　　対象認識基準（概念）
　　　　　　　　　　将来キャッシュ獲得能力
　　　　　　直接的　　　　　　　間接的
　　　　　（交換目的資産）　　（使用目的資産）

　　　　　金融投資目的資産　　事業投資目的資産

費用収益対応の原則

社会的に承認さ れた価値創造 ＝純資産の増加	対象認識基 準（概念）	価値創造のため の価値喪失 ＝純資産の減少
実現主義 実現可能性	期間帰属 認識基準	発生主義 消費基準 原因発生基準
収入額基準 収益配分の原則 収　益	測定基準	支出基準 費用配分の原則 費　用

　　　　　　　　　　　　　　　　資　産
　　　　　　　　　　　　　利益＝期末純資産－期首純資産
　　　　　　　　　　　　　　　＝期末資産－期末負債－期首純資産

利益＝収益－費用　　　　　　　期末資産＝期末負債＋期首純資産＋利益

　　　損益法　　　　　　　　　　　　財産法

経営成績・財政状態　　投資の成果＝包括利益（純利益）　　　投資のポジション
利益概念　　　　　　　純資産の純増加（投資リスクから解放されたもの）
（資産・負債アプローチ）
計算体系　　　　　　　　　　時価会計（公正価値会計）

企業価値　ネット・キャッシュ・インフロー＝キャッシュ・インフロー－キャッシュ・アウトフロー

財務報告の目的　　　投資家による企業成果予測　　　　　企業価値評価に役立つ財務状況の開示
と制約条件　　　　　　　会計公準（制度公準といわれる企業実体の公準，貨幣的評価の公準）等

社会的機能　　　　　　　情報提供機能（投資意思決定情報の提供）

情報要求　　　（従）インカム・ゲイン予測　　　　　　　　　（主）キャピタル・ゲイン予測

　　　　　　　　　　　意思決定－有用性アプローチ

（出所：井上（2008, 83頁））

営権の相互承認を行い企業グループ内でのミニ資本市場において資金調達を行ってきた環境の中で，この会計は適合性を持っていた。そこに存在するのは，せいぜい金融機関によるモニタリングであり，利益の多寡が問題とされたにすぎない」[23]とし，企業と実質的関係をもつ資金提供者に受託責任の遂行状態を報告する会計であり，市場非指向型会計理論とされている。しかしながら，経済的環境の変化に伴って，「国際金融市場における容易，かつ迅速な資金調

第2節　中心観に関連する理論—財務報告と結びついての計算構造— 211

達が可能となり，メイン・バンクからの間接金融を離れ，エクイティ・ファイナンスや社債発行といった直接金融が主たる資金調達方法になるに及び，資本市場の完全性を全うするために投資者に対する情報開示が必要」[24]となっていく。井上教授は，「投資者が投資対象企業という一種の商品の価値（企業価値）を計算するための会計情報が必要とされるからである。この情報要求は，将来におけるキャッシュ・フロー獲得能力を計算可能にする情報を提供することによって達成される。時価（公正価値）会計へ向けての始動はこのことを物語っていると解されるのである。このような会計を市場指向型会計ということができよう。また，それに関する理論を市場指向型会計理論と名付けよう」[25]とされている。ただし，取得原価主義会計を否定したものでない点に注意したい。

　このようなことから，中心観は，収益費用中心観から資産負債中心観へと変化し，市場参加者への情報提供という観点から利用者指向型の計算方法が必要となる。その場合の計算体系は，取得原価主義会計と対立する時価主義会計あるいは時価（公正価値）会計である。つまり，企業を貨幣増殖活動体であるとみるならば，計算対象として貨幣動態が特定化され，かくて取得原価主義会計が採用されることになる。

　他方，企業を価値増殖活動体であるとみるときには，計算対象として財貨動態が特定化され，時価会計あるいは時価主義会計という計算体系をとることになる。時価（公正価値）会計の場合は，企業価値は企業の資産能力によって表現されると考えられるから，企業価値は将来キャッシュ・インフロー獲得能力と言い換えることが可能になる。よって資産重視の利益観の変化により，将来キャッシュ・インフロー能力が重視される結果，将来の効用の不確実性と考えられるものは[26]，企業価値（将来キャッシュ・インフロー）が存在しないと考えられる。つまり，将来の収益の獲得期待が高まったとしても，依然としてその獲得が確実であるとはいえない要素を含む項目は，企業価値が存在しないと想定できるはずである。

第7章 中心観を基軸とした計算体系の検討

図表6 計算構造の類型

経 済 環 境	フロー経済 フローの重視	ストック経済 ストックの重視
企業会計に対する情報要求	フ ロ ー 情 報	ス ト ッ ク 情 報
計 算 構 造	フロー重視の損益計算※1 損益法⊃財産法 (財産法は損益法の真部分集合) 取得原価主義会計	ストック重視の損益計算※2 財産法∋損益法 (財産法は損益法を元として含む) 時価会計 または 財産法=損益法（等置） 時価主義会計

※1 貸借対照表が当期のフローと次期のフローとの連結環としての意味しか持たず，たとえば資産は支出未収入であったり，支出未費用であったりというように未解消項目とされ，ストックでありながらフローの概念で記述されるからフローの把握方法として損益法が重視されざるを得ない。

※2 ストック重視の場合，財産法∋損益法あるいは財産法＝損益法となり，この場合，収益，費用はフローの概念ではなく，ストックの概念で考えられる。

　井上教授は，財務報告と結びついての計算構造について図表7を示されている。著者の図表6[27]のストック重視の経済環境における計算構造のなかでの時価会計および時価主義会計について，井上教授作成の図表によれば，さらに細分化された内容が提示されている。

　著者による図表では，計算構造をストック重視の損益計算とし，また時価会計においては財産法は損益法を元として含み，さらにまた時価主義会計は財産法＝損益法としているのみであり，特に前者においては，井上教授の図表のように細分化していない。くわえて著者の図表はその財務報告の目的まで記しておらず，これらの点において，井上教授作成にかかる図表は計算構造の類型をあますところなく示している。したがって，先に述べた実践型資産負債中心観についても，財務報告目的という点において再度検討する余地がある。井上教授は，図表7の第一類型において「『企業会計原則』以降，企業会計基準委員会によって公表されている会計基準は，その基本的な考え方をこの第一類型におき，収益・費用アプローチの延長線上に位置づけられている。言い換えれば，資産・負債アプローチ（利益を資産および負債で定義し，それにもとづく

第2節　中心観に関連する理論―財務報告と結びついての計算構造―

図表7　中心的な目的と計算構造の四類型

第一類型：財産法⊂損益法で財産法＝損益法
　　　　　取得原価主義会計……企業会計審議会，ASBJ
　　　　　財産法の利益は損益法の利益に一致する
　　　　　　財務報告目的：損益計算と利害調整
第二類型：損益法⊂財産法で財産法≠損益法
　　　　　時価会計の(1)　FASB & FAS, Exposure Draft（May29, 2008）
　　　　　損益法の利益＋その他の包括利益＝財産法の利益
　　　　　　財務報告目的：企業価値予測（資源の効率的利益の評価に関わる一部の資産等の時価評価と取得原価測定）
第三類型：損益法⊂財産法で財産法＝損益法
　　　　　時価会計の(2)　ASB（UK）……旧IASB
　　　　　損益法の利益は財産法の利益に一致する
　　　　　　財務報告目的：企業価値予測（資源の効率的利用の評価に関わる多くの資産等の時価評価）
第四類型：損益法⊂財産法で財産法＝損益法
　　　　　時価主義会計（ここでの時価主義会計は実体資本維持を想定して再調達原価を採用する計算体系としての時価主義会計を考えている－以下，特に断らないかぎり同様）
　　　　　損益法の利益は財産法の利益に一致する
　　　　　　財務報告目的：時価を反映した損益計算と期末時点での財政状態
（注）　この類型論は市川紀子『米国における財務会計の現代的特質』千葉大学大学院社会文化科学研究科博士論文，2003年によって展開されたものである。しかし，ここでの類型および類型の規定方法は著者の考え方を加えているので若干の相違がある。

（出所：井上（2008，6頁））

財政状態の計算を中心とする考え方）を特徴付けている『評価』ではなく，収益・費用アプローチを特徴付けている『配分』『対応』の思考で設定されている」[28]とし，第三類型においては，「企業価値の予測によって有用な将来キャッシュ・フロー予測を可能にする情報の提供が目的とされる。したがって，将来キャッシュ獲得能力の表現あるいは将来キャッシュ支払義務の表現が重要である。そこでの獲得能力は資産，支払義務は負債である。よって，この目的の下では資産・負債アプローチがとられる」[29]と述べておられる。それぞれの目的のもとで第一類型においては「収益・費用アプローチ」，第三類型においては「資産・負債アプローチ」という文言を用いられている。

この点から考えると，著者が示した図表3における収益費用中心観は，井上

教授が示される第一類型に相当するのではないか。また井上教授のいわれる第四類型は，著者の純粋型資産負債中心観に相当すると考える。ただし井上教授の第三類型は，著者のいう実践型資産負債中心観ではない。むしろ著者のいう実践型資産負債中心観は井上教授のいわれる第二類型に相当しよう。すなわち著者においては，井上教授のいう第三類型の考え方が明示されていないことになる。この点は今後検討しなければならない課題である。

第3節　中心観を基軸とした計算体系の検討

第4章で論じたように，FASBの概念的フレームワークでは，資産負債中心観が選択されているにもかかわらず，対応/配分の概念が会計基準を規定し，支配的通念として定着している。大日方教授は資産負債中心観は，資産と負債の評価を先に決めてから，それに依存して計算するものであるから，対応/配分の概念は不必要と考え，そうであるならば現在の資産負債中心観を軸にしている企業会計は，対応/配分の概念で説明される会計処理を定めた会計基準は例外的にしか存在しないはずなのに，現実はそうではないという意見を述べておられた。著者もそれを肯定するものである。

『討議資料』で示されていた資産負債中心観（純粋型資産負債中心観）がなぜ機能しなかったかということについて，著者は，純粋型資産負債中心観（『討議資料』やR. T. Sprouseのいう原初的・純粋的な資産負債中心観）から実践型資産負債中心観（FASBの概念的フレームワークの実践的な資産負債中心観）への変遷過程の原因と考えられるPublic Recordの検討を行い，純粋型資産負債中心観が機能しなかったのは実務界からの批判に起因するとの結論を導いた。

このようなことから，FASBは純粋型資産負債中心観ではなく，実践型資産負債中心観を採用しているということになる。ではFASBの問題点の解決のためには何をすべきか。著者は，実践型資産負債中心観においては財産法のみでは説明できないことを述べ，評価中立的と対極をなす評価特定的な資産負債中心観，すなわち統合形態を組み立てる作業を行い，統合形態の理論としての資産負債中心観と考えている。

第3節　中心観を基軸とした計算体系の検討　215

　時価主義会計であるならば，上下両方向への帳簿価額の修正は不可避である。しかし，一般に時価会計といわれるものはそこに内在する固有の資産に関してのみ時価が適用され，他の資産に関しては原価による測定が行われることは，すでに周知の事実といってよいであろう。このように原価によって想定するものが存在することから，そこでは対応/配分対評価の対立，一方が他方の補集合となるという考え方に問題が生ずる。時価会計はその評価が行われる資産と対応/配分が適合する資産とが存在する計算の体系なのであり，それが実務的にはすでに固有の意味を持って成立している。

　この固有に意味を持って存在している会計を説明する理論を時価会計論というとすれば，時価会計論が成立する基盤は，少なくとも二つあると考えられる。

　第一は，取得原価主義会計が，飯野教授による貸借対照表上の損益計算の理論で明らかなように，損益計算方法としての財産法が損益法の中に吸収され，財産法は損益法を裏側からみた計算方法と解釈されることである。時価主義会計は，一方で時価に基づく貸借対照表での財政状態計算とその下での財産法の計算とが行われ，他方で，費用時価評価により，現在的な価格で表現されている収益とにより損益法上の利益の計算が行われる。いわば，貸借対照表と損益計算書での同位並行的な損益計算が行われるのである。一方が他方を包摂するとか吸収するという関係ではなく相互に独立したものと考えられる。

　ところが，現に存在している会計としての時価会計にあっては，財産法と損益法との利益の計算は同位ではない。したがって，貸借対照表での財産法の利益の計算結果は損益計算書での利益の計算結果とは一致しない。前者の利益は包括的利益と呼ばれ，後者は稼得利益と呼ばれるときにその点は明確となる。稼得利益が包括的利益と一致するためには，SFAS第130号が推奨する方法によれば，包括的利益計算書では純利益にその他の包括的利益を加算するか，損益計算書で表示する場合には，純利益合計額の下に表示して加算するかによる必要がある[30]。したがって，財産法と損益法とは同位ではない。それぞれ独立に包括的利益を計算できるわけでもない。この意味において時価会計は他の計算体系，すなわち取得原価主義会計とも，時価主義会計とも異なる独立の計算体系を持っているといわなければならない。

第二に，資産負債中心観の原型としての R. T. Sprouse and M. Moonitz の理論では，資産の概念は将来における経済的便益であるとされていた。この点においては実践的資産負債中心観をとる時価会計，FASB の概念的フレームワークと同じである。ところが，その具体的内容という点では大きな相違があった。というのは，R. T. Sprouse and M. Moonitz の理論では資産は希少価値をもつ経済的資源であり，個々の資産は固有の有用性を持つ用役力と捉えられていたといえる。たとえば，売却という形で貨幣を得ることができるという観点での用役力を持ち，したがって，理想的には正味実現可能による評価が望まれたのであった。

　それに対して，固定資産，例えば，建物は遮蔽力，運搬具は運搬力のような用役力を持つと考えるため，個々の資産のもつ用役力の内容は異なっていた。しかし，時価主義会計が，基本的には，個々の資産を評価するという観点を採用するために，個々の資産が持つ用役力を独自性によって定義づけることが認められ，あえて言えば，独自性を認めることによって初めて評価が可能であると考えていたと解される。建物の遮蔽力の評価，運搬具の運搬力による評価はその例である。

　このことは，資本維持計算を想定してみれば明らかであろう。時価主義会計は，元来が，実体資本維持計算であるといわれる。それはものの維持を可能にする計算である。そうであれば，個々の資産が持つ価値（たとえば建物の持つ遮蔽力）を維持すればよいことになる。同等の遮蔽力を持つ建物の価格をこの自己保有の建物の価格とするという考え方はここにある。もちろん，R. T. Sprouse and M. Moonitz は，時価主義会計を提唱していると捉えられるとしても，本来の意味での実体資本維持をとるものではない。なぜならば，保有利得及び損失を資本というよりも利益と考えているからである。したがって，『討議資料』でいう財務的資本維持，一般的には貨幣資本維持あるいは名目資本維持となる。しかし，それらの区別は，若干の疑問点はあるが，ともかく『討議資料』para. 272 によれば，保有利得あるいは損失を資本維持修正とするか利益とするかの相違でしかない。そうであれば，財務的資本維持の場合であっても，取得原価主義会計ではなく，時価評価が行われるかぎり，資産について物的なものとしての評価ということ自体を否定するものではないと考えられる。

第3節　中心観を基軸とした計算体系の検討 | 217

　しかし，時価会計の場合にあっては事情は著しく異なる。というのは，取得原価主義会計の場合には，投下資本としての支出と投下資本回収としての収入とによって認識・測定対象が統一的に把握可能である。時価主義会計の場合にも，資産の持つ価値の内容によって異なるが，有用性の評価によって統一的な計算が可能であると考えられる。ところが，時価会計の場合にあっては，資産は金融資産と事業資産とに分けられ，前者は原則として時価評価され，後者は原価で測定されるものとされる。そこでは，計算体系全体として，何が統一的に把握されることになるのだろうか。認識，測定対象が統一的に把握されなくても計算体系としての首尾一貫性は確保できるのであろうか。

　もしできるとすればその関係を明示する必要があるだろう。しかし，著者はその関係を明示することができない。こうして，時価会計においては，資産のうちの存在する二つのものを統一的に把握できるような定義が必要となると考える。それが，SFACがいう正味キャッシュ・インフローである。そして，そこで強調されるキャッシュ・インフローの「直接」と「間接」の区分は決して安易な分類を意味しているわけではなく，「直接」を金融資産と，「間接」を事業資産と結びつけ，前者を時価で評価し，後者を原価で測定することを示すための熟慮された表現であると考える[31]。もっとも基本概念の統一性を図るのは，そこでの体系的な計算体系の構築を意図したものと考えざるをえないのである。その意図なくして統一を図る意味が理解できない。統一化の結果それらの計算結果を加減し，合計して意味ある財務諸表が作成されることになったのである。統一性のない無意味な数値をどれほど集計しても無意味であることはいうまでもない。

　実践型資産負債中心観での利益概念というものは，資産概念および負債概念を支配する。同時に，そこで想定する計算体系は二つの利益概念が併存するが，一方は他方を包含する関係であり，すなわち，それは包括的利益の計算であるため，損益法（稼得利益の計算）と財産法（包括的利益の計算）の組み合わせ関係が考慮されなければならない。FASB（例えばSFAS第121号）は資産負債中心観を採択している状況にもかかわらず，対応/配分の概念が通念として存在している状況から，純粋理論上の資産負債中心観でなく，その計算体系は時価会計ということになる（将来収益は将来のキャッシュ・フロー獲得能

力という資産の概念と，将来費用は将来のキャッシュ・フロー獲得能力の喪失という負債の概念を支配するということになる)⁽³²⁾。

注

（1）伝統的会計と『討議資料』との利益計算方法と利益概念について比較すると以下の図のようになるだろう。

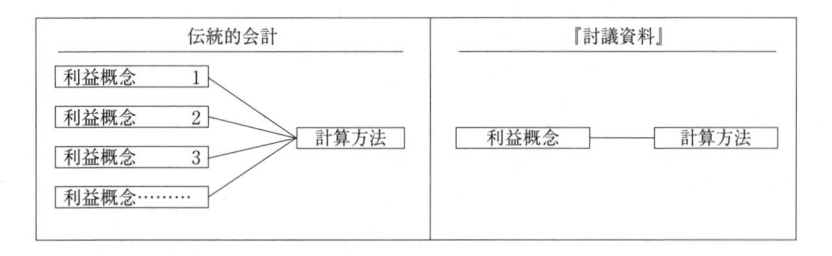

伝統的会計	『討議資料』
利益概念 1 ─┐ 利益概念 2 ─┼─ 計算方法 利益概念 3 ─┤ 利益概念 …… ─┘	利益概念 ── 計算方法

（2）ここでいう財政状態計算は，いわゆるドイツ商法でいう原初的財産法（財産目録による財産貸借対照表を使用）における計算目的ではない。原初的財産法は期首と期末における純財産の距離比較による利益決定方法であるが，それは連携を前提としていない。静態論的財産法ではなく，連携を前提とした純資産における財政状態計算である。つまり決算貸借対照表における財政状態計算のことである。

（3）FASB, *Recognition and Measurement in Financial Statements of Business Enterprises*, SFAC No. 5, FASB, December 1984, para. 36, 38.

（4）*Ibid.*, para. 39, 42.

（5）FASB, *Reporting Comprehensive Income*, SFAS No. 130, FASB, June 1997, para. 10.

（6）*Ibid.*, para. 17.

（7）山下勝治「財産法の発展」『国民経済雑誌』第93巻第4号，1956年4月，15頁。

（8）同上稿，15頁。　　（9）同上稿，15頁。

（10）なお，わが国における財産法と損益法の関係に関する飯野利夫教授の考え方もあげられる。飯野教授が示す貸借対照表（飯野利夫『資金的貸借対照表への軌跡』国元書房，1979年，282頁。）は，回収済の投下資本額は費用の裏付けであり，回収した資本額は収益の裏付けであると考えられる。この点に関してはすでに明らかにした。また取得原価主義会計については，A. C. Littleton の理論があげられる。

（11）飯野，前掲書，1979年，279-284頁。

（12）井上良二『新財務諸表論』税務経理協会，1999年，95-96参照。井上良二教授は，そのことについて，利益概念が独立変数であり，収益や費用は従属変数ではないか，としている。

(13) 中心観に関連する井上良二教授の理論は本章第 2 節を参照して頂きたい。
(14) 井上良二『新版財務会計論』税務経理協会，2008 年，中表紙。
(15) 同上書，1 頁。　　　(16) 同上書，82 頁。
(17) 同上書，1 頁。
(18) 井上良二教授は，「財務会計は制度会計と非制度会計からなりたっている。財務会計は法規範，慣習規範あるいは各企業の自主的な規制によって会計処理および報告の行動が規制されている会計である。では，財務会計論とはどのようなものであろうか。財務会計論は財務会計を研究対象とする学問である。」(同上書，2 頁) としている。
(19) 井上良二「経済的環境の変化と財務会計の社会的機能」『企業会計』第 50 巻第 7 号，1998 年 7 月，10 頁。なお経済的環境の変化により，現代の会計理論上の企業観は，貨幣の増殖活動を重視した企業観から，価値の体現物としての経済資源の重視へと変化してきたと考える。この捉え方は，金融における変化（米国におけるサブプライムローン問題を切っ掛けに資産価格の暴落が起こり，その後 2008 年のリーマン・ブラザーズを破綻に追い込んだ（リーマン・ショック）世界的な金融危機問題など）を分析をするうえでも有効であると考えられる。
(20) 井上，前掲書，1999 年，3 頁。
(21) 同上書，81 頁。
(22) 同上書，81 頁。　　　(23) 同上書，21 頁。　　　(24) 同上書，21 頁。
(25) 同上書，21 頁。
(26) 例えば研究開発費に係わる会計基準については，わが国と米国では，発生時に費用処理する（2007 年 12 月に「研究開発費に関する論点の整理」が公表され，社内の開発費の取扱いと企業結合等により取得した仕掛研究開発の取扱いに関しては，会計基準の国際的コンバージェンスの観点から問題が残る）。それは，資産重視の利益観の変化により，将来のキャッシュ・インフロー能力が重視される結果，研究開発費というある意味将来の収益の獲得期待が高まったとしても依然としてその獲得が確実であるとはいえない要素を含む項目，つまり将来の効用の不確実性というわが国・米国の研究開発費への見解から，企業価値（将来のキャッシュ・インフロー）が存在しないと判断された背景があると解する。国際会計基準委員会と英国では一定の条件のもとで資産計上を認める条件を提示している。問題はその条件が，企業価値として適切であるかどうかである。つまり将来のキャッシュ・インフローをもつのかどうかの判断になるのかということである。国際会計基準委員会と英国では，上記のように一定の条件のもとで資産計上を認めているが，これらの機関・国では，この条件が企業価値として適切であるとし，将来のキャッシュ・インフローを高めるものと判断したと解する。
(27) 市川紀子『米国における財務会計の現代的特質―FASB「討議資料」および概念的フレームワークにおける中心観を基軸として―』千葉大学大学院社会文化科学研究科博士論文（千大院社博甲第経 6 号），2004 年，311 頁。
(28) 井上，前掲書，2008 年，10 頁。　　　(29) 同上書，12 頁。
(30) See, FASB, 1997, *op. cit.*, para. 23.
(31) この点で，井上良二教授は前者を関係非特定的な資産として交換価値，したがって時

価と結びつけ，後者を関係特定的資産として使用価値，したがって取得原価と結びつけている。井上良二「時価会計における減損会計と低価基準の意味—資産特殊性の概念と関連して—」『産業經理』第60巻第4号，2001年1月，2-10頁参照。

(32) この評価特定的な統合形態を使用することにより，たとえばSFAS第115号（FASB, *Accounting for Certain Investments in Debt and Equity Securities*, SFAS No. 115, FASB, May 1993, para. 7.（日本公認会計士協会国際委員会訳「財務会計基準書第115号　特定の負債証券及び持分証券への投資の会計処理」『FASB財務会計基準書』日本公認会計士協会，1993年，4頁。））による，負債証券および持分証券の問題についても解決がつく。SFAS第115号は特定の有価証券が時価評価されているが，それ以外の有価証券は時価評価が要求されているわけではない（満期保有目的証券，売買目的有価証券，売却可能有価証券）。このような時価会計は，その計算体系の合理性をどのような形で主張するのかが問題となるが，計算目的と計算体系が内包されている実践型資産負債中心観の視点で捉えることで，問題はなくなる。

第8章　本書の総括

　本書は中心観を基軸としながら『討議資料』及び概念的フレームワークにみられる米国の制度会計の特質を明らかにし，その過程において本来の中心観のあり方を導いてきた。Letter of Comment を収積した約2500頁の Public Record を分析し，それを検討した結果により，時価主義会計（純粋型資産負債中心観）から時価会計（実践型資産負債中心観）への変化の理由が明らかになった。実はその変化の主因は，Ernst & Ernst を代表とする利害関係者からの要請であったことが確認された。さらに，時価会計（実践型資産負債中心観）は，わが国の財産法・損益法という利益計算方法の視点を取り入れたことによって，つまり統合形態を主張することによって，独立の計算体系として理論的に確立できたことになる。すなわち取得原価主義会計の下での統合関係と時価会計の下での統合関係の相違は，時価会計が取得原価主義会計の枠内におさまるものではないということも同時に示したことになる。換言すれば，Public Record の分析によって純粋型資産負債中心観から実践型資産負債中心観への変化が描き出され，その描き出された時価会計が独立の計算体系として立証できたことが本書がもたらした帰結としてあげられよう。そして，そこに至るには利益計算方法という視点が必須だったという点に注目しなければならない。

　このような主要な研究結果をふまえたうえで，以下では各章における分析結果（論点整理）についても言及しておく。

　第1章においては問題意識を提示し，その意識に従って，第2章において『討議資料』の内容を検討するとともに，AAA によって公表された会計原則，R. T. Sprouse and M. Moonitz 等の考え方から純粋型資産負債中心観の考え方を引き出し，第3章においては概念的フレームワークを検討することで，実践型資産負債中心観を導き出した。第4章では著者の考える純粋型資産負債中心

観，実践型資産負債中心観の区別を提示し，第5章では純粋型資産負債中心観から実践型資産負債中心観への変化の理由を探るための Public Record の検討を行った。第6章においては，わが国の財産法と損益法を探ることで，利益概念と利益計算方法の混迷状況から，財産法＝資産負債中心観及び損益法＝収益費用中心観に対する批判を行った。第7章においては，これまで検討してきた結果から，あるべき中心観として統合形態を示したことになる。これらの具体的な分析結果は，大きくわけて次の四つになるだろう。

　第一に，『討議資料』における中心観の財務諸表要素の定義を取り上げ，そこでの資産負債中心観の考え方，収益費用中心観の考え方，資産負債中心観と収益費用中心観の相違点（実質的な相違・実質的でない相違）を提示した。さらに収益費用中心観から資産負債中心観への中心観の転換の実質的なきっかけとなったものとしての，『討議資料』の意義や内容を検討した。『討議資料』の本来の性格は将来的な議論を行うための出発点を形成するための問題提起の書であり，問題提起の前提としてその時点までに存在した各種の見解をとりまとめる作業が行われた。それらの意見は1957年基準や，1962年試案等から検討できる。『討議資料』によれば，財務諸表要素の定義・認識・測定には選択と組み合わせの関係があるのみで，選択と組み合わせを導くのは会計測定値の目的適合性と信頼性であり，会計測定値の情報としての有用性であった。しかし資産負債中心観を会計実務にどのように反映させていくのかは，その論理構成からは明らかにはならず，その結果，認識・測定構造を不明瞭にしている。すなわち『討議資料』は定義と認識の分離，利益概念と測定属性の分離を謳っているが，しかし認識規準については後学に任せているのである。また利益概念と測定属性の分離についても単に分離を提案しただけであり，それ以上の説明はない。理論モデルとしては曖昧といわざるをえない。しかし資産負債中心観の原型を捉えていくにあたって，全て資産の本質を経済的便益という概念によって定義づけされていることが分かり，このように定義づけされた資産から，財務諸表要素の定義の体系を基礎づけていくという構成の体系が理解できる。

　この資産負債中心観のもとでは，貸借対照表項目の範囲が経済的資源またはその引渡義務の財務的表現としての資産・負債に限定されるが，これに対して収益費用中心観のもとでは，当該範囲から計算擬制的項目までに拡大されるこ

とになる。すなわち資産負債中心観と収益費用中心観は貸借対照表項目の範囲が異なる。こうしたことから収益費用中心観は，対応/配分を基礎とする計算の体系ということができる。それに対して資産負債中心観は，評価を先に決めてそこから利益を計算する中心観である。『討議資料』の資産負債中心観は基本的に繰延項目及び繰延収益・引当金を歓迎する立場を取らず，これらの項目は将来期間の利益測定において償却され，あるいは繰り入れられることが予定されてはいない。そこには基本的には，対応/配分の概念は必要ないのである。こうして純粋型資産負債中心観の測定属性は評価を必要としない原価ではなく，評価を必要とする時価ということになり，先述したように対応/配分の概念は必要のないものとなる。

　第二に，概念的フレームワークの内容の検討である。

　FASBは最重要課題として概念的フレームワーク・プロジェクトに取り組み，そしてかかる検討の結果としてSFAC第1号～第6号を1978年から1985年にかけて公表してきた（2000年2月にはSFAC第7号を公表している）。FASBの公表結果における財務諸表要素の定義・認識・測定を検討する限り，FASBでは資産負債中心観が採用されていた。SFACにおいて財務諸表の諸要素を検討することにより，その概念的整備を行い，測定概念を収益費用中心観から資産負債中心観に転換しようとしていたのである。このような背景から，FASBにおいて首尾一貫した概念の体系としてのフレームワークが望まれていたことが分かる。

　『討議資料』と概念的フレームワークの定義の比較，認識の比較，測定の比較をそれぞれ行い，『討議資料』の資産概念を強調する構成体系が，FASBの概念的フレームワークに影響を与えているかが明らかになった。認識問題で捉えれば『討議資料』においては定義と認識規準の分離が必要であることのみを示唆しているだけであり，具体的な認識規準は明記されていなかったのに対して，SFACは認識規準を具体的に明記している。概念的フレームワークにおいては，『討議資料』より定義・認識・測定問題を根本的な基礎概念として考えていることが窺える。しかし，このような概念的フレームワークの問題は，本来はむしろ，対応/配分概念を基礎概念として扱うべきであると批判する意見もあり，その点についても検討を行った。その検討結果から純粋型資産負債中

心観，実践型資産負債中心観，収益費用中心観についてのそれぞれの計算体系と測定属性を引き出した。純粋型資産負債中心観は評価を基礎とし，その計算体系は時価主義会計であり，測定属性は時価である。実践型資産負債中心観は対応/配分と評価が混在し，その計算体系は時価会計である。測定属性は時価と取得原価が混合したものである。収益費用中心観は，対応/配分を基本とし，その計算体系は取得原価主義会計であり，その測定属性は取得原価であることが分かった。

　第三に，『討議資料』に対する意見として寄せられた，Letter of Comment (294通)の収集した結果である，約2500頁のPublic Recordを取り上げた。『討議資料』は公聴会に先立ち文書によって回答者が意見を述べるための基礎として作成されたものであり，その性質上，様々な企業，多くの会計専門家あるいは会計機関，企業に向け意見を求める働きかけをしており，『討議資料』が検討している資産負債中心観・収益費用中心観に適合する諸定義をこれらの回答者に対して列挙し，Letter of Commentを集めなければならない。そのLetter of Commentを集めたのがPublic Recordである。Public Recordは，その過程においては実に様々な方面に『討議資料』への意見を求めており，企業をはじめ，銀行，監査法人，AAA等多方面に対して意見要請を行っており，回答形式は回答者によって様々である。回答者がどのような中心観を採用しているのか，また測定属性はどれを選択しているのか，当該企業が利益に対してどのような姿勢を示しているのかを回答者毎に検討し，第5章において示した。

　その検討結果により，収益費用中心観を採用している回答者は189/294通にも及んでいたことが分かった。それに対して資産負債中心観を採用している回答者は13/294通のみであった。収益費用中心観，資産負債中心観については，それぞれを採用する回答内容について検討を行い，企業がどのような理由から収益費用中心観を採用し，あるいは資産負債中心観を採用していったのかを論じた。収益費用中心観ではLetter of Commentの多さから，会計関連専門機関と一般企業等に区分し，さらに会計関連専門機関では，監査法人等，AAA，銀行関連に区分した。

　第四として，以下の議論を展開した。概念的フレームワークにおける資産負

債中心観は意味のある計算体系であるのかの検討のため，資産負債中心観というものを捉え直す必要性が生じる。『討議資料』の資産負債中心観と概念的フレームワークの資産負債中心観に違いがあるとして，それらの比較検討は『討議資料』によっても概念的フレームワークによっても充分ではない。すなわち米国においては利益計算方法の観点が論争になることもなく（財産法，損益法にあてはまる用語がなく，それ自体論争になることがなかったと考えてよい），わが国の利益計算方法の視点を取り入れ検討する必然性を述べた。損益法と財産法の組み合わせで資産負債中心観を精緻化し，それぞれの資産負債中心観を捉えていく作業を行うため，岩田教授および武田教授の考え方から財産法や損益法は単なる利益計算方法というものに過ぎないということを明らかにし，利益計算方法を彩色するためには別個の概念装置が必要だという結論（中心観に利益計算方法の考え方を導入しなければならない）を導き出した。さらに中心観＝利益計算方法という単線結合を批判して，それにかわる統合形態の必要性を述べた。中心観は「利益概念」と「利益計算方法」を統合した形で存在していると考えたため，一種の統合形態（利益概念＋利益計算方法）である「中心観」と，「利益計算方法」は，同じものではない。それを受けて中心観が利益計算方法と「一体化」している内容を提示し，資産負債中心観も収益費用中心観にしても体系的には一体化されているが，利益計算方法つまり財産法・損益法の包摂の構造が全く異なるということを示した。すなわち，包括的利益の計算では損益法（稼得利益の計算）と財産法（包括的利益の計算）の組み合わせ関係が考えられなければならないから，実践型資産負債中心観においては財産法だけでは説明できない。よって，中心観という概念が必要であり，中心観を挿入することにより，2つの評価方法（時価会計・時価主義会計）の区別も行える旨も提示した。それは資産評価の識別（時価会計・時価主義会計）基準というものである。利益概念によって規定される利益計算の統合形態そのものを捉えて「中心観」と考えるのであり，利益の計算を二元的なものと一元的なものとに区分する。財産法の中に，損益法が包含されている状態（二元的状態）であれば，それが時価会計を特徴づけていると考えられる。構造的には同様に，損益法のなかに財産法が包摂されているのであれば取得原価主義会計を位置づけるものとした。しかし財産法と損益法が，並列になっている状態，つま

りいずれの計算方法によって計算しても利益が一致している状態は，時価主義会計を特徴づけているとした。この点については取得原価主義会計においても同様な考え方といえるが，しかし取得原価主義会計では，両計算法による利益は一致するが，本来ストック計算であるはずの財産法が実質的にはフロー計算化しているという点に特徴があり，時価主義会計では両計算法はストック計算とフロー計算の独立した計算になっているという点に注意したい。

　資産負債中心観（実践型資産負債中心観・純粋型資産負債中心観）も収益費用中心観も，体系的には財産法・損益法という利益計算方法を含む（その計算目的は損益計算と財政状態計算であることは同じであるが，財産法と損益法の包摂の程度が異なる）。つまり財産法が損益法を内包する形をとるとき資産負債中心観という統合形態の形をとり，それは経済的資源を認識対象とすることになり，そのあるべき測定方法は正負の経済的資源をキャッシュ・フローで測定することになるのである。逆に収益費用中心観は損益法が財産法を内包している状態で，投下された資金（当初資金）を認識対象とすることになり，そのあるべき測定方法は，その資金の貨幣的な動きをあらわす収入・支出を測定する（跡付ける）ことである。投下された資金で「獲得」されたものを対象としているのではなく（つまり資産負債中心観のように経済的資源を認識対象としているのではなく），投下された資金が単に貨幣的にどのように動いているのかをみる概念ということであった。

　『討議資料』が1976年に公表され，そのなかでいわゆる「中心観」が提示されたが，これは時代的要請から導き出されたものであり，必然的な登場であったと思われる。なぜなら著者が本書で示してきたように，中心観の視点が入ることで，計算体系の識別が行われ，結果的に財務会計の説明理論としての説明能力が高まるからである。中心観は利益計算方法が矛盾なく一つの計算体系として統合されているものであり，このように統合された計算の体系は，想定され得る計算目的を達成しうるように一体化されている。すなわち中心観は財務会計全体の関係を基礎づける役割を担っていることとなり，中心観は利益概念と利益計算方法をまとめあげている一つの概念となるのである。

参 考 文 献

I 外 国 語 文 献

AAA, "A Tentative Statement of Accounting Principles Affecting Corporate Reports," *The Accounting Review*, Vol. 11, No. 2, June 1936. (中島省吾訳編『増訂 A. A. A 会計原則―原文・解説・訳文および訳注―』中央経済社, 1984 年。)
―――, "Accounting Principles Underlying Corporate Financial Statements," AAA, *The Accounting Review*, Vol. 16, No. 2, June 1941. (中島省吾訳編『増訂 A. A. A 会計原則―原文・解説・訳文および訳注―』中央経済社, 1984 年。)
―――, Exective Committee, "Accounting Concepts and Standards Underlying Corporate Financial Statements-1948 Revision," AAA, *The Accounting Review*, Vol. 23, No. 4, October 1948. (中島省吾訳編『増訂 A. A. A 会計原則―原文・解説・訳文および訳注―』中央経済社, 1984 年。)
―――, Committee on Accounting Concepts and Standards, "Accounting and Reporting Standards for Corporate Financial Statements-1957 Revision," *The Accounting Review*, Vol. 32, No. 4, October 1957. (中島省吾訳編『増訂 A. A. A 会計原則―原文・解説・訳文および訳注―』中央経済社, 1984 年。)
―――, Committee on Concepts and Standards Long-Lived Assets, "Accounting for Land, Buildings, and Equipment," AAA, *The Accounting Review*, Vol. 39, No. 3, July 1964.
―――, Committee on Concepts and Standards Inventory Measurement, "A Discussion of Various Approaches to Inventory Measurement," AAA, *The Accounting Review*, Vol. 39, No. 3, July 1964.
―――, "Report of The Committree on Accounting System Instruction," AAA, *The Accounting Review*, Vol. 39, No. 3, July 1964.
―――, "Report of The Committree on Courses and Curricula General," AAA, *The Accounting Review*, Vol. 39, No. 3, July 1964.
―――, Committee to Prepare a Statement of Basic Accounting Theory, *A Satatement of Basic Accounting Theory*, AAA, 1966. (飯野利夫訳『アメリカ会計学会・基礎的会計理論』国元書房, 1980 年。)
―――, Committee on Foundations of accounting Measurement, *Report of the committee on Foundations of accounting Measurement*, Supplement to Vol. 46 of *The Accounting Review*, 1971.
―――, Committee on Concepts and Standards for External Financial Reporting, *Statement on Accounting Theory and Theory Acceptance*, AAA, 1977. (染谷恭次郎訳『会計理論及び理論承認』国元書房, 1980 年。)
AICPA, *Accounting Research and Terminology Bulletins*, AICPA, 1953. (渡辺進・上村久雄共訳『アメリカ公認会計士協会, 会計研究広報・会計用語広報』神戸大学経済経営研究所, 1959 年。)
―――, Study Group on the Objectives of Financial Statement, *Objectives of Financial Statements*, AICPA, 1973. (川口順一訳『アメリカ公認会計士協会・財務諸表の目的』同文舘出版, 1976 年。)
APB, *Basic Concepts and Accounting Principals Underlying Financial Statements of Business Enterprises*, Statement of the APB No. 4, AICPA, October 1970. (川口順一訳『アメリカ公認会計士協会・企業会計原則』同文舘出版, 1973 年。)
―――, *Accounting for an unused investment tax credit : an interpretation of APB opinion no. 2, 4, 11, and 16*, APB Public Record, AICPA, 1978.
ASC, *Accounting for Research and Development*, SSAP No. 13, Revised, ASC, January 1989. (田中弘・原光世訳『イギリス会計基準書』中央経済社, 1990 年。)

Ⅰ 外国語文献

―――, *Stocks and long-term contracts*, SSAP No. 9, Revised, ASC, September 1988. (田中弘・原光世訳『イギリス会計基準書』中央経済社, 1990年。)
Beresford, D. R., "How Should the FASB Be Juged?" *Accounting Horizons*, Vol. 9, No. 2, June 1995.
Bonner, S. E., "Judgement and Decision-Making Research in Accounting" *Accounting Horizons*, Vol. 13, No. 4, December 1999.
Burton, J. C., "A symposium on the Cinceptial framework" *The Journal of Accounting*, Vol. 145, No. 1, January 1978.
Chambers, R. J., *Income Approach to Accounting Theory*, Englewood Cliffs, Prentice-Hall, 1964.
―――, *Accounting Evaluation And Economic Behavior*, Houston Texas, Scholars Book, 1966. (塩原一郎訳『現代会計学原理―思考と行動における会計の役割―』創世社, 1984年。)
Chatfield, M., *A History of Accounting Thought*, Dryden Press, 1974. (津田正晃・加藤順介訳『会計思想史』文眞堂, 1979年。)
Committee on Concepts and Standards-Long-Lived Assets, American Accounting Association, "Accounting for Land, Buildings, and Equipment, "Supplementary Statement No. 1 *The Accounting Review*, July 1964.
Committee on Concepts and Standards-Inventory Measurement, American Accounting Association, "A discussion of various Approaches to Inventory Measurement, "Supplementary Statement No. 2 *The Accounting Review*, July 1964.
Crooch, G. M. and J. A. Lagray Ⅲ, "Understanding the FASB's New Basis Project, -When should a reporting entity adopt a new basis of accounting for assets and liabilities?-" *Journal of Accounting*, Vol. 173, No. 5, May 1992.
Daley, L. A. and T. Tranter, "Limitations on the Value of the Conceptual Framework in Evaluating Extant Accounting Standards" *Accounting Horizons*, Vol. 4, No. 1, March 1990.
Defliese, P. L., "The Search for a New Conceptual Framework of Accounting" *The Journal of Accounting*, Vol. 144, No. 7, December July 1977.
Edwards, E. O. and P. W. Bell, *The Theory and Measurement of Business Income*, University of California Press, 1973. (伏見多美雄, 藤森三男訳編『意思決定と利潤計算』日本生産性本部, 1964年。)
FASB, *An Analysis of Issues related to Conceptual Framework for Accounting and Reporting : Elements of Financial Statements and Their Measurement*, FASB Discussion Memorandum, FASB, 1976. (津守常弘監訳『FASB 財務会計の概念フレームワーク』中央経済社, 1997年。)
―――, *Scope and Implications of the Conceptual Framework Project*, FASB, 1976. (原陽一訳「概念的枠組研究計画の範囲とその意義」森川八洲男監訳『現代アメリカ会計の基礎概念― FASB 財務会計概念報告書―』白桃書房, 1988年。)
―――, *Tentative Conclusions on Objective of Financial Statements of Business Enterprises*, FASB, 1976.
FASB, Position papers submitted in respect of Discussion Memorandum, *Conceptual Framework for Financial Accounting and Reporting: Elements of Financial Statements and Their Measurement*, dated December 2, 1976, PART1, FASB Public Record, FASB, 1977.
―――, *Transcript of the public hearing held on August 1 and 2, Discussion Memorandum, Conceptual Framework for Financial Accounting and Reporting : Elements of Financial Statements and Their Measurement*, dated December 2, 1976, Part2, FASB Public record, FASB, 1977.
―――, *Letters of Comment Submitted in response to the FASB Discussion Memorandum and received after September 26, Conceptual Framework for Financial Accounting and Reporting : Elements of Financial Statements and Their Measurement*, Part3, FASB Public Record, FASB, 1977.
―――, *Transcript of the public hearing held on January16, 17, and 18 to the FASB Discussion Memorandum, Conceptual Framework for Financial Accounting and Reporting : Elements of Financial

Statements and Their Measurement, Part4, FASB Public Record, FASB, 1977.
―――, *Objective of Financial Reporting and Elements of Financial Satements of Business Enterprises*, FASB Exposure Draft, FASB, December, 1977.
―――, *Objectives of Reporting by Business Enterprises*, SFAC No. 1, FASB, November 1978.（平松一夫・広瀬義州 訳『FASB 財務会計の諸概念』中央経済社，1994 年。）
―――, *Qualitative Characteristics : Criteria for Selection and Evaluation Financial Accounting and Reporting Policies*, FASB Exposure Draft, FASB, August, 1979.
―――, *Elements of Financial Statements of Business Enterprises*, FASB Exposure Draft, FASB, December, 1979.
―――, *Objectives of Financial Reporting by Nonbusiness Organizations*, FASB Exposure Draft, FASB, March, 1980.
―――, *Qualitative Characteristics of Accounting Information*, SFAC No. 2, FASB, May 1980.（平松一夫・広瀬義州 訳『FASB 財務会計の諸概念』中央経済社，1994 年。）
―――, *Elements of Financial Statements of Business Enterprises*, SFAC No. 3, FASB, December 1980.
―――, *Objectives of Financial Reporting by Nonbusiness Organizations*, SFAC No. 4, FASB, December 1980.（平松一夫・広瀬義州 訳『FASB 財務会計の諸概念』中央経済社，1994 年。）
―――, *Reporting Income, Cash Flows, and Financial Position of Business Enterprises*, FASB Exposure Draft, FASB, November, 1981.
―――, *Proposed Amendments to FASB Concepts Statements 2 and 3 to Apply Them to Nonbusiness Organizations*, FASB Exposure Draft, FASB, July, 1983.
―――, *Recognition and Measurement in Financial Statements of Business Enterprises*, FASB Exposure Draft, FASB, October, 1983.
―――, *Recognition and Measurement in Financial Statements of Business Enterprises*, SFAC No. 5, FASB, December 1984.（平松一夫・広瀬義州 訳『FASB 財務会計の諸概念』中央経済社，1994 年。）
―――, *Elements of Financial Statements*, FASB Exposure Draft, FASB, September, 1985.
―――, *Elements of Financial Statements*, SFAC No. 6, FASB, December 1985.（平松一夫・広瀬義州 訳『FASB 財務会計の諸概念』中央経済社，1994 年。）
―――, *Using Cash Flow Information and Present Value in Accounting Measurments*, SFAC No. 7, FASB, February, 2000.
―――, *Accounting for Research and Development Costs*, SFAS No. 2, FASB, October 1974.（日本公認会計士協会国際委員会訳「財務会計基準書第 2 号」『JICPA NEWS』No. 231，1976 年。）
―――, *Accounting for the Costs of Computer Software to Be SOLD, Leased, or Otherwise Marketed*, SFAS No. 86, FASB, August 1985.
―――, *Employer's Accounting for Pensions*, SFAS No. 87, FASB, December 1985.（日本公認会計士協会国際委員会訳「財務会計基準書第 87 号 事業主の年金会計」『FASB 財務会計基準書』日本公認会計士協会，1985 年。）
―――, *Accounting for Non-refundable Fees and Costs Associated with Originating or Acquiring Loans and Initial Direct Costs of Leases : an amendment of FASB Statements No. 13, 60, and 65 and a rescission of FASB Statement* No. 17, SFAS No. 91, FASB, December 1986.
―――, *Accounting for Certain Investments in Debt and Equity Securities*, SFAS No. 115, FASB, May 1993.（日本公認会計士協会国際委員会訳「財務会計基準書第 115 号　特定の負債証券及び持分証券への投資の会計処理」『FASB 財務会計基準書』日本公認会計士協会，1993 年。）
―――, *Accounting for Certain Investments in Debt and Equity Securities*, SFAS No. 115, FASB, May 1993.（日本公認会計士協会国際委員会訳「財務会計基準書第 115 号　特定の負債証券及び持分証

券への投資の会計処理」『FASB 財務会計基準書』日本公認会計士協会, 1993 年。)
―, *Accounting for the Impairment of Long-Lived Assets and for Long-Lived Assets to Be Disposed Of*, SFAS No. 121, FASB, March 1995.（日本公認会計士協会国際委員会訳「財務会計基準書第 121 号 長期性資産の減損及び処分予定の長期性資産の会計処理」『FASB 財務会計基準書』日本公認会計士協会, 1995 年。)
―, *Reporting Comprehensive Income*, SFAS No. 130, FASB, June 1997.
―, *Accounting for Derivative Instruments and Hedging Activities*, SFAS No. 133, FASB, June 1998.（日本公認会計士協会国際委員会訳「財務会計基準書第 133 号 デリバティブ及びヘッジ活動に関する会計処理」『FASB 財務会計基準書』日本公認会計士協会, 1998 年。)
―, *Reporting Financial Performance : A Proposed Approach*, FASB Special Report, FASB, 1999.
―, *The Framework of Financial Accounting Concepts Standards*, FASB Special Report, FASB, 1997.（財団法人企業財務制度研究会訳『財務会計の概念および基準のフレームワーク』中央経済社, 2001 年。)
―, *Business and Financial Reporting, Challenges from the New Economy*, FASB Special Report, FASB, 2001.
―, *Fair Value Measurements*, SFAS No. 157, FASB, 2006.
―, *Business Combinations*, SFAS No. 141 (revised), FASB, 2007.
Geiger. M. A. and K. Raghunandan, "Going-Concern Opinions in the 'New' Legal Environment" *Accounting Horizons*, Vol. 16, No. 1, March 2002.
Gore, P., *The FASB Conceptual Framework Project, 1973 - 1985, An Analysis*, Manchester and New York : Manchester Univercity Press, 1992.
Have, O. T., *The History of Accountancy*, Bay Books, 1976.（三代川正秀訳『会計史』税務経理協会, 1989 年。)
Hatfield, H. R., *Modern Accounting*, New York, Arno Press, 1909.（松尾憲橘訳『近代会計学 原理とその問題』雄松堂書店, 1971。)
Hwang, L. J. and J. S. Patouhas, "Practical Issues in Implementing FASB 133," *Journal of Accounting*, Vol. 191, No. 3, March 2001.
IASC, *Depreciation Accounting*, IAS No. 4, IASC, 1976.（日本公認会計士協会国際委員会訳『国際会計基準 減価償却の会計』日本公認会計士協会, 1976 年。)
―, *Research and Development Costs*, IAS No. 9, Revised, IASC, 1993.（日本公認会計士協会国際委員会訳『財務諸表の比較可能性 改訂国際会計基準』日本公認会計士協会, 1993 年。)
―, *Construction Contracts*, IAS No. 11, Revised, IASC, 1993.（日本公認会計士協会国際委員会訳『財務諸表の比較可能性 改訂国際会計基準』日本公認会計士協会, 1993 年。)
―, *Impairment of Assets*, IAS No. 36, IASC, 1998.（日本公認会計士協会国際委員会訳『国際会計基準 資産の減損』日本公認会計士協会, 1999 年。)
―, *Intangible Assets*, IAS No. 38, IASC, 1998.（日本公認会計士協会国際委員会訳『国際会計基準 資産の減損』日本公認会計士協会, 1999 年。)
IASB, *First-time Adoption of International Financial Reporting Standards*, IFRS No. 1, IASB, 2003.（企業会計基準委員会訳『国際財務報告基準（IFRSs）2007』雄松堂出版, 2008 年。)
―, *Share-based payment*, IFRS No. 2, IASB, 2004.（企業会計基準委員会訳『国際財務報告基準（IFRSs）2007』雄松堂出版, 2008 年。)
―, *Business Combinations*, IFRS No. 3, IASB, 2004.（企業会計基準委員会訳『国際財務報告基準（IFRSs）2007』雄松堂出版, 2008 年。)
―, *Insurance Contracts*, IFRS No. 4, IASB, 2004.（企業会計基準委員会訳『国際財務報告基準（IFRSs）2007』雄松堂出版, 2008 年。)

―――, *Non-current Assets Held for Sale and Discontinued Operations*, IFRS No. 5, IASB, 2004.（企業会計基準委員会訳『国際財務報告基準（IFRSs）2007』雄松堂出版，2008 年。）

―――, *Exploration for and Evaluation of Mineral Resources*, IFRS No. 6, IASB, 2004.（企業会計基準委員会訳『国際財務報告基準（IFRSs）2007』雄松堂出版，2008 年。）

―――, *Financial Instruments : Disclosures*, IFRS No. 7, IASB, 2005.（企業会計基準委員会訳『国際財務報告基準（IFRSs）2007』雄松堂出版，2008 年。）

―――, *Operating Segments*, IFRS No. 8, IASB, 2006.（企業会計基準委員会訳『国際財務報告基準（IFRSs）2007』雄松堂出版，2008 年。）

Jones, T. C., *Accounting and the Enterprise : A Social Analysis*, Routledge, 1995.

Knight, F. H., *Risk, Uncertainty And Profit*, Boston and New York : Houghton Mifflin Company, 1921.（奥隅榮喜訳『危険・不確実性および利潤』文雅堂書店，1959 年。）

Koeppen, D. R., "Using the FASB's Conceptual Framework : Fitting the pieces Together" *Accounting Horizons*, Vol. 2, No. 2, June 1988.

Littleton, A. C., *Structure of Accounting Theory*, AAA, 1953.（大塚俊郎訳『会計理論の構造』東洋経済新報社，1955 年。）

―――, *Accounting Evolution to 1900*, Amer, Inst. Pub., 1933.（片野一郎訳・清水宗一助訳『会計発達史』同文舘出版，1960 年。）

―――, *Essays on Accountancy*, University of Illinois Press, 1961.

Littleton, A. C. and V. K. Zimmerman, *Accounting theory : continuity and change*, Prentice-Hall, 1962.（上田雅通訳『会計理論―連続と変化―』税務経理協会，1979 年。）

Lorig, A, N., "Some basic concepts of Accounting and Their Implication," *The Accounting Review*, Vol. 39, No. 3, July 1964.

Lowe, H. D., "Shortcomings of Japanese Consolidated Financial Statements" *Accounting Horizons*, Vol. 4, No. 3, September 1990.

Mason, A. K and M. Gibbins, "Judgment and U. S Accounting Standards" *Accounting Horizons*, Vol. 5, No. 2, June 1991.

Miller, P. B. W., "The Conceptual Framework : Myths and Realities," *Journal of Accountancy*, Vol. 159, No. 3, March 1985.

Miller, P. B. W. andR. J. Redding, *The FASB : The People, the Process, and the Politics*, 2nd ed., Irwin, 1988.（高橋治彦訳『The FASB ：財務会計基準審議会―その政治的メカニズム―』同文舘出版，1989 年。）

Moonitz, M., *The Basic Postulate of Accounting*, AICPA Accounting Research Study No. 1, AICPA, 1961.（佐藤孝一・新井清光共訳『アメリカ公認会計士協会・会計公準と会計原則』中央経済社，1962 年。）

Needles, Jr., B. E., *Financial Accounting*, Hougton Mifflin Company, 1989.

Pactor, P. A., "The Conceptual Framework : Make to Mystique About It" *Journal of Accountancy*, Vol. 156, No. 7, July 1983.

Pactor, P., "Consolidation : an Overview of The FASB DM-The accounting profession is taking a much-needed look at consolidation policies and procedures-" *Journal of Accounting*, Vol. 173, No. 4, April 1992.

Paton, W. A. and R. A. Stevenson, *Principles of Accounting*, New York, The Macmillan Company, 1918, p. 32.

Paton, W. A., "Valuation of Inventories," *Journal of Accountancy*, December, 1922.

―――, *Accounting theory : with special reference to the corporate enterprise*, New York : Ronald Press, 1922.

Paton, W. A. and A. C. Littleton, *An Introduction Corporate Accounting Standards*, AAA, 1940.（中島省吾訳『会社会計基準序説』森山書店, 1958 年。）
Paton, W. A., "Cost and Value in Accounting", *Journal of Accountancy*, March, 1946.
Paton, W. A. and Jr. Paton, *Asset Accounting*, New York, The Macmillan Company, 1952.
Phillips, Jr., J. T. and M. S. Luehlfing, "The Right Way to Recognize Revenue," *Journal of Accounting*, Vol. 191, No. 6, June 2001.
Prince, T. R., "The Motivational Assumption for accounting Theory," *The Accounting Review*, Vol. 39, No. 3, July 1964.
Previts, G. J. and B. D. Merino, *A History of Accounting in America : An Historical Interpretation of the Cultural Significant of Accounting*, A Ronald Press Publication ・ John Wiley & Sons, 1979.（大野功一他訳『プレヴィッツ＝メリノ・アメリカ会計史―会計の文化的意義に関する史的解釈―』同文舘出版, 1983 年。）
Reither, C. L., "How the FASB Approaches a Standard-Setting Issue" *Accounting Horizons*, Vol. 11, No. 4, December 1997.
―――, "What are Best and Worst Accounting Standards?" *Accounting Horizons*, Vol2. 11, No. 3, September 1998.
Sanborn, R. H., "An Evalution and Critique of the Changes Provided by Statement of Finanial Accounting concepts No. 6" *Accounting Horizons*, Vol. 1, No. 9, September 1987.
Samuelson, R. A., "The Concept of Assets in accounting Theory" *Accounting Horizons*, Vol. 10, No. 3, September 1996.
Schmalenbach. E., *Dynamische Bilanz*, Leipzig : Gloeckner, 1931.（土岐政蔵訳『動的貸借対照表論』森山書店, 1959 年。）
Schuetze, W. P., "What is an Asset?" *Accounting Horizons*, Vol. 7, No. 3, September 1993.
Scot, W. R., "*Financial Accounting Theory*", Prentice Hall, 1997.
Server, M. V. and R. E. Boisclair, "Financial Reporting in the 1990's : Expect Longer, Harder-to-Explain Financial Statement in the Decads Ahead," *Journal of Accountancy*, Vol. 169, No. 1, January 1990.
Smith, K. J., "Asset Impairment Disclosures-Will Accounting for asset impairment lead to performance impairment?-" *Journal of Accounting*, Vol. 178, No. 12, December 1994.
Smith, J. T., "Responding to FASB Standard-Setting Proposals" *Accounting Horizons*, Vol 2. 1, No. 2, June 1998.
Solomons, D., "The FASB's Conceptual Flamework : An Evaluation," *Journal of Accountancy*, Vol. 161, No. 6, June 1986.
Sprouse, R. T., "The Blance Sheet-Embodiment of the Most Fundamental Elements of Accounting Theory," in Zeff and Keller eds., *Financial Accounting Theory I, : Issues and Controversies*, 2nd ed., 1973.
―――, "The Blance Sheet-Embodiment of the Most Fundamental Elements of Accounting Theory," in W. E. Stone., *Foundation of Accounting Theory*, 2nd printing, University of Florida press, 1974.
Sprouse, R. T. and M. Moonitz, *A Tentative Set of Broad Accounting Principles for Business Enterprises*, AICPA Accounting Research Study No. 3, AICPA, 1962.（佐藤孝一・新井清光共訳『アメリカ公認会計士協会・会計公準と会計原則』中央経済社, 1962 年。）
Stone, W. E., *Foundation of Accounting Theory*, Accounting Theory Symposium University of Florida, 1970.
Taggart, H. F., *Paton on accounting/selected writings of W. A. Paton*, Graduate School of Business Administration, The Univ. Michigan, 1964.
Thomtom, D. B., "Theory and Metaphor in accounting," *Accounting Horizons*, Vol. 2, No. 4, December

1988.
Willingham, J. J., "The Accounting Entity : A Conceptual Model," *The Accounting Review*, Vol. 39, No. 3, July 1964.
Zeff, S. A., *Selected Dickinson Lectures in Accounting 1936 - 1952*, Arono Press, 1978.
Anonymous Article., "FASB cowntdown" *The Journal of Accountancy*, Vol. 142, No. 12, December 1976.

〈Public Record〉
1. 収益費用中心観
(1) 会計関連専門機関
①監査法人等
Baker, R. T., "Letter of Comment No. 15," <u>Position papers submitted in respect of Discussion Memorandum, Conceptual Framework for Financial Accounting and Reporting : Elements of Financial Statements and Their Measurement, dated December2, 1976, PART1, FASB Public Record, FASB, 1977</u>, pp. 94-96.
（下線部は以下同じ。個人名が未記載の場合は企業名のみとする。）
Boettcher, A. F., "Letter of Comment No. 255," ——————————————, pp. 2214-2216.
Coopers & Lybrand., "Letter of Comment No. 150," —————————————, pp. 1268-1279.
Ernst & Ernst, "Letter of Comment No. 151," ———————————————, pp. 1280-1402.
Haskins & Sells., "Letter of Comment No. 31," ———————————————, pp. 193-200.
Hornbostel, C. C., "Letter of Comment No. 216," —————————————, pp. 1995-2008.
McCue, J. P., "Letter of Comment No. 258," ————————————————, pp. 2242-2246.
Peat, Marwick, Mitchell & Co, "Letter of Comment No. 19," ————————, pp. 122-132.
Peat, Marwick, Mitchell & Co, "Letter of Comment No. 120," ———————, pp. 1090-1097.
Price Waterhouse & CO., "Letter of Comment No. 85," ————————————, pp. 588-595.
White, G. I., "Letter of Comment No. 206," —————————————————, pp. 1843-1879.
Young, Jr. W. M., "Letter of Comment No. 86," ———————————————, pp. 596-602.
② AAA
Gerhardt, P. L., "Letter of Comment No. 196," ————————————————, pp. 1726-1763.
③銀行関係
Alexander, W. W., "Letter of Comment No. 16," ———————————————, pp. 97-106.
Ballam, Jr., S. H., "Letter of Comment No. 34," ———————————————, pp. 206-207.
Ballam, Jr., S. H., "Letter of Comment No. 139," ——————————————, pp. 1184-1188.
Bean, G. D., "Letter of Comment No. 272," —————————————————, pp. 2297-2300.
Brode, E. H., "Letter of Comment No. 167," —————————————————, pp. 1550-1555.
Burns, A. F., "Letter of Comment No. 168," —————————————————, pp. 1556-1561.
Ebert, L. T., "Letter of Comment No. 153," ——————————————————, pp. 1407-1431.
Giblin, P. D., "Letter of Comment No. 187," —————————————————, pp. 1685-1688.
Hamcke, W. R., "Letter of Comment No. 28," —————————————————, pp. 161-162.
Hamcke, W. R., "Letter of Comment No. 91," —————————————————, pp. 721-740.
Hines, E. R., "Letter of Comment No. 125," —————————————————, pp. 1114-1118.
Isban, R. C., "Letter of Comment No. 166," ——————————————————, pp. 1544-1549.
Lantzsch, G. C., "Letter of Comment No90," ——————————————————, pp. 719-720.
Locke, R., "Letter of Comment No. 194," ———————————————————, pp. 1720-1721.
Montgomery, C. H., "Letter of Comment No. 202," ——————————————, pp. 1781-1799.
Morris, Jr., J. C., "Letter of Comment No. 37," ————————————————, pp. 220-225.
Nejame, E. A., "Letter of Comment No. 24," ——————————————————, pp. 137-150.

Nordling, K. H., "Letter of Comment No. 32," ———————————————, pp. 201-204.
Prussia, L. S., "Letter of Comment No. 217," ——————————————, pp. 2009-2012.
Reynolds, D. L., "Letter of Comment No. 118," —————————————, pp. 1082-1085.
Rogers, D. L., "Letter of Comment No. 25," ——————————————, pp. 151-158.
Seese, D. E., "Letter of Comment No. 127," —————————————, pp. 1121-1126.
Weerts, C. H., "Letter of Comment No. 175," —————————————, pp. 1605-1611.
(2) 一般企業等（Ernst & Ernst の影響）
Clevenger, R. C, "Letter of Comment No. 82," ————————————, pp. 574-578.
Cornuelle, H. C., "Letter of Comment No. 55," —————————————, pp. 365-366.
Dayhood, Jr., S. A, "Letter of Comment No. 197," ————————————, p. 1764.
Dieker, C. W, "Letter of Comment No. 249," ——————————————, pp. 2186-2187.
Gulling, R. A., "Letter of Comment No. 63," ——————————————, pp. 388-390.
Hanna, V. L., "Letter of Comment No. 40," ———————————————, p. 228.
Hubler, Jr., M. J., "Letter of Comment No. 65," ————————————, pp. 394-410.
Marszalek, J. J. and A. L. Lonis, "Letter of Comment No. 47," ——————, pp. 285-289.
Martin, Jr. A. S, "Letter of Comment No. 79," —————————————, pp. 524-526.
Maugans, E. H., "Letter of Comment No. 157," ————————————, pp. 1460-1463.
Moore, M. T., "Letter of Comment No. 142," ——————————————, pp. 1196-1200.
Perez, B. G, "Letter of Comment No. 250," ——————————————, pp. 2188-2203.
Smith, J. A., "Letter of Comment No. 276," ——————————————, pp. 2328-2329.
Starrett, D. R., "Letter of Comment No. 1," ——————————————, pp. 43-45.
Vollbrecht, J. H., "Letter of Comment No. 53," —————————————, p. 361.
(3) その他の収益費用中心観
Alexander Grant & Company., "Letter of Comment No. 198," ——————, pp. 1765-1768.
Allen, J. W., "Letter of Comment No. 94," ———————————————, pp. 824-849.
Allen, K. C., "Letter of Comment No. 181," ——————————————, pp. 1645-1653.
Ault, J. L., "Letter of Comment No. 144," ———————————————, pp. 1202-1207.
Austin, Jr., J. H., "Letter of Comment No. 192," ————————————, pp. 1708-1711.
Baker, T. E., "Letter of Comment No. 97," ———————————————, pp. 887-890.
Bird, F. A., "Letter of Comment No. 224," ———————————————, pp. 2042-2052.
Bixby, J. E., "Letter of Comment No. 119," ——————————————, pp. 1086-1089.
Bollom, D. A., "Letter of Comment No. 188," —————————————, pp. 1689-1691.
Bolton, W. B., "Letter of Comment No. 282," —————————————, pp. 2437-2438.
Bousquette, W. C., "Letter of Comment No. 72," ————————————, pp. 442-445.
Bowen, C. E., "Letter of Comment No. 96," ——————————————, pp. 857-886.
Brandon, R, W., "Letter of Comment No. 130," ————————————, pp. 1136-1140.
Bradshaw, P. S., "Letter of Comment No. 173," ————————————, pp. 1595-1599.
Brotje, R. J, "Letter of Comment No. 253," ——————————————, p. 2210.
Brown, W. W., "Letter of Comment No. 77," ——————————————, pp. 480-516.
Brown, V. H., "Letter of Comment No. 98," ——————————————, pp. 891-897.
Buchanan, R. F., "Letter of Comment No. 154," ————————————, pp. 1432-1436.
Burke, Jr., P. J., "Letter of Comment No. 191," —————————————, pp. 1704-1707.
Buxbaum, W. E., "Letter of Comment No. 235," ————————————, pp. 2116-2124.
Catanzaro, J. A., "Letter of Comment No. 227," ————————————, pp. 2089-2100.
Chellgren, W. E., "Letter of Comment No. 129," ————————————, pp. 1133-1135.

235

Chesebrough, S. W., "Letter of Comment No. 54," —————————————, pp. 362–364.
Clarke, T. K., "Letter of Comment No. 267," ————————————, pp. 2280–2281.
Colby, Jr., O. T., "Letter of Comment No. 205," ———————————, pp. 1813–1842.
Collins, E., "Letter of Comment No. 45," —————————————, pp. 279–281.
Corbin, C. F., "Letter of Comment No. 122," ————————————, pp. 1105–1108.
Cotting, J. C., "Letter of Comment No. 218," ————————————, pp. 2013–2020.
Crane, A. C., "Letter of Comment No. 243," ————————————, pp. 2168–2170.
Crawford, W. D., "Letter of Comment No. 193," ———————————, pp. 1712–1719.
Deecken, G. C., "Letter of Comment No. 236," ———————————, pp. 2125–2131.
Degenhardt, W. R., "Letter of Comment No. 159," ——————————, pp. 1466–1483.
Derr, C. I., "Letter of Comment No. 179," ——————————————, pp. 1627–1640.
Dixon, G. E., "Letter of Comment No. 287," ————————————, pp. 2450–2451.
Dougherty, Jr., W. H., "Letter of Comment No. 169," —————————, pp. 1562–1569.
Dunleavy, P. M., "Letter of Comment No. 259," ———————————, pp. 2247–2249.
Dunphy, P. J., "Letter of Comment No. 260," ———————————, pp. 2250–2252.
Engemann, L. B., "Letter of Comment No. 115," ———————————, pp. 1055–1070.
Esposito, Jr., M. P., "Letter of Comment No. 186," ——————————, pp. 1678–1684.
Fauls, T. B., "Letter of Comment No. 201," ————————————, pp. 1773–1780.
Fikse, H. E., "Letter of Comment No. 73," —————————————, pp. 446–467.
Fiscus, R. L., "Letter of Comment No. 225," ————————————, pp. 2053–2058.
Flanagan, R. M., "Letter of Comment No. 126," ———————————, pp. 1119–1120.
Forester, Jr. F and Ruffle, J. F., "Letter of Comment No. 78," ——————, pp. 517–523.
Fritz, A. N., "Letter of Comment No. 111," ————————————, pp. 1022–1028.
Gibson, G. M., "Letter of Comment No. 230," ———————————, pp. 2104–2108.
Gilliand, M. E, "Letter of Comment No. 248," ———————————, pp. 2183–2185.
Gillum, A. G., "Letter of Comment No. 114," ————————————, pp. 1038–1054.
Goff, G. A., "Letter of Comment No. 121," —————————————, pp. 1098–1104.
Goodger, J. V., "Letter of Comment No. 43," ————————————, pp. 264–273.
Grady, J. A. "Letter of Comment No. 136," ————————————, pp. 1170–1178.
Granucci, J. W., "Letter of Comment No. 57," ———————————, pp. 372–375.
Greene. C. W., "Letter of Comment No. 164," ———————————, pp. 1527–1531.
Grenell, J. H., "Letter of Comment No. 213," ———————————, pp. 1970–1976.
Guttry, Jr., H. V., "Letter of Comment No. 103," ———————————, pp. 952–958.
Haight, E. E. and Bennett, W. D., "Letter of Comment No. 293," —————, pp. 2467–2468.
Hale, W. T., "Letter of Comment No. 220," ————————————, pp. 2022–2025.
Hall, J. N., "Letter of Comment No. 183," —————————————, pp. 1658–1660.
Hand, W. G., "Letter of Comment No. 107," ————————————, pp. 994–1002.
Henry, B. C., "Letter of Comment No. 66," —————————————, pp. 411–414.
Howard, D. S., "Letter of Comment No. 209," ———————————, pp. 1887–1900.
Hulse, F. W., "Letter of Comment No. 263," ————————————, pp. 2269–2270.
Isban, R. C., "Letter of Comment No. 95," —————————————, pp. 850–856.
Jacobsen, J. C., "Letter of Comment No. 134," ———————————, pp. 1153–1164.
Johnson, A. C., "Letter of Comment No. 195," ———————————, pp. 1722–1725.
Jonson, Jr., J. W., "Letter of Comment No. 138," ——————————, pp. 1181–1183.
Jordan, H. D., "Letter of Comment No. 283," ———————————, pp. 2439–2440.

Kaplan, A. H., "Letter of Comment No. 105," ——————————————, pp. 966–967.
Kaplan, I. L., "Letter of Comment No. 219," ——————————————, p. 2021.
Kelley. A. J., "Letter of Comment No. 162," ——————————————, pp. 1499–1505.
Klammer, T., "Letter of Comment No. 88," ——————————————, pp. 652–683.
Knortz, H. C., "Letter of Comment No. 203," ——————————————, pp. 1800–1810.
Koehler, R. E., "Letter of Comment No. 189," ——————————————, pp. 1692–1697.
Kooken, J. F., "Letter of Comment No. 109," ——————————————, pp. 1009–1015.
Kurlander, R., "Letter of Comment No. 215," ——————————————, pp. 1987–1994.
Lause, C. J., "Letter of Comment No. 141," ——————————————, pp. 1191–1195.
Lawler, B. G., "Letter of Comment No. 273," ——————————————, pp. 2301–2306.
Ledbetter, J. L., "Letter of Comment No. 131," ——————————————, pp. 1141–1145.
LeGrange, U. J., "Letter of Comment No. 155," ——————————————, pp. 1437–1454.
Long, A. M., "Letter of Comment No. 161," ——————————————, pp. 1486–1498.
Love, W. R., "Letter of Comment No. 174," ——————————————, pp. 1600–1604.
Lowry, J. F., "Letter of Comment No. 123," ——————————————, pp. 1109–1111.
Lucht, A. P, "Letter of Comment No. 247," ——————————————, p. 2182.
Lund, R. H., "Letter of Comment No. 271," ——————————————, pp. 2294–2296.
Madigan, J. B., "Letter of Comment No. 184," ——————————————, pp. 1661–1664.
Magac, J. S., "Letter of Comment No. 261," ——————————————, pp. 2253–2254.
Masi, J. A., "Letter of Comment No. 270," ——————————————, pp. 2288–2293.
Mayman, R. J., "Letter of Comment No. 58," ——————————————, pp. 376–378.
Mayo, M. G., "Letter of Comment No. 64," ——————————————, pp. 391–393.
McLaughlin, G., "Letter of Comment No. 291," ——————————————, pp. 2461–2464.
McNaire. A. J., "Letter of Comment No. 242," ——————————————, pp. 2166–2167.
Mitchell, D. W., "Letter of Comment No. 110," ——————————————, pp. 1016–1021.
Moore, R. W., "Letter of Comment No. 80," ——————————————, pp. 527–539.
Morgan, R. A., "Letter of Comment No. 265," ——————————————, pp. 2274–2277.
Murray, J. E., "Letter of Comment No. 160," ——————————————, pp. 1484–1485.
Murphy, T. A., "Letter of Comment No. 113," ——————————————, pp. 1031–1037.
Nave, T. E., "Letter of Comment No. 279," ——————————————, p. 2386.
Netzly, M. J., "Letter of Comment No. 108," ——————————————, pp. 1003–1008.
Nickerson, B. E., "Letter of Comment No. 177," ——————————————, pp. 1617–1622.
Northrop, C. A., "Letter of Comment No. 147," ——————————————, pp. 1257–1261.
Overbeck, K. M, "Letter of Comment No. 246," ——————————————, pp. 2178–2181.
Pace, N., "Letter of Comment No. 223," ——————————————, pp. 2036–2041.
Peterman, P. C., "Letter of Comment No. 83," ——————————————, pp. 579–584.
Plum, C. W., "Letter of Comment No. 208," ——————————————, pp. 1883–1886.
Plum, C. W., "Letter of Comment No. 239," ——————————————, pp. 2135–2137.
Preis, N. J., "Letter of Comment No. 180," ——————————————, pp. 1641–1644.
Preminger, J. J., "Letter of Comment No. 286," ——————————————, pp. 2444–2449.
Reilly, P. J., "Letter of Comment No. 207," ——————————————, pp. 1880–1882.
Reisman, R. D., "Letter of Comment No. 210," ——————————————, pp. 1901–1905.
Rising, L. L., "Letter of Comment No. 277," ——————————————, pp. 2330–2331.
Rochfort, J. J., "Letter of Comment No. 104," ——————————————, pp. 959–965.
Roberts, F. C., "Letter of Comment No. 274," ——————————————, pp. 2307–2316.

Rogers, M. G., "Letter of Comment No. 238," ———————————————, pp. 2133 – 2134.
Russler, D. W., "Letter of Comment No. 221," ———————————————, pp. 2026 – 2028.
Sabatino, A. J., "Letter of Comment No. 112," ———————————————, pp. 1029 – 1030.
Schoik, M. L., "Letter of Comment No. 257," ———————————————, pp. 2240 – 2241.
Sheehan, J. M., "Letter of Comment No. 8," ———————————————, pp. 60 – 61.
Skelly, T. F., "Letter of Comment No. 158," ———————————————, pp. 1464 – 1465.
Smith, D. A., "Letter of Comment No. 148," ———————————————, pp. 1262 – 1265.
Smith, E. K., "Letter of Comment No. 185," ———————————————, pp. 1665 – 1677.
Smith, Jr. R. A., "Letter of Comment No. 71," ———————————————, p. 441.
Spellman, J. F, "Letter of Comment No. 245," ———————————————, pp. 2173 – 2177.
Springer, D. H., "Letter of Comment No. 233," ———————————————, p. 2114.
Sprunk, W. H., "Letter of Comment No. 46," ———————————————, pp. 282 – 284.
Stough, S., "Letter of Comment No. 93," ———————————————, pp. 776 – 823.
Strickert, R. R., "Letter of Comment No. 152," ———————————————, pp. 1403 – 1406.
Teager, W. R., "Letter of Comment No. 99," ———————————————, pp. 898 – 911.
Thorsen, T. O., "Letter of Comment No. 102," ———————————————, pp. 940 – 951.
Thurman, Jr., B. L., "Letter of Comment No. 182," ———————————————, pp. 1654 – 1657.
Toder, C., "Letter of Comment No. 254," ———————————————, pp. 2211 – 2213.
Tracy, E. A., "Letter of Comment No. 133," ———————————————, pp. 1150 – 1152.
Van Breda, M. F., "Letter of Comment No. 232," ———————————————, pp. 2110 – 2113.
Ventura, F. R., "Letter of Comment No. 117," ———————————————, pp. 1077 – 1081.
Weiss, R. G., "Letter of Comment No. 100," ———————————————, pp. 912 – 923.
Whitcomb, C. H., "Letter of Comment No. 178," ———————————————, pp. 1623 – 1626.
Willey, S. A., "Letter of Comment No. 190," ———————————————, pp. 1698 – 1703.
Willis, J. A., "Letter of Comment No. 269," ———————————————, pp. 2284 – 2287.
Willis, R. H., "Letter of Comment No. 68," ———————————————, pp. 426 – 429.
Zoeller, P. B., "Letter of Comment No. 48," ———————————————, pp. 290 – 292.

2．資産負債中心観
Arthur Andersen & Co., "Letter of Comment No. 87," ———————————————, pp. 603 – 651.
Bloomquist, J. E., "Letter of Comment No. 222," ———————————————, pp. 2029 – 2035.
Cardinal, C. A., "Letter of Comment No. 41," ———————————————, pp. 229 – 261.
Cayce. G. M., "Letter of Comment No. 84," ———————————————, pp. 585 – 587.
Crise, R. J., "Letter of Comment No. 69," ———————————————, pp. 430 – 438.
Espie, R. G., "Letter of Comment No. 101," ———————————————, pp. 924 – 939.
Fremgen, J. M., "Letter of Comment No. 281," ———————————————, pp. 2430 – 2436.
Gray, R. L., "Letter of Comment No. 256," ———————————————, pp. 2217 – 2239.
Harrel, C. M., "Letter of Comment No. 149," ———————————————, pp. 1266 – 1267.
Pharr, M. M., "Letter of Comment No. 128," ———————————————, pp. 1127 – 1132.
Robertson, R. S., "Letter of Comment No. 165," ———————————————, pp. 1532 – 1543.
Touche Ross & Co., "Letter of Comment No. 211," ———————————————, pp. 1906 – 1966.
Walker, J. M., "Letter of Comment No. 146," ———————————————, pp. 1250 – 1256.

3．その他
Anthony, R. N., "Letter of Comment No. 50," ———————————————, pp. 301 – 345.

Arthur Young & Company., "Letter of Comment No. 204," ————————————, pp. 1811–1812.
Avco Corporation, "Letter of Comment No. 4," ——————————————, pp. 48–55.
Bennett. N. E., "Letter of Comment No. 241," —————————————, pp. 2164–2165.
Beretta, D., "Letter of Comment No. 12," ————————————————, p. 83.
Bernstein, H. I., "Letter of Comment No. 14," —————————————, pp. 92–93.
Bewig, P. L., "Letter of Comment No. 106," ——————————————, pp. 968–993.
Bevis, H. W., "Letter of Comment No. 7," ————————————————, p. 59.
Bierman, Jr., H., "Letter of Comment No. 6," ——————————————, p. 58.
Blatter, F. E., "Letter of Comment No. 23," ——————————————, p. 136.
Bloom, R., "Letter of Comment No. 36," ————————————————, pp. 209–219.
Borst, D. R., "Letter of Comment No. 59," ———————————————, pp. 379–380.
Bublitz, B. O., "Letter of Comment No. 61," ——————————————, pp. 383–385.
Burnett, W, A., "Letter of Comment No. 44," —————————————, pp. 274–278.
Case, D. F., "Letter of Comment No. 81," ———————————————, pp. 540–573.
Chambers, R. J., "Letter of Comment No. 145," ————————————, pp. 1208–1249.
Connelly, Jr. J. R., "Letter of Comment No. 171," ————————————, pp. 1573–1589.
Cook, R. D., "Letter of Comment No. 132," ——————————————, pp. 1146–1149.
Crehan, J. T., "Letter of Comment No. 42," ——————————————, pp. 262–263.
Crosby, J. R., "Letter of Comment No. 52," ——————————————, pp. 359–360.
Crosby, Jr., G. E., "Letter of Comment No. 2," —————————————, p. 46.
Day, J. L., "Letter of Comment No. 289," ———————————————, pp. 2457–2458.
Defliese, P. L., "Letter of Comment No. 38," —————————————, p. 226.
Dey, C. H., "Letter of Comment No. 234," ———————————————, p. 2115.
Elmer Fox, Westheimer & Co., "Letter of Comment No. 170," ——————, pp. 1570–1572.
Estes, R. W., "Letter of Comment No. 10," ——————————————, p. 80.
Fabricant, S., "Letter of Comment No. 280," ——————————————, pp. 2387–2429.
Forbes, J, F. & Company., "Letter of Comment No. 70," ————————, pp. 439–440.
Fox, L. A., "Letter of Comment No. 75," ————————————————, pp. 475–476.
Gibbs, G., "Letter of Comment No. 262," ————————————————, pp. 2255–2268.
Giblin, P. D., "Letter of Comment No. 29," ——————————————, p. 163.
Grady, P., "Letter of Comment No. 13," —————————————————, pp. 84–91.
Gutberlet, L. G., "Letter of Comment No. 275," —————————————, pp. 2317–2327.
Hanson, D. R., "Letter of Comment No. 229," —————————————, p. 2103.
Henkel, G. E., "Letter of Comment No. 284," —————————————, p. 2441.
Ijiri, Y., "Letter of Comment No. 92," ——————————————————, pp. 741–775.
Isban, R. C., "Letter of Comment No. 22," ———————————————, p. 135.
Jameson, G., "Letter of Comment No. 39," ———————————————, p. 227.
Johnsen, R. A., "Letter of Comment No. 292," ————————————, pp. 2465–2466.
Kircher, P., "Letter of Comment No. 51," ———————————————, pp. 346–358.
Landgraf, F., "Letter of Comment No. 176," ——————————————, pp. 1612–1616.
Longley-Cook, L. H., "Letter of Comment No. 76," ————————————, pp. 477–479.
Mammoser, J. L., "Letter of Comment No. 27," —————————————, p. 160.
Maxson, A. L., "Letter of Comment No. 264," —————————————, pp. 2271–2273.
McAlpine, B., "Letter of Comment No. 290," ——————————————, pp. 2459–2460.
McCrady, H. C., "Letter of Comment No. 60," —————————————, pp. 381–382.

McFerson, D. R., "Letter of Comment No. 199," —————————————, pp. 1769–1770.
McGuire, R. T., "Letter of Comment No. 62," ——————————————, pp. 386–387.
McLain, R. K., "Letter of Comment No. 56," ——————————————, pp. 367–371.
Milliken, F. R, "Letter of Comment No. 252," ——————————————, p. 2209.
Montgomery, A. T, "Letter of Comment No. 67," ————————————, pp. 415–425.
Moonitz, M., "Letter of Comment No. 9," ———————————————, pp. 62–79.
Morgan, M., "Letter of Comment No. 17," ——————————————, pp. 107–109.
Morris, W. R., "Letter of Comment No. 294" —————————————, pp. 2469–2482.
Morrow, J., "Letter of Comment No. 214," ——————————————, pp. 1977–1986.
Most, K. S., "Letter of Comment No. 3," ———————————————, p. 47.
Newton, M., "Letter of Comment No. 124," —————————————, pp. 1112–1113.
Nichols, R., "Letter of Comment No. 49," ——————————————, pp. 293–300.
Olsen, T. R., "Letter of Comment No. 18," —————————————, pp. 110–121.
Orben, R. A., "Letter of Comment No. 240," ————————————, pp. 2138–2163.
Parker, C. R., "Letter of Comment No. 237," ————————————, p. 2132.
Penick, E. M., "Letter of Comment No. 140," ————————————, pp. 1189–1190.
Peterson, D. A., "Letter of Comment No. 137," ———————————, pp. 1179–1180.
Piper, M. H., "Letter of Comment No. 30," —————————————, pp. 164–192.
Platten, D. C., "Letter of Comment No. 21," ————————————, p. 134.
Platts, J., "Letter of Comment No. 266," ——————————————, pp. 2278–2279.
Pollack, S. P., "Letter of Comment No. 212," ————————————, pp. 1967–1969.
Radner, E., "Letter of Comment No. 116," —————————————, pp. 1071–1076.
Reego, W. A., "Letter of Comment No. 228," ————————————, pp. 2101–2102.
Riordan, P. J., "Letter of Comment No. 20," ————————————, p. 133.
Ross, V. C., "Letter of Comment No. 163," —————————————, pp. 1506–1526.
Runk, F. J., "Letter of Comment No. 285," —————————————, pp. 2442–2443.
Schattke, R., "Letter of Comment No. 135," ————————————, pp. 1165–1169.
Schueler, R. H., "Letter of Comment No. 278," ———————————, pp. 2332–2385.
Schwartz, C. M., "Letter of Comment No. 226," ———————————, pp. 2059–2088.
Schwartz, P., "Letter of Comment No. 231," ————————————, p. 2109.
Schwerdtfeger, D. A, "Letter of Comment No. 244," —————————, pp. 2171–2172.
Singleton, R. F., "Letter of Comment No. 143," ———————————, p. 1201.
Snavely, H. J., "Letter of Comment No. 74," ————————————, pp. 468–474.
Sorter, G. H., "Letter of Comment No. 156," ————————————, pp. 1455–1459.
Spilman, D. L., "Letter of Comment No. 35," ————————————, p. 208.
Stead, H. B. "Letter of Comment No. 89," —————————————, pp. 684–718.
Thayer, H. H., "Letter of Comment No. 200," ————————————, pp. 1771–1772.
Tobin, P. J., "Letter of Comment No. 26," —————————————, p. 159.
Trautman, G. H., "Letter of Comment No. 11," ———————————, pp. 81–82.
Tucker, T. B., "Letter of Comment No. 5," —————————————, pp. 56–57.
Ulrich, C. D., "Letter of Comment No. 288," ————————————, pp. 2452–2456.
Virgil, R. L., "Letter of Comment No. 172," —————————————, pp. 1590–1594.
Wallace, W. D., "Letter of Comment No. 33," ————————————, p. 205.
Weinwurm, E. H., "Letter of Comment No. 251," ———————————, pp. 2204–2208.
Will, T. J., "Letter of Comment No. 268," —————————————, pp. 2282–2283.

Ⅱ 日本語文献

青木昌彦『日本企業の組織と情報』東洋経済新報社，1989年。
―――「日本企業の経済モデル序説」伊丹敬之・加護野忠男・伊藤元重編『リーディングス日本の企業システム1　企業とは何か』有斐閣，1993年。
―――『経済システムの進化と多元性　比較制度分析序説』東洋経済新報社，1997年。
青木昌彦・奥野正寛・岡崎哲二編『市場の役割　国家の役割』東洋経済新報社，1999年。
青柳文司『アメリカ会計学』中央経済社，1989年。
浅倉和俊「伝統的実現概念から新たな実現概念へ」『JICPAジャーナル』第7巻第11巻，1995年11月。
新井清光・山本秀夫・南光男・藤沼亜起「特別座談会：会計基準の国際的調和ベレスフォードFASB会長を囲んで」『JICPAジャーナル』第5巻第10号，1993年10月。
安藤英義編『会計フレームワークと会計基準』中央経済社，1996年。
飯野利夫「財産法の計算原理―取得原価主義基準を中心として―」『産業経理』第16巻第1号，1956年1月。
―――「実現主義の会計学的意義―純財産増加説の転落」『ビジネス・レビュー』第4巻第3号，1956年12月。
―――『資金的貸借対照表への軌跡』国元書房，1979年。
―――『財務会計論　三訂版』同文舘出版，1996年。
飯野利夫先生喜寿記念論文集刊行会編『財務会計の研究』税務経理協会，1995年。
石山弘編『図解法人税』財団法人大蔵財務協会，1999年。
井尻雄士「アメリカ会計の発展事情」『會計』第125巻第1号，1984年1月。
井尻雄士『三式簿記の研究』1984年，中央経済社。
井尻雄士「アメリカ会計の変遷と展望」『會計』第153巻第1号，1998年1月。
市川紀子「FASB計算構造に関する中心観―1976年討議資料を中心として―」駿河台大学大学院経済学研究科修士論文（修経大8号），1999年。
―――「研究開発費の会計基準」『研究プロジェクト報告書，会計基準の国際的調和化と日本の対応』千葉大学大学院社会文化科学研究科，2000年3月。
―――「工事収益の認識・計上をめぐる問題点～工事完成基準と工事進行基準～」『研究プロジェクト報告書，会計基準の国際的調和化と日本の対応』千葉大学大学院社会文化科学研究科，2000年3月。
―――「経済的環境の変化と会計上の企業観について」『千葉大学社会文化科学研究』第5号，千葉大学大学院社会文化科学研究科，2001年2月。
―――「財務会計論の中心観的特質」『産業経理』第61巻第1号，2001年4月。
―――『米国における財務会計の現代的特質―FASB「討議資料」および概念的フレームワークにおける中心観を基軸として―』千葉大学大学院社会文化科学研究科博士論文（千大院社博甲第経6号），2004年。
―――「企業結合に関する一考察―中心観を基軸として―」『駿河台経済論集』第16巻第2号，駿河台大学経済学部，2007年3月。
―――「研究開発費に関する一考察―中心観を基軸として―」『駿河台経済論集』第17巻第1号，駿河台大学経済学部，2007年9月。
―――「減損会計に関する一考察―中心観を基軸として―」『駿河台経済論集』第17巻第2号，駿

河台大学経済学部，2008年3月．
─────「米国における財務会計の現代的特質（1）──FASB『討議資料』および概念的フレームワークにおける中心観を基軸として」『企業会計』第60巻第5号，2008年5月．
─────「米国における財務会計の現代的特質（2）──FASB『討議資料』および概念的フレームワークにおける中心観を基軸として」『企業会計』第60巻第6号，2008年6月．
─────「現代会計学の理論的考察」『経済研究所所報』第11号，経済研究所指定研究報告，2008年9月．
─────「資産負債中心観と収益費用中心観 ──井上教授の学説を手がかりに──」『駿河台経済論集』第18巻第2号，駿河台大学経済学部，2009年3月．
伊藤邦雄「会計制度の過去・現在・将来の挑戦」『会計』第149巻第3号，1996年3月．
─────「企業会計のゆくえ」『會計』第161巻第2号，2002年2月．
─────『無形資産の会計』中央経済社，2006年．
─────『ゼミナール企業価値評価』日本経済新聞出版社，2007年．
─────『ゼミナール現代会計入門 第7版』日本経済新聞出版社，2008年．
─────「ディスクロージャーの拡充と企業評価」『會計』第175巻第4号，2009年4月．
井上良二「1920年代におけるペイトン資産評価変遷の意義」『商学論纂』第9巻第6号，中央大学商学論纂研究会，1968年3月．
─────「1920年代におけるペイトン基本的会計思考の不変遷について──資産評価変遷の意義─続稿──」『商学論纂』第10巻第4号，中央大学商学論纂研究会，1968年11月．
─────「ペイトン資産評価規準変遷の意義」『経理研究』第11巻，中央大学商学研究会，1968年12月．
─────「ペイトン会計学における持続と変化─特に資産評価基準の変遷をめぐって─（上）」『商学論纂』第11巻第4号，中央大学商学論纂研究会，1969年3月．
─────「プラグマティズムとペイトン会計学」『商学論纂』第11巻第5号，中央大学商学論纂研究会，1970年1月．
─────「ペイトン会計学における持続と変化─特に資産評価基準の変遷をめぐって─（下）」『商学論纂』第11巻第6号，中央大学商学論纂研究会，1970年3月．
─────「アメリカ会計学の一動向─ペイトンとプリンスとの方法論上の持続─」『経理研究』第14巻，中央大学商学研究会，1971年4月．
─────『財務会計の基礎理論』中央経済社，1979年．
─────「社会的決定理論と財務会計論」『企業会計』第34巻第3号，1982年3月．
─────『会計社会学』中央大学出版部，1984年．
─────『最新財務会計論』中央経済社，1993年．
─────「有価証券評価益の会計処理について」『會計』第144巻第2号，1993年8月．
─────「書評・会計フロンティア研究会編『財務会計のフロンティア』」『會計』第146巻第3号，1994年9月．
─────「会計上の認識・測定対象の意義─貨幣思考と財貨思考について」『駿河台経済論集』第4巻第2号，駿河台大学経済学部，1995年3月．
─────「資産の貸借対照表価額の評価・決定方法」『税経セミナー』第40巻第6号，1995年4月．
─────「資産・負債観と収益・費用観に関する一考察」『彦根論叢』第293号，滋賀大学経済学会，1995年5月．
─────「原価主義会計と価値会計の論理」『會計』第148巻第2号，1995年9月．
─────「リスク開示要請の基盤─作成者指向型理論と利用者指向型理論との関連において─」『駿河台経済論集』第5巻第1号，駿河台大学経済学部，1995年9月．
─────「二つの会計観と指向性」『産業経理』第55巻第3号，1995年10月．

II 日本語文献

―――――『財務会計論』新世社，1995 年．
―――――「市場性ある有価証券の性格とその測定」『JICPA ジャーナル』第 8 巻第 2 号，1996 年 2 月．
―――――「不良債権と会計処理・開示」『企業会計』第 48 巻第 8 号，1996 年 8 月．
―――――「低価基準における時価の意味」『會計』第 150 巻第 6 号，1996 年 12 月．
―――――「不良債権と会計処理」『會計』第 151 巻第 2 号，1997 年 2 月．
―――――「時価の意味と計算体系」『駿河台経済論集』第 6 巻第 2 号，駿河台大学経済学部，1997 年 3 月．
―――――「アーティキュレーション論」『会計の理論的枠組に関する総合的研究（最終報告）』日本会計研究学会スタディ・グループ報告書，1997 年 9 月．
―――――「日本の会計基準と米国会計基準との本質的相違―比較経済分析の適用―」『会計の理論的枠組に関する総合的研究（最終報告）』日本会計研究学会スタディ・グループ報告書，1997 年 9 月．
―――――「市場とディスクロージャー」『企業会計』第 50 巻第 1 号，1998 年 1 月．
―――――「公正価値会計と論理の限界」『産業経理』第 58 巻第 1 号，1998 年 4 月．
―――――「経済的環境の変化と財務会計の社会的機能」『企業会計』第 50 巻第 7 号，1998 年 7 月．
―――――「経済状況の変化と計算体系」『會計』第 154 巻第 2 号，1998 年 8 月．
―――――「財務会計上の認識・測定対象」『千葉大学経済研究』第 13 巻第 4 号，千葉大学法経学部，1999 年 4 月．
―――――「時価会計の論理構造」『會計』第 156 巻第 2 号，1999 年 11 月．
―――――『新財務諸表論』税務経理協会，1999 年．
―――――『財務会計の進展』税務経理協会，1999 年．
―――――「時価会計における減損会計の意味」『會計』第 158 巻第 6 号，2000 年 12 月．
―――――『制度会計の論点』税務経理協会，2000 年．
―――――「時価会計における減損会計と低価基準の意味―資産特殊性の概念と関連して―」『産業経理』第 60 巻第 4 号，2001 年 1 月．
―――――「ニューエコノミーと時価会計」『企業会計』第 54 巻第 2 号，2002 年 2 月．
―――――『財務会計論』税務経理協会，2003 年．
―――――『新版財務会計論』税務経理協会，2008 年．
今田正「アメリカにおける会計認識の展開方向」『會計』第 138 巻第 4 号，1990 年 10 月．
岩田巖「シュミット有機的時価貸借対照表」『會計』第 27 巻第 4 号，1930 年 10 月．
―――――「シュミット有機的時価貸借対照表　その 2」『會計』第 27 巻第 5 号，1930 年 11 月．
―――――「シュミット有機的時価貸借対照表　その 3」『會計』第 27 巻第 6 号，1930 年 12 月．
―――――「ゲルドマツヘル・成果計算論」『會計』第 29 巻第 4 号，1931 年 10 月．
―――――「デイナミッシェビランツの理論的構造」『會計』第 33 巻第 2 号，1933 年 8 月．
―――――「デイナミッシェビランツの理論的構造　その 2」『會計』第 33 巻第 3 号，1933 年 9 月．
―――――「デイナミッシェビランツの理論的構造　その 3」『會計』第 33 巻第 4 号，1933 年 10 月．
―――――「貸借対照表継続性の原則」『會計』第 34 巻第 2 号，1934 年 2 月．
―――――「名目資本維持説の破綻」『會計』第 34 巻第 4 号，1934 年 4 月．
―――――「濁逸の株式会社決算諸表標準形式解説」『會計』第 35 巻第 2 号，1934 年 8 月．
―――――「財産目録と数量計算」『會計』第 36 巻第 4 号，1935 年 4 月．
―――――「静態論と動態論の対立」『會計』第 37 巻第 1 号，1935 年 7 月．
―――――「貸借対照表能力論の一考察」『會計』第 37 巻第 2 号，1935 年 8 月．
―――――「貸借対照表計算の二方向―静態論と動態論の対立―」『會計』第 37 巻第 3 号，1935 年 9 月．
―――――「静的評価論の変遷」『會計』第 37 巻第 4 号，1935 年 10 月．
―――――「二つの簿記学―決算中心の簿記と会計管理のための簿記―」『産業経理』第 15 巻第 6 号，

1955年6月.
────「損益法の構造」『産業経理』第16巻第1号, 1956年1月.
────「財産法の構造」『産業経理』第16巻第2号, 1956年2月.
────『利潤計算原理』同文舘出版, 1987年.
岩崎勇「業績表示と包括利益―アメリカの包括利益の報告を中心として―」『税経通信』第52巻第1号, 1997年1月.
────「財務業績の報告― IAS E53「財務諸表の表示」を中心として―」『JICPAジャーナル』第9巻第3号, 1997年3月.
────「概念的枠組の計算構造―英国の原則書案を中心として―」『會計』第152巻第5号, 1997年11月.
────「包括利益の報告―米国のFASB基準書第130号を中心として―」『税経通信』第53巻第3号, 1998年3月.
宇南山英夫「貨幣価値変動と減価償却」『横濱大學論叢』第6巻第5号, 横濱市立大學學術研究會, 1955年3月.
宇南山英夫編『アメリカ会計思潮』同文舘出版, 1981年.
浦崎直浩『公正価値会計』森山書店, 2002年.
上野清貴「FASBまでの資産・負債の概念」土方久編『貸借対照表能力論―資産および負債の定義と認識―』税務経理協会, 1993年.
────『会計の論理構造』税務経理協会, 1998年.
────『公正価値会計と評価・測定』中央経済社, 2005年.
────編『会計利益計算の構造と論理』創成社, 2006年.
────『公正価値会計の構想』中央経済社, 2006年.
────『会計利益計算の構造と論理』創成社, 2006年.
────『現代会計基準論』中央経済社, 2007年.
────『財務会計の基礎』中央経済社, 2008年.
江頭憲治郎『株式会社法』有斐閣, 2006年.
江村稔「会計情報と企業会計」『企業会計』第19巻第1号, 1967年1月.
太田哲三「企業会計の二元的構造」『會計』第70巻第1号, 1956年7月.
太田哲三・飯野利夫『会計学』千倉書房, 1995年.
太田善之「会計学説史研究に関する一考察―静態論および動態論の意義と, それらの史的展開についての考察を中心として―」『滋賀大学経済学部研究年報』第2号, 滋賀大学経済学部, 1995年10月.
大塚成男「FASBの現状に関する一考察」『JICPAジャーナル』第4巻第2号, 1992年2月.
────「FASBによる新たな概念設定の意味」中村忠編著『財務会計と制度会計―課題と方向―』白桃書房, 1994年.
────「米国における包括利益計算書の事例」『企業会計』第53巻第7号, 2001年7月.
────「会計基準設定活動を分析するための枠組み」『會計』第160巻第3号, 2001年9月.
────「ディスカッションⅤa」斎藤静樹編著『会計基準の基礎概念』中央経済社, 2002年.
────「会計基準における利益観（特集　会計基準と概念フレームワーク）」『企業会計』第55巻第1号, 2003年1月.
────「会計基準とコーポレート・ガバナンス――ストック・オプション会計基準の設定をめぐって」『會計』第163巻第4号, 2003年3月.
────「会計基準の国際化と「政府の失敗」に関する一考察――遡及修正会計基準を題材として」『産業経理』第69巻第1号, 2009年4月.
────「ASBJによる会計基準設定活動の特徴と課題」『會計』第175巻第3号, 2009年3月.

Ⅱ 日本語文献

岡田裕正「資産負債中心主義と収益費用中心主義」『経営と経済』第71巻第1号，1991年6月。
岡部孝好『会計情報システム選択論』中央経済社，1993年。
――――『会計報告の理論―日本の会計の探求―』森山書店，1994年。
興津裕康『貸借対照表論の展開』森山書店，1978年。
――――『貸借対照表論の研究』森山書店，1984年。
――――「検討課題としての財務会計のフレームワーク」『企業会計』第48巻第10号，1996年10月。
小栗崇資「会計測定論の要件」会計フロンティア研究会編『財務会計のフロンティア』中央経済社，1993年。
尾崎安央「研究開発費等会計―繰延資産計上の是非，無体資産の検討課題」『企業会計』第56巻第11号，2004年11月。
小田切宏之『企業経済学』東洋経済新報社，2000年。
小野武美『企業会計の政治経済学―会計規制と会計政策の動態分析―』白桃書房，1996年。
小野正芳「包括利益報告の方向性に関する一考察」『千葉大学社会文化科学研究』第5号，2001年2月。
――――「国際包括利益と資本維持：キャッシュ・フロー重視の資本維持概念」『千葉大学社会文化科学研究』第6号，2002年2月。
――――『包括利益の理論的基礎と財務報告への影響』千葉大学大学院社会文化科学研究科博士論文，2004年。
音川和久『会計方針と株式市場』千倉書房版，1999年。
大日方隆「資産・負債の評価とキャッシュ・フローの配分―対応と配分の概念―」『会計基準の動向と基礎概念の研究最終報告』日本会計研究学会特別委員会，2001年9月。
――――「キャッシュフローの配分と評価」斉藤静樹編著『会計基準の基礎概念』中央経済社，2003年。
科学技術庁編『科学技術白書』大蔵省印刷局，1999年。
片野一郎『貨幣価値変動会計』同文舘出版，1962年。
鎌田信夫『資金会計の理論と制度の研究』白桃書房，1995年。
桃田龍三「会計理論における古典的・真実利益アプローチと意思決定・有用性アプローチの論理（1）」『大分大学経済論集』第56巻第5号，大分大学経済学部，2005年1月。
――――「会計理論における古典的・真実利益アプローチと意思決定・有用性アプローチの論理（2）」『大分大学経済論集』第57巻第1号，大分大学経済学部，2005年5月。
――――「会計理論における古典的・真実利益アプローチと意思決定・有用性アプローチの論理（3）」『大分大学経済論集』第57巻第2号，大分大学経済学部，2005年7月。
――――「会計理論における古典的・真実利益アプローチと意思決定・有用性アプローチの論理（4）」『大分大学経済論集』第58巻第3号，大分大学経済学部，2006年9月。
――――「会計理論における古典的・真実利益アプローチと意思決定・有用性アプローチの論理（1）」『大分大学経済論集』第60巻第1号，大分大学経済学部，2008年5月。
企業会計基準委員会「繰延資産の会計処理に関する当面の取扱い」実務対応報告公開草案23号，2006年6月。
企業利益研究委員会編『会計上の利益概念』同文舘出版，1968年。
木村和三郎「アメリカ会計学，ペイトン会計学の研究」『經濟學雜誌』第21巻第1・2・3合併号，大阪商科大學經濟研究所，1949年10月。
北村敬子「『研究開発費等に係る会計基準の設定に関する意見書』の経緯と概要」『企業会計』第50巻第7号，1998年7月。
工藤栄一郎「IASCにおける資産・負債の概念」土方久編『貸借対照表能力論―資産および負債の定義

と認識―』税務経理協会，1993 年。
──「貸借対照表能力の認識時点」土方久編『貸借対照表能力論―資産および負債の定義と認識―』税務経理協会，1993 年。
──「収益・費用概念の定義に関する研究ノート―収益費用アプローチにおける収益・費用概念について―」『鹿児島経大論集』第 36 巻第 3 号，鹿児島経済大学学会，1995 年 10 月。
工藤美智子「有価証券の保有利得に関する一考察　実現概念からのアプローチを中心にして」『経済学論文集』第 4 号，成城大学大学院経済学研究科，2001 年 3 月。
久保田秀樹「会計利益概念としての資産・負債観と企業会計におけるストック中心思考」『産業経理』第 50 巻第 2 号，1990 年 7 月。
来栖正利「大株主の行動が企業の透明性に与える影響」『會計』第 173 巻第 5 号，2008 年 5 月。
──「関連当事者取引と保守主義」『會計』第 175 巻第 6 号，2009 年 6 月。
黒澤清「米國の經營學」經營學研究會編『米國の經營學』森山書店，1936 年。
──「近代的思考方法による会計理論の証明―会計学の認識論的方法論的基礎・続編」『會計』第 41 巻第 1 号，1937 年 7 月。
──「会計的資産の概念」『會計』第 73 巻第 5 号，1958 年 5 月。
──『資金会計の理論』森山書店，1961 年。
黒澤清総編集・小島男佐夫責任編集『体系近代会計学 6―会計史および会計学史』中央経済社，1979 年。
黒澤清『日本会計学発展史序説』雄松堂書店，1982 年。
黒川行治「企業結合とのれんの会計の検討」『會計』第 152 巻第 4 号，1997 年 4 月。
──「企業結合に関するのれんの会計の論点」『會計』第 165 巻第 5 号，2004 年 5 月。
倉田幸路「包括利益をめぐる諸問題――実現と再分類調整の問題を中心として」『産業経理』第 59 巻第 1 号，1994 年 4 月。
──「会計理論の変遷と利益概念（特集・会計理論研究の継承と新たなる方向の模索）」『會計』第 165 巻第 1 号，2004 年 1 月。
河野豊弘『経営学原論』白桃書房，1987 年。
孔炳龍「減損会計と時価会計―取得原価主義会計か時価会計か　井上教授の学説を手がかりに」『駿河台経済論集』第 15 巻第 1 号，駿河台大学経済学部，2005 年 9 月。
──「減損会計についての一考察―遊休資産の評価および資産表示方法について―」『駿河台経済論集』第 16 巻第 1 号，駿河台大学経済学部，2006 年 9 月。
──「減損会計情報の有用性に関する一考察」『會計』第 171 巻第 4 号，2007 年 4 月。
──『経営者利益予測情報論：包括利益の有用性について』森山書店，2008 年。
──「価値会計としての時価会計――事象理論からのアプローチ」『経理研究』第 52 巻，中央大学経理研究所，2009 年 3 月。
──「資産会計（1）―棚卸資産と時価会計について―」『駿河台大学論叢』第 38 号，駿河台大学，2009 年 7 月。
──「公正価値会計としての時価会計：資産負債アプローチ」『駿河台経済論集』第 18 巻第 2 号，駿河台大学経済学部，2009 年 3 月。
古賀智敏「書評・会計フロンティア研究会編『財務会計のフロンティア』」『JICPA ジャーナル』第 6 巻第 9 号，1994 年 9 月。
小島男佐夫責任編集『会計史および会計学史』中央経済社，1979 年。
小池和彰『アカウンティング・トピックス』創世社，2007 年。
後藤幸男・中橋国蔵・山中雅夫・西村慶一『経営と会計のニュー・フロンティア』中央経済社，1998 年。
斎藤静樹『企業会計―利益の測定と開示―』東京大学出版会，1988 年。

Ⅱ　日本語文献

───「金融商品をめぐる米国財務会計基準の動向─ FASB 基準書の考え方─」『COFRI ジャーナル』第 20 号，1995 年 9 月.
───「日米の会計と会計学」『會計』第 147 巻第 1 号，1995 年 1 月.
───『企業会計とディスクロージャー』東京大学出版会，1999 年.
───編『会計基準の基礎概念』中央経済社，2002 年.
───『逐条解説企業結合会計基準』中央経済社，2004 年.
齋藤真哉「税効果会計における価格変動問題──実体資本維持会計のもとでの考察」『産業経理』第 59 巻第 4 号，2000 年 1 月.
───「税効果会計の構造──二つの対立する概念」『會計』第 166 巻第 2 号，2004 年 8 月.
───編『減損会計の税務論点』中央経済社，2007 年.
櫻井通晴「キャッシュ・フロー経営の意義とは何か」ダイヤモンド・ハーバード・ビジネス編集部『キャッシュフロー経営革命』ダイヤモンド社，1998 年.
───「ソフトウェア会計の基準化は何をもたらすのか─日本企業に及ぼすインパクト」『旬刊経理情報』第 889 号，1999 年 7 月.
桜井久勝『財務会計講義　第 3 版』中央経済社，2000 年.
阪本安一「会計上における認識」『會計』第 73 巻第 1 号，1958 年 1 月.
佐藤倫正「会計観の変遷と日本の選択」中村忠先生還暦記念論文集編集委員会『財務会計と制度会計』白桃書房，1994 年.
佐藤信彦「損益法および財産法の概念的諸類型」嶌村剛雄編著『企業会計の現状と展望』白桃書房，1988 年.
───「FASB 概念報告書の性格に関する一考察─財務会計基準書 76 号の設定に関連して─」『會計』第 140 巻第 1 号，1991 年 7 月.
───「損益法・財産法概念の類型化」『日本簿記学会第 10 回全国大会研究部会報告（最終報告）』日本簿記学会研究部会報告，1994 年 9 月.
───「FASB による収益費用利益観・資産負債利益観と損益法・財産法」『日本大学経済学部創設 90 周年記念論文集』第 64 巻第 4 号，日本大学経済学研究会，1995 年 1 月.
白鳥栄一「伝統的原価主義会計の矛盾─国際会計基準などの国際的潮流から判断して─」『企業会計』第 47 巻第 1 号，1995 年 1 月.
新日本監査法人編『研究開発費・ソフトウェア会計の実務（第 3 版）』中央経済社，2007 年.
菅原計「実現概念の本質」『會計』第 137 巻第 5 号，1990 年 5 月.
鈴木一水「キャッシュフローの配分と評価　ディスカッション・Ⅵb」斉藤静樹編著『会計基準の基礎概念』中央経済社，2003 年.
須田一幸他「日本の会計と国際会計基準」会計フロンティア研究会編『財務会計のフロンティア』中央経済社，1993 年.
染谷恭次郎『キャッシュ・フロー会計論』中央経済社，1999 年.
醍醐聰「財務会計基準の形成原理」『會計』第 128 巻第 4 号，1985 年 10 月.
───「減損会計の測定属性と現在価値会計の展望」『會計』第 157 巻第 6 号，2000 年 6 月.
───『日本の企業会計』東京大学出版会，1990 年.
───『会計学講義』東京大学出版会，1999 年.
高須教夫「概念フレームワークの本質的機能に関する一考察」『會計』第 139 巻第 3 号，1991 年 3 月.
高須教夫他「FASB 概念フレームワークにおける基本問題─ 1976 年討議資料の検討を中心に─」『企業会計』第 43 巻第 10 号，1991 年 10 月.
高須教夫他「FASB 概念フレームワークにおける基本問題─定義・認識・測定をめぐって─」『産業経理』第 51 巻第 3 号，1991 年 10 月.
高須教夫「FASB 概念フレームワークにおける計算モデル」会計フロンティア研究会編『財務会計の

フロンティア』中央経済社, 1993年。
────「FASBにおける資産・負債の概念」土方久編『貸借対照表能力論―資産および負債の定義と認識―』税務経理協会, 1993年。
────「FASB概念フレームワークにおける利益観―資産負債アプローチと収益費用アプローチ―」『會計』第145巻第1号, 1994年1月。
────「書評井上良二著『財務會計論』」『産業経理』第16巻第1号, 1995年7月。
────「FASB概念フレームワークにおける資産負債アプローチ」『會計』第148巻第3号, 1995年9月。
────「FASB概念フレームワークにおける資産負債アプローチの簿記計算システム」『産業経理』第56巻第2号, 1996年7月。
────「FASB概念フレームワークにおける利益観をめぐる問題―その統合の可能性―」『会計の理論的枠組に関する総合的研究(最終報告)』日本会計研究学会スタディ・グループ報告書, 1997年9月。
────「会計観の変更とOhlsonモデル」『研究資料』第170号, 神戸商科大学経済研究所, 2000年4月。
高寺貞男「期間利益会計における時間―1つの試験的見方―」『會計』第144巻第3号, 1993年9月。
────「期間利益会計における期待―1つの試験的見方―」『會計』第144巻第6号, 1993年12月。
高松正昭『現代財務会計の思想基盤』森山書店, 2000年。
武田隆二「財産法と損益法の類型的考察」『国民経済雑誌』第103巻第3号, 神戸大学経済経営学会, 1961年3月。
────「財産法の近代的解釈」『會計』第84巻第1号, 1963年1月。
────「財産法の技術的類型」『會計』第84巻第5号, 1963年5月。
────「財産法の類型概念と種概念」『會計』第84巻第6号, 1963年6月。
────「原初的財産法から近代的財産法へ」『會計』第84巻第7号, 1964年7月。
────「資産概念の拡大と能力拡大」『企業会計』第40巻第10号, 1988年10月。
────『財務諸表論』中央経済社, 1995年。
田島四郎「ペートンの評価論」日本會計學會編『評價學説研究』森山書店, 1937年。
田中藤一郎「カウチマンの評価論」日本會計學會編『評価学説研究』森山書店, 1937年。
忠佐市『企業会計の論理』税務経理協会, 1977年。
角ヶ谷典幸「会計の利益と経済的利益の間―2つの境界と会計の本質―」『會計』第173巻第1号, 2008年1月。
────・佐藤信彦編『リース会計基準の論理』税務経理協会, 2009年。
────『割引現在価値会計論』森山書店, 2009年。
辻山栄子「複式簿記による期間利益計算―そこにおける『記帳』と『綜括』―」江村稔, 津曲直躬編著『利潤計算と会計制度』東京大学出版会, 1983年。
────「書評・会計フロンティア研究会編『財務会計のフロンティア』」『産業経理』第54巻第2号, 1994年7月。
────「時価情報の開示と包括的利益」『COFRIジャーナル』第21号, 1995年12月。
津守常弘「FASB『基礎的概念構造プロジェクト』の到達点と問題点」『企業会計』第37巻第11号, 1985年11月。
────「会計原則と利益概念」『産業経理』第47巻第8号, 1988年1月。
────「会計基準設定の現代的特徴と方向(1)」『會計』第133巻第1号, 1988年1月。
────「会計基準設定の現代的特徴と方向(2)」『會計』第133巻第2号, 1988年2月。
────「米国における利益概念の変化とその問題性」『立命館経営学』第28巻第6号, 立命館大学

経営学会，1990年3月．
―――「FASB『概念的枠組』の形成と測定属性の問題」『會計』第137巻第6号，1990年6月．
―――「アメリカ会計原則設定史の歴史的教訓」『JICPAジャーナル』第3巻第1号，1991年1月．
津曲直躬「財務会計における会計的測定」『會計』第93巻第2号，1968年2月．
全在紋「FASBの会計言語観について」『會計』第152巻第6号，1997年12月．
土岐政蔵「シュマーレッバッハの評価論」日本会計学界編『評価学説研究』森山書店，1937年．
徳賀芳弘「会計上の認識に関する一考察」『會計』第138巻第1号，1990年7月．
―――「書評・会計フロンティア研究会編『財務会計のフロンティア』」『企業会計』第46巻第5号，1994年5月．
―――『国際会計論―相違と調和―』中央経済社，2000年．
―――「資産負債中心観」『企業会計』第53巻第1号，2001年1月．
―――「会計における利益観―収益費用中心観と資産負債中心観―」斎藤静樹編著『会計基準の基礎概念』中央経済社，2002年．
戸田龍介「米国における資産負債中心主義の検討―財務諸表の有機的結合を中心として―」『経済論究』第81号，九州大学大学院経済学会，1991年11月．
中島省吾『会社会計基準序説』，森山書店，1979年．
―――「会計基準と会計目的」『會計』第125巻第1号，1984年1月．
永野則雄「会計的認識におけるアーティクレーションの問題 (1)」『経営志林』第27巻第1号，法政大学経営学会，1990年4月．
―――「会計的認識におけるアーティクレーションの問題 (2)」『経営志林』第27巻第2号，法政大学経営学会，1990年5月．
中野勲『会計利益測定論』中央経済社，1971年．
中村忠先生還暦記念論文集編集委員会『財務会計と制度会計』白桃書房，1994年．
中村忠『新稿現代会計学』白桃書房，1998年．
中村忠編著『制度会計の変革と展望』白桃書房，2001年．
新田忠誓「損益計算書アプローチと貸借対照表アプローチの相剋―繰延損益項目の取扱い―」『税経セミナー』第39巻第1号，1994年1月．
―――『財務諸表研究―動的貸借対照表論の応用―』中央経済社，1995年．
―――『動的貸借対照表論の原理と展開』白桃書房，1995年．
西澤脩『研究開発費の会計と管理（新五訂版）』白桃書房，1997年．
沼田嘉穂「ケスターの評価論」日本會計學會編『評価学説研究』森山書店，1937年．
野口晃弘『条件付持分証券の会計』新世社，1999年．
橋本尚「会計規制論の展開」『會計』第137巻第5号，1990年5月．
―――「アメリカ会計学会の会計教育改革の取組み」『駿河台経済論集』第6巻第1号，駿河台大学経済学部，1996年9月．
―――「会計基準設定主体のあるべき姿―ホイートー委員会報告書から学ぶこと―」『駿河台経済論集』第8巻第1号，駿河台大学経済学部，1998年9月．
―――「会計基準の設定をめぐるアメリカ会計プロフェッションの改革の敬意と今後の課題：GAO報告書を手がかりとして」『駿河台経済論集』第9巻第2号，駿河台大学経済学部，2000年3月．
―――『財務会計理論』同文舘出版，2009年．
八田進二「継続性の原則とその変更をめぐる諸問題の検討：飯野利夫教授の所説を手掛りとして」『駿河台経済論集』第4巻第2号，駿河台大学経済学部，1995年3月．
―――「アメリカにおける会計教育改革の歩み―アメリカ公認会計士協会を中心として―」『駿河台経済論集』第6巻第1号，駿河台大学経済学部，1996年9月．
―――「第5章中小会社監査のあり方」河合秀敏編『監査の社会的役割―現状と今後の方向―』中

央経済社，1997年．

八田進二・橋本尚・町田祥弘「コーポレート・ガバナンス議論の国際比較研究」『駿河台経済論集』第10巻第2号，駿河台大学経済学部，2001年3月．

─── 『会計プロフェッションと監査──会計・監査・ガバナンスの視点から─』同文舘出版，2009年．

八田進二先生還暦記念論文集編集委員会『会計・監査・ガバナンスの基本課題』同文舘出版，2009年．

八田進二・橋本尚『財務会計の基本を学ぶ　第5版』同文舘出版，2009年．

馬場孝夫『試験に出る簿記処理：会計士・税理士・日商簿記試験の論点学習』，中央経済社，1996年．

久野秀男「複式簿記の虚像と実像」『産業経理』第55巻第2号，1995年7月．

久持英司「研究開発費の会計基準に関連する経済的影響について」『早稲田商學』第381号，1999年6月．

─── 「研究開発費の即時費用処理法に関する考察」『税経通信』第54巻第8号，1999年6月．

─── 「研究開発費の範囲に関する諸議論─『意見書』公表前後における研究開発費の資産計上の状況を手がかりに─」『駿河台経済論集』第12巻第2号，駿河台大学経済学部，2003年3月．

土方久『近代会計の理論展開』森山書店，1986年．

─── 「動態論の構造・覚え書」『西南学院大学商学論集』第40巻第1・2合併号，西南学院大学学術研究会，1993年6月．

広瀬義州「FASB会計基準の設定機構と設定プロセス」『JICPAジャーナル』第3巻第11号，1991年11月．

─── 「取得原価主義会計の再検討」『企業会計』第47巻第1号，1995年1月．

─── 編『連結会計入門第2版』中央経済社，2000年．

藤井秀樹「『会計情報基準』の再検討」『企業会計』第41巻第12号，1989年12月．

─── 「FASB1976年討議資料の収益費用アプローチに関する検討」『経済論叢』第146巻第5，6号，京都大学経済学会，1990年11，12月．

─── 「FASB1976年討議資料に関する研究ノート」『経済論叢』第148巻第4，5，6号，京都大学経済学会，1990年10，11，12月．

─── 「発生主義会計とその基礎概念の再検討」『會計』第139巻第5号，1991年5月．

─── 「会計観の選択と概念フレームワークの構築─FASB1976年討議資料における二つの会計観について─」『経済論叢』第159巻第1号，京都大学経済学会，1992年7月．

─── 「会計測定のモデル分析」会計フロンティア研究会編『財務会計のフロンティア』中央経済社，1993年．

─── 「会計原則設定史からみたFASB概念フレームワークの諸特徴」『産業経理』第53巻第1号，1993年4月．

─── 「資産・負債の定義と認識の実相」土方久編『貸借対照表能力論─資産および負債の定義と認識─』税務経理協会，1993年．

─── 「利益測定プロセスの簿記的考察」『會計』第145巻第3号，1994年3月．

─── 「取引概念拡張の可能性とその条件─取得原価主義会計における認識の拡張をめぐって─」『JICPAジャーナル』第7巻第10号，1995年10月．

─── 「会計測定のモデル分析をめぐる理論問題の再検討」『経済論叢』第156巻第6号，京都大学経済学会，1995年12月．

─── 「会計的認識と実現概念の拡張問題」『経済論叢』第157巻第5・6号，京都大学経済学会，1996年5，6月．

─── 「アメリカ会計原則における測定問題とFASB概念フレームワーク（1）」『産業経理』第56巻第2号，1996年7月．

Ⅱ 日本語文献

─────「アメリカ会計原則における測定問題と FASB 概念フレームワーク (2)」『産業経理』第 56 巻第 3 号，1996 年 10 月．
─────「概念フレームワークとは何か─新しい会計規制の特徴と方向─」『COFRI ジャーナル』第 25 号，1996 年 12 月．
─────『現代企業会計論』森山書店，1997 年．
─────「アメリカ会計原則における測定問題の展開」『会計の理論的枠組に関する総合的研究（最終報告）』日本会計研究学会スタディ・グループ報告書，1997 年 9 月．
─────「原価主義会計の現代的展開─減損会計における原価以下主義をめぐって─」『神戸学院経済学論集』第 34 巻第 1・2 号，神戸学院大学経済学会，2002 年 9 月．
藤田幸男「会計の基礎概念」『産業経理』第 56 巻第 2 号，1996 年 7 月．
藤田晶子「会計基準の国際的統合と無形資産─『研究開発費に係る会計基準』の行方」『企業会計』第 58 巻第 10 号，2006 年 10 月．
─────「研究開発費の光と影」『税経通信』第 56 巻第 1 号，2001 年 1 月．
藤田敬司「知的財産権・ブランド・のれんの資産性─無形資産会計の国際比較を中心として─」『立命館経営学』第 41 巻第 4 号，2002 年 11 月．
古川浩一・蜂谷豊彦・中里宗敬・今井潤一『基礎からのコーポレート・ファイナンス』中央経済社，1999 年．
平敷慶武「動的低価基準の史的展開」『大阪府立大学経済研究叢書』第 68 冊，大阪府立大学経済学部，1988 年 3 月．
─────『動的低価基準論』森山書店，1990 年．
─────『棚卸資産会計研究』税務経理協会，2003 年．
星野一郎『会計政策の法則─会計行動の特性と背景─』同文舘出版，1999 年．
松村勝弘『アメリカ・ドイツ企業会計史研究』ミネルヴァ書房，1986 年．
─────「2 つの期間損益観と引当金」『企業会計』第 39 巻第 10 号，1987 年 10 月．
─────「2 つの利益観と FASB の計算構造」会計フロンティア研究会編『財務会計のフロンティア』中央経済社，1993 年．
─────「発生型会計と対応型会計」『会計の理論的枠組に関する総合的研究（最終報告）』日本会計研究学会スタディ・グループ報告書，1997 年 9 月．
万代勝信「会計における 2 つのアプローチ─会計計算と会計報告─」安藤英義編『会計フレームワークと会計基準』中央経済社，1996 年．
─────「2 つのアプローチと期間損益計算─収益・費用の把握方法を中心として─」『産業経理』第 60 巻第 2 号，2000 年 8 月．
─────『現代会計の本質と職能』森山書店，2000 年．
─────「会計目的と会計制度─開示制度と周辺の諸制度─」斎藤静樹編著『会計基準の基礎概念』中央経済社，2002 年．
宮川嘉治「会計上の利益概念に関する一考察」『會計』第 73 巻第 12 号，1958 年 6 月．
宮上一男編著『会計学講座第 5 巻─ペイトン研究』世界書院，1979 年．
森川八洲男監訳『現代アメリカ会計の基礎概念─ FASB 財務会計概念報告書─』白桃書房，1988 年．
森川八洲男「情報開示と原価主義会計の展開─市場性ある有価証券の時価評価を中心として─」『企業会計』第 47 巻第 1 号，1995 年 1 月．
─────「原価主義会計の展開方向─英米の『基準書』を手がかりにして─」『JICPA ジャーナル』第 7 巻第 7 号，1995 年 7 月．
森田哲彌「期間利益の性格─その業績尺度性の検討」『ビジネス・レビュー』第 14 巻 3 号，一橋大学産業経営研究，1966 年 11 月．
─────「原価主義会計と時価評価」『企業会計』第 44 巻第 11 号，1992 年 11 月．

文部科学省編『科学技術白書　未来社会に向けた挑戦—少子高齢社会における科学技術の役割』独立行政法人国立印刷局，2006年．
安平昭二・林昌彦共編『会計史・会計学史関係文献目録（邦語）総覧』神戸商科大学経済研究所，1991年．
山口隆央「収益基準の選択〜工事進行基準か完成基準か」『税理』第40巻第2号，1997年2月．
山下勝治「シュミット評価理論」日本会計学界編『評価学説研究』森山書店，1937年．
―――――「財産法か損益法か」『會計』第65巻第3号，1954年3月．
―――――「財産法の発展」『国民経済雑誌』第93巻第4号，神戸大学経済経営学会，1956年4月．
―――――「財産法から損益法への必然性」『企業会計』第14巻第11号，1962年3月．
山田昭広『アメリカの会計基準　ARB，APB意見書，FASB基準書の解説第4版』中央経済社，2000年．
山田辰巳「IASC理事会ストックホルム会議」『JICPAジャーナル』第8巻第9号，1996年9月．
―――――「国際会計基準公開草案第53号『財務諸表の表示』の概要について」『JICPAジャーナル』第8巻第11号，1996年11月．
湯浅由一「日本の『金融の国際化』についての実証研究」『駿河台経済論集』第3巻第1号，駿河台大学経済学部，1993年9月．
善積康夫「企業の会計情報開示行動について—開示のインセンティブに関連して—」『會計』第147巻第3号，1995年3月．
―――――「会計ディスクロージャーと経営者の選択行動」『産業経理』第58巻第2号，1998年7月．
―――――「経営者会計行動論の展開」『千葉大学経済研究叢書』4，千葉大学法経学部経済学科，2002年3月．
―――――「経営者の財務会計行動の分析視点――会計制度改革との関連を中心に」『産業経理』第61巻第4号，2002年．
米谷斎「工事収益・長期割賦販売等の計上基準」『税務弘報』第46巻第7号，1998年7月．
米山正樹「事業資産・無形資産の評価：原価評価と簿価切り下げ」『会計基準の動向と基礎概念の研究　最終報告』日本会計研究学会特別委員会，2001年9月．
若杉明編『会計制度の国際比較—主要国別・項目別にみた会計の実態—』中央経済社，1999年．

索　引

〔あ行〕

Arthur Andersen & Co. ……99, 101, 161, 162, 163, 164, 165, 166
Ernst & Ernst …87, 89, 92, 93, 94, 95, 96, 98, 101, 107, 115, 120, 123, 125, 126, 135, 136, 137, 138, 139, 140, 142, 143, 153, 221
アウトプット ……………17, 141, 150
asset and liability view ………………2, 8
American Bankers Association …89, 90, 91, 92, 100, 104, 107, 109, 110, 112, 114, 147, 170
新井清光 ……………………………54
Alexander, S. S. ………………23, 24
飯野利夫 …………………………51, 203
意思決定（一）有用性アプローチ …57, 209, 210
井尻雄士（Ijiri, Y.）…………23, 25, 54
イスト・ビランツ ……………185, 186
井上良二…………8, 16, 51, 52, 53, 207
岩田巌 …………………………7, 181, 192
インプット ……………………17, 141, 150
インフレーション ………………66, 67
営利企業 ……………11, 12, 19, 61, 63
AICPA ……………………10, 25, 51
AAA ……4, 6, 9, 23, 27, 34, 85, 144, 221, 224
ASOBAT ……………………56, 57
ASBJ…………………………213
APB ……………………………57

エクイティ・ファイナンス …………211
SATTA ……………………23, 26, 32
SFAS ………………………60, 61, 74, 75
SFAC …4, 57, 59, 60, 61, 63, 66, 73, 168, 171, 179, 180, 223
Edwards, E. O. and P. W. Bell ……23, 24
FASB……4, 10, 16, 22, 25, 60, 73, 78, 89, 179, 199, 223
FASB, 1976 Ⅰ ……………………87
FASB, 1976 Ⅱ ………87, 88, 95, 97, 98
LIFO…………98, 106, 115, 123, 126, 140
演繹学派 ……………………23, 24, 25
大塚成男 ……………………………8
大日向隆 ………………………74, 81

〔か行〕

外貨換算調整勘定 …………………198
会計期間 ……………………163, 198
会計記録 …………………………30
会計公準 …………………208, 210
会計思考 …………………………189
会計実務……………23, 66, 67, 68, 222
会計主体論 ………………………208
会計情報の質的特徴 ………………57
会計ビッグバン …………………1
会計理論 …………………………26
会社会計基準序説 ……………9, 27, 30
会社財務諸表会計及び報告書基準 …26
会社財務諸表会計原則 ……………30
会社財務諸表会計諸概念及び
　諸基準 ……………………………33

索引

会社報告諸表会計原則試案 ……… 9, 27
回収額 …………………………………… 31
概念的フレームワーク … 2, 4, 59, 60, 61, 62, 63, 64, 65, 66, 67, 68, 69, 70, 73, 180, 196, 221
価値増殖活動体 ……………………… 211
稼得利益 …………… 16, 61, 68, 69, 201
Canning, J. B. …………………… 23, 24
過年度損益修正 ………………… 50, 63
株主持分 ……………………………… 33
貨幣価値 ……………………………… 47
貨幣請求権 ……………………… 45, 46
貨幣増殖活動体 ……………………… 211
貨幣単位 ………………………… 66, 84
貨幣動態 ……………………………… 211
監査法人 ………………… 85, 130, 224
間接金融 ……………………………… 209
期間損益計算 ………………………… 2
期間利益 ………………………… 19, 108
企業会計原則 ………………………… 10
企業会計原則試案 …………………… 43
企業会計審議会 ……………………… 213
企業価値評価 ………………… 209, 210
企業活動 ………………………… 18, 38
企業実体 …………………… 36, 37, 42, 45
企業所得分配機能 …………………… 208
企業の継続性 ………………………… 36
期待キャッシュフローの現価値 … 127, 128, 129
帰納学派 ………………………… 23, 24
基本的会計公準論 …………………… 25
客観性 ………………………………… 12
キャッシュ・フロー ………… 141, 226
キャピタル・ゲイン予測 …………… 210
強制売却価値 ………………………… 181
業績評価 ……………………………… 170
業績表示利益 ………………………… 10
Gilman, S. …………………………… 23
金融機関 ……………………………… 209
金融投資目的資産 …………………… 210
Coopers & Lybrand ………… 107, 143
繰延項目 …… 18, 22, 70, 76, 77, 100, 102, 133, 223
経営者の意思決定 …………………… 151
経営成績 ……………………………… 201
経済環境 ……………………………… 212
経済的資源 …… 13, 19, 35, 47, 50, 62, 77, 162, 222
経済的便益 ………… 47, 49, 59, 205, 222
計算擬制的項目 …………… 19, 22, 77, 222
計算体系 …………… 1, 2, 3, 5, 207, 221
計算目的 ………………………… 2, 10, 197
減価償却費 …………………………… 38
減価償却累計額 ……………………… 40
原価と価値 …………………………… 28
現金 ……………………………… 30, 45
現金主義会計 ………………………… 208
現金等価物 …………………………… 30
現在価値 …………………… 37, 67, 165
現在原価 …………………… 40, 66, 127, 165
現在市場価値 ………………………… 66
現在売却価値 …………… 127, 128, 129
検証可能性 ……………………… 57, 163
交換価値 ………………………… 45, 46
交換可能性 …………………………… 165
公正価値 ………………………… 67, 211
購買力単位 …………………………… 84
固定資産 ……………………………… 184
古典的接近法 ………………………… 23
混合属性会計 ………………………… 208

〔さ行〕

災害損失 …………………………… 39
財貨動態 …………………………… 211
債権者保護 ……………… 181, 183, 184
財産評価問題 ……………………… 184
財産法 …… 6, 7, 181, 191, 192, 197, 210, 221
財産目録 …………………… 10, 186
最小年金負債調整 ………………… 199
財政状態 ……………………… 56, 201
財産計算（財政状態計算） ……… 197
財政状態表 ………………………… 15
斎藤静樹 …………………………… 8
財務会計 ………… 12, 83, 161, 179, 207
財務諸表 ……………… 11, 12, 15, 20, 33, 87
財務諸表要素 ……………… 3, 49, 59, 222
財務的資本 …………………………… 84
財務的表現 ……………… 19, 22, 62, 162
財務報告 …………………… 12, 99, 162
佐藤孝一 …………………………… 54
佐藤信彦 …………………………… 72
佐藤倫正 ……………………… 16, 52
残存価値 …………………………… 29
残余請求権 ……………… 42, 50, 63
GAAP ……………………………… 124
CCD ……………………… 98, 106, 140
時価会計 … 1, 3, 77, 78, 79, 201, 207, 208, 210, 221, 225
時価主義会計 ……… 3, 50, 78, 201, 207, 221, 225
時価・取得原価 ………………… 78, 207
事業投資目的の資産 ……………… 210
資金計算書 ………………………… 56
資源配分機能 ……………………… 208
資産 …… 11, 12, 31, 33, 36, 44, 48, 56, 61, 62, 99, 150, 201
試算表 ……………………………… 15
資産負債アプローチ ……………… 8
資産負債観（資産・負債観） …… 8
資産負債中心観 …… 2, 6, 7, 9, 12, 59, 74, 79, 86, 92, 96, 99, 101, 106, 107, 116, 120, 124, 156, 158, 161, 180
資産流出額 ……………………… 198
資産収入額 ……………………… 198
支出 ………………………… 17, 35, 226
市場指向型会計理論 …………… 211
市場性ある有価証券 …… 46, 164, 198
市場非指向型会計理論 ………… 210
実現可能性利益 ………………… 199
実現主義 ……………… 18, 29, 32, 170
実現利益 …………………… 39, 170
実際在高 ………………………… 186
実践型資産負債中心観 … 76, 77, 78, 80, 170, 196, 200, 205, 221
実体資本維持計算 ………………… 79
実地・棚卸計算 ………………… 188
質的特徴 …………………………… 11
資本 ………………… 11, 12, 32, 201
資本維持 ……………… 11, 84, 134, 163
資本拠出 …………………………… 50, 63
資本計算 …………………… 182, 183
資本引出 …………………………… 50, 63
社会的機能 ……………………… 208
社会的要請 ………………………… 6
収益 …… 11, 12, 13, 17, 20, 30, 31, 32, 33, 34, 36, 45, 48, 61, 162, 201
収益費用アプローチ ……………… 8
収益費用観（収益・費用観） …… 8
収益費用計算 …………………… 170
収益費用対応の原則 ……………… 29
収益費用中心観 …… 2, 7, 9, 12, 17, 59,

255

索引

    74, 78, 79, 86, 150, 205
柔軟性 ……………………………15, 16
収入 ……………………………17, 35, 226
重要性 ……………………………………57
出資者 ……………………………27, 68
取得原価主義会計 …1, 3, 10, 28, 78, 187,
    207, 208, 221
Schmalenbach. E ………………9, 181
純資源の増加関数 ………………………45
純資産 ……………………………19, 47, 48
純資産差額概念 …………………40, 50
純粋型資産負債中心観 …76, 78, 80, 170,
    196, 205, 221
純利益 ……………………40, 48, 69, 198
使用価値 …………………………………46
償却 ………………………………………70
情報開示 …………………………………211
情報操作過程 ……………………………205
情報提供機能 …………………208, 210
情報要求 …………………………………209
正味キャッシュ・フロー ……50, 63, 206
正味資産 ……………………20, 50, 63
正味実現可能価額 …………………41, 46
剰余金 ……………………………………32
将来キャッシュ・インフロー …46, 211
将来収益 …………………………………206
将来の経済的便益 …………………50, 61
将来の交換価値 …………………………47
将来の市場価値 …………………………47
将来費用 …………………………………206
所得 ………………………………………24
仕訳帳 ……………………………………15
真正価値 …………………………………188
信頼性 ………12, 57, 59, 64, 66, 205, 222
信頼性の欠如 ……………………………166
Sweeney, H. W. …………………23, 24

鈴木一水 …………………………………78
ストック ……………………………13, 75
Sprouse, R. T. ……………25, 40, 56, 214
Sprouse, R. T. and M. Moonitz …23, 24,
    25, 44, 45, 46, 47, 221
生産物の価値 ……………………………30
静態論 ……7, 9, 181, 182, 185, 187, 190,
    195
静態論的財産法 …………………………195
静的貸借対照表観 ………………………189
制度会計 ……………………………6, 221
接合 ………………………………………14
潜在的便益 …………………………50, 63
総勘定元帳 ………………………………15
相互補完的 ………………………………186
属性の共存 ………………………………67
測定可能性 …………………………64, 205
測定基準 ……………………20, 67, 197
測定属性……5, 6, 11, 67, 73, 85, 86, 207,
    224
測定単位 …………………………………11
その他の包括的利益 ……………69, 201
ゾル・ビランツ …………………………185
Solomons, D. ……………………………60
損益計算 ……………………9, 184, 197
損益計算書 ………15, 25, 27, 44, 69, 186
損益法 ……6, 7, 181, 191, 192, 197, 210,
    221
損益法動態論
 （ケルン学派の動態論） ……………190
損失 ……………11, 12, 34, 45, 48, 61, 84

〔た行〕

第一類型 …………………………………213
対応/配分 ……22, 28, 48, 70, 74, 75, 76,
    77, 78, 80, 223

第三類型 ……………………………213
貸借対照表 …15, 25, 27, 44, 69, 184, 186
貸借対照表価額 ……………………28
貸借対照表完全性の原則 ……………181
貸借対照表項目 …………19, 22, 77, 222
貸借対照表真正価値の原則 …………181
貸借対照表論争 ……………………181
第二類型 ……………………………213
第四類型 ……………………………213
高須教夫 ……………………………72
武田隆二 …………………7, 181, 188
Touche Ross & Co. …………………115
建物 …………………………………47
棚卸計算法 …………………………190
棚卸資産 ……41, 46, 164, 165, 183, 184
棚卸評価 ……………………………187
棚卸法 ………………………………10
Daley, L. A. and Tranter, T. ………60
中心的な目的と計算構造の四類型 …213
帳簿残高 ……………………………186
直接金融 ……………………………209
津守常弘 ………8, 12, 72, 130, 140, 156
定義と測定の分離 …………………107
Dixon, R. L. ………………………40
Discussion Memorandum（1973 〜 1991）
　………………………………………58
Definitions of Elements ……………60
Decision Path ……………120, 139, 140
手続範疇 ……………………………190
伝統的利益計算方法 ………………196
投下資本 ………………………48, 203
討議資料 ……2, 3, 4, 5, 6, 7, 9, 10, 11, 14,
　16, 21, 26, 35, 49, 59, 65, 73, 77, 83, 86,
　150, 161, 180, 196, 221
統合形態 …………………………7, 181
投資意思決定 ………………………39

投資家保護 …………………………184
動態論 …7, 9, 27, 181, 185, 187, 190, 195
トゥルーブラッド報告 ………………57
徳賀芳弘 ……………………………8
戸田龍介 ……………………………8
富 …………………………………24
取替原価 ………………………12, 40, 42

〔な行〕

中島省吾 ……………………………51
永野則雄 ………………14, 15, 16, 52
二重チェック機能 ……………………15
認識 ………14, 30, 34, 36, 43, 59, 74, 222
認識規準 ……………21, 42, 65, 137, 222

〔は行〕

売却時価 ……………………………188
配偶 …………………………………186
配分 ……………………………27, 168
Haskins & Sells ………………91, 142
発生主義 ……………………201, 202
Hatfield, H. R. ……………………23
Public Record …5, 6, 83, 85, 86, 179, 180,
　196, 221
Valuation versus Matching …………96
販売活動 ……………………………46
Peat, Marwick, Mitchell & Co. ……140
比較可能性 ………………12, 36, 57
費消価値 ……………………………29
日立の樹 ……………………………208
費用……11, 12, 13, 17, 20, 31, 33, 34, 35,
　45, 48, 61, 163, 201
評価 ………5, 22, 28, 59, 70, 76, 78, 224
評価中立的 …………………68, 72, 200
評価特定的 …………………………200
評価範疇 ……………………………190

表示の基準 ……………………………… 36
平松一夫 ……………………………… 52
ビランツ・レーレ ……………………… 190
非連携 …………………………………… 15
非連携観 ……………………… 83, 85, 86
広瀬義州 ……………………………… 52
複式簿記 …………………………… 15, 16
負債 …… 11, 12, 13, 31, 33, 34, 44, 48, 56,
　　61, 62, 162, 201
藤井秀樹 …………………………… 8, 57
物価水準 ………………………………… 48
物的資本 ………………………………… 84
不偏性 …………………………………… 57
Price Waterhouse & Co. …………… 133
フレッシュスタート …………………… 67
フロー …………………………………… 13
分配可能利益 …………………………… 10
Paton, W. A. ……………………… 23, 24
Paton, W. A. and A. C. Littleton … 23, 25,
　　27, 30, 34, 44
包括主義 ………………………………… 29
包括的利益 …… 16, 61, 68, 69, 198, 201
包括的利益計算書 ………………… 69, 200
報告の質的特徴 ………………………… 57
報告利益 ……………………………… 169
法人所得税 ……………………………… 36
方法範疇 ……………………………… 190
補足意見書第1号 ………… 38, 39, 40, 50
補足意見書第2号 ……………… 41, 50
保有損失 ……………………………… 198
保有利得 ……………………………… 198
本質の対立 …………………………… 185

〔ま行〕

MacNeal, K. ……………………… 23, 24
マトリックス ………………… 84, 88, 115

未回収（未償還）原価 ………………… 31
未費消原価 ……………… 31, 35, 43, 44, 48
Miller, P. B. W. ……………………… 60
Moonitz, M. ……………………… 23, 25
無形資産 …………………………… 164, 165
May, G. O. …………………………… 47
名目貨幣単位 …………………………… 66, 67
名目資本維持 …………………………… 39
名目資本維持計算 ……………………… 79
名目資本回収余剰額 ………………… 208
メイン・バンク ……………………… 211
目的適合性 … 12, 21, 57, 59, 64, 66, 164,
　　205, 222
目的・評価の対立 …………………… 185
持分 ……………………………… 36, 42, 43

〔や行〕

山下勝治 ……………………………… 202
有形固定資産 …………………… 164, 165
誘導法 ………………………… 10, 188, 190
用役潜在性 … 37, 42, 43, 44, 49, 50, 144
用役潜在力の経済的価値 …………… 38

〔ら行〕

利益概念 ……… 2, 48, 68, 70, 198, 222
利益計算方法 …… 2, 6, 7, 180, 186, 192,
　　198, 221
利益測定 ………………… 17, 20, 73, 77
利益測定観 ……………………………… 2
理解可能性 …………………………… 57
利害関係者 ……………………… 44, 221
利害調整機能 ………………………… 208
利潤計算 …………………………… 183, 184
利潤計算原理 ………………………… 181
利潤差異分析表 ……………………… 187
利得 …………… 11, 12, 34, 45, 48, 61, 84

revenue and expense view ………*2, 8*	196, 221
留保利益 ……………………………*48*	連携 …………*14, 69, 179, 197, 201*
量的表現可能性 …………………*57*	連結環 ……………………*21, 67, 181*
理論範疇 ……………………*190, 191*	
累積的会計修正 …………………*69*	〔わ行〕
歴史的費消原価 ……………*20, 21*	割引現在価値 ……………*38, 41, 43*
Letter of Comment ……*5, 83, 85, 86, 179,*	

【略　歴】

市川　紀子（いちかわ　のりこ）
1995 年　駿河台大学法学部卒業
1997 年　駿河台大学大学院法学研究科修士課程修了
1999 年　駿河台大学大学院経済学研究科修士課程修了
2004 年　千葉大学大学院社会文化科学研究科博士課程修了
　　　　千葉大学より博士（経済学）の学位を取得
現　在　駿河台大学経済学部准教授

【主要論文】

「財務会計論の中心観的特質」『産業経理』第 61 巻第 1 号，2001 年 4 月。
「米国における財務会計の現代的特質（1）・（2）」『企業会計』第 60 巻 第 5・6 号，2008 年 5・6 月。

財務会計の現代的基盤
――FASB『討議資料』・概念的フレームワークの中心観を基軸に――

2010 年 3 月 25 日　初版第 1 刷発行

著　者　ⓒ　市　川　紀　子

発行者　　　菅　田　直　文

発行所　有限会社　森山書店　〒101-0054　東京都千代田区神田錦町 1-10 林ビル
TEL 03-3293-7061　FAX 03-3293-7063　振替口座 00180-9-32919

落丁・乱丁本はお取りかえします　　印刷・製本／シナノ書籍印刷
本書の内容の一部あるいは全部を無断で複写複製することは，著作者および出版者の権利の侵害となりますので，その場合は予め小社あて許諾を求めて下さい。

ISBN 978-4-8394-2092-5